W0194765

DAS HAUS IM HIMMEL

STEPHAN URFER

DAS HAUS
IM HIMMEL

ERZÄHLUNG EINER GOTTESSUCHE

Riverfield

Korrektorat & Satz
Dr. Bernd Floßmann, Berlin (D)

Umschlaggestaltung Riverfield Verlag

Bildnachweis Umschlag
pixelparticle/Shutterstock.com

Druck und Bindung CPI books GmbH, Leck (D)

Printed in Germany ISBN 978-3-907459-10-2

Inhalt

Sommer

11 Prolog

13 Der Schmetterling

29 Wer hat den Glauben an ein »Haus im Himmel« zerstört?

56 Zurück zum Ursprung?

80 Der glimmende Docht

Herbst

113 Mitten in der Nacht

161 Der Platz vor dem Tisch

Winter

177 An den Strömen Babels, da saßen wir und weinten

199 Der du meinen Namen kennst, dir weih' ich mein Sein

Frühling

229 Wenn alle untreu werden, so bleib ich dir doch treu

252 Freiheit auszurufen den Gefangenen

274 Das Haus im Himmel

Siehe, ich stehe an der Tür und klopfe an; wenn jemand meine Stimme hört und die Tür öffnet, zu dem werde ich hineingehen und mit ihm essen und er mit mir.

Offenbarung 3,20

SOMMER

Prolog

»Ja, es steht leer.«

…

»Ja, aber wir vermieten es eigentlich nicht.«

…

»Ah … Für wie lange denn?«

…

»Ein ganzes Jahr?!«

…

»Samstag?«

…

»Nein, die Straße endet bei der großen Eiche. Von dort muss man zu Fuß weiter.«

…

»Eine gute Stunde.«

…

»Nein, es hat keinen Strom.«

…

»Mein Mann könnte Sie mit dem Auto bis zur Eiche fahren. Von dort müssten sie alleine weiter. Er kann kaum noch gehen.«

…

»Er würde ihnen den Weg weisen. Sie könnten es nicht verfehlen.«

…

»Ach, ich habe ja fast vergessen zu sagen … Das Häuschen liegt jenseits des Baches, auf der anderen Seite des Tales. Die Brücke wurde vor Jahren bei einem schweren Unwetter jedoch weggeschwemmt! Es gibt allerdings eine Stelle, an der man den Bach durchqueren kann … doch sie würden bestimmt nasse Füße kriegen.«

…

»Aha … gut!«

…

»Mit Holz. Aber das Häuschen ist gut isoliert und Holz ist massenweise vorhanden.«

…

»Wir haben es ursprünglich als eine Art Rückzugsort gebaut, aber wir haben es seit Jahren nicht mehr benutzt.«

…

»Das wäre eine lange Geschichte.«

…

»Nein, nein, das ist kein Problem.«

…

»Kommen sie im Dorfladen vorbei …«

…

»Ja, mein Mann und ich führen den Laden …«

…

»Gut … einverstanden …«

…

»Ja, sie werden es lieben. Es ist wunderschön hergerichtet und der Ort ist paradiesisch.«

…

»Also, dann bis Samstag!«

…

Der Schmetterling

»Dort!«, schreit der Mann und zeigt, während er meine Taschen aus dem Gepäckfach reißt und auf den Boden wirft, über den Dorfplatz.

Dort? denke ich mir.

Ah, ja, in der Tat! Jetzt sehe ich ein Schild: »Dorfladen«.

»Danke!«, gebe ich etwas unbeholfen zurück. Doch der Mann sitzt bereits wieder im Bus. Die Türen schließen sich und er fährt davon. In eine große Staubwolke gehüllt bleibe ich zurück und beginne zu husten. Was für ein Staub! Wie lange es hier oben wohl nicht mehr geregnet haben mag?

Nach kurzer Zeit legt sich das Staubgewirbel wieder und ich sehe weit unten auf der Straße den in der Sonne glitzernden und funkelnden Bus dem Bach entlangfahren. Dann entschwindet er langsam ganz meinen Blicken.

Da bin ich nun also!

Ich wische mir den Schweiß von der Stirn und schaue mich um. Die Hitze ist einfach unerträglich!

Erschöpft schleppe ich meine Taschen zu der Bank unter der Linde, die mitten auf dem Platz steht, und setze mich nieder.

Ein Spatz kommt daher gehüpft.

Nachdem ich meinen restlichen Reiseproviant und meine Wasserflasche hervorgekramt habe, streue ich dem frechen Besucher einige Brotkrümel hin.

Vier Uhr nachmittags, zeigt meine Uhr. Um fünf Uhr in der Früh bin ich losgefahren!

Was für eine Reise!

Die Uhr werde ich wegwerfen oder … ganz unten in meiner Tasche verstauen! Ja, keine Uhr mehr während der Zeit hier oben! Ha … das wird ein Befreiungsschlag sein!

Der Lindenbaum ist wunderschön!
Wie viel kühler es doch unter einem solchen Baum gleich ist!
Jetzt fallen mir erst die gewaltigen Berge auf, die in der Ferne auf der anderen Seite des Baches hoch in den Himmel ragen. Majestätisch!
Still und erhaben!
Unglaublich!
Die Gipfel sind noch immer mit Schnee bedeckt.
Bei dieser Hitze?!
Wie hoch diese Berge wohl sein mögen?
Ein Idiot sei ich, meinte der Busfahrer.
Nun zankt sich bereits ein ganzer Schwarm von Spatzen um meine Brotkrümel.
Ein Idiot?
Ich hätte ihm halt nichts von meinem Vorhaben erzählen sollen.
Selber schuld.
Aber er schien zuerst ganz nett zu sein.
Was ich denn vorhätte hier oben, ganz alleine, fragte er mich.
Die Wahrheit über Gott herausfinden? Das sei ja lächerlich, schrie er dann plötzlich auf! Die Frage sei doch unbeantwortbar! Ich solle mich lieber dem wirklichen Leben zuwenden – und erwachsen werden!
Ja ... dasselbe haben mir ja auch meine Leute zu Hause gesagt! Ein Jahr nichts tun? Das sei ja idiotisch! Eine reine Zeitverschwendung!
Aber ..., wenn ich diese Berge so betrachte ... dann hat sich die ganze Sache eigentlich bereits gelohnt!
Einfach unglaublich schön, dieser Anblick!
Wie lange diese Berge schon so dastehen mögen?
Und nichts tun ...
Vielleicht wurden ja auch sie bereits »Idioten« genannt!
Ja! Einfach nur so vor sich hin in den Himmel ragen ... das geht doch nicht!
Aber ... da stehen sie! Unberührt, unbeweglich.

Nachdenklich esse ich mein letztes Brötchen auf.

Ob das Zufall war, dass ich den Zug verpasst und diese Nonne in dieser Kirche getroffen habe? frage ich mich nach einer Weile.

Sie fand mein Vorhaben ...»wunderbar«!

Ich solle jedoch nicht ohne »geistliche Begleitung« – wie sie das nannte – längere Zeit in der Stille verbringen, meinte sie dann.

Ja, ja!

Sie mag ja ... vielleicht ... recht haben.

Aber ... ich habe nun mal halt keinen solchen »geistlichen Begleiter«.

Doch ..., wenn es in der Tat so dringend nötig sein sollte, dann werde ich einen finden.

Bestimmt!

Irgendwo.

»Zu früh oder zu spät!«, brüllt auf einmal eine Stimme hinter mir.

Erschrocken springe ich hoch.

Ein alter Herr steht hinter der Bank neben dem Baum, in Kittel und Krawatte gekleidet, mit einer dicken Zigarre im Mundwinkel.

Verwirrt bleibe ich stehen. Zu früh oder zu spät, was soll das bedeuten? denke ich mir.

Jetzt schreitet er langsam um die Bank herum, fast so wie ein Pferd, das man zum Beschlagen der Hufe von einer Seite auf die andere wendet.

Ganz vorsichtig setze ich mich wieder hin.

Der alte Mann steht nun direkt vor mir.

Höchst merkwürdig! denke ich mir.

»Zu früh oder zu spät? Zu dieser Zeit gibt es hier oben keine Touristen!«, brummt er nun wieder mit lauter Stimme, während er an seiner Zigarre pafft und mich von oben bis unten mustert.

Jetzt hebt er auf einmal ruckartig die Arme in die Höhe, atmet tief ein und ... Oh, er wollte wohl gerade etwas sagen, aber ... nun beginnt er zu husten.

Meine Güte!

Und wie der Mann hustet!

Jetzt bückt er sich, stemmt seine Arme auf die Knie und röchelt nach Luft, richtet sich wieder auf und hustet weiter … Nun fällt ihm die Zigarre zu Boden und … oh nein! … es darf nicht wahr sein … jetzt hustet er tatsächlich sein ganzes Gebiss aus dem Mund. Entsetzt blickt der Mann, noch immer hustend und röchelnd, auf seine Zähne, die nun im staubigen Kies neben der Zigarre am Boden liegen. Und da schwirrt bereits eine Fliege heran und setzt sich auf einen seiner Stockzähne. Schrecklich, dieses aufgesperrte Gebiss am Boden und die Fliege darauf, denke ich mir.

Mit sichtlicher Anstrengung bemüht sich der Herr nun sein Gehuste zu unterdrücken, zieht ein großes, weißes Taschentuch hervor, hebt seine zerbrechlichen Kostbarkeiten sorgfältig hoch und steckt sie in die Westentasche.

Die Zigarre qualmt noch immer.

Wie ein alter Kriegsoffizier salutiert er plötzlich, beginnt wieder heftig zu husten und schleicht sich schließlich im Zickzack über den Platz davon.

Die Zigarre qualmt noch immer.

Verwirrt betrachte ich das Ding.

Dann trete ich darauf herum, bis der Rauch verglommen ist.

Was für eine merkwürdige Begegnung! denke ich kopfschüttelnd.

Was der Herr mir wohl hatte sagen wollen?

Na ja … vielleicht hätte ja auch er mich bloß einen Idioten genannt.

Zu früh oder zu spät …?

Hoffentlich nicht!

Hoffentlich bin ich … zur rechten Zeit hier oben angekommen!

Nachdenklich bleibe ich etwas sitzen, dann seufze ich tief auf, ergreife meinen Rucksack und die Taschen und gehe langsamen Schrittes auf den Dorfladen zu.

*

Nach einigem Rütteln und mit etwas Kraft gelingt es mir schließlich, die Türe aufzustoßen.

Vor mir liegt ein dunkles Loch.

Nach einem Lichtschalter suche ich vergebens ... Licht gibt es hier oben keines, wie mir gleich wieder einfällt.

Also werde ich wohl keine andere Wahl haben, als in dieses finstere Loch eintreten und nach einem Fenster suchen zu müssen.

Mir wird etwas unwohl zumute.

Was, wenn da drinnen ein Ungeheuer auf mich wartet? Ein Drache ... oder eine alte, hässliche Gestalt, die mich, mit übereinandergeschlagenen Beinen auf einem Lehnstuhl sitzend, mit den Worten empfängt:»Ich habe auf dich gewartet, Schätzchen. Ich wusste, dass du kommen wirst!«

Ich räuspere mich einige Male, im Bestreben, meine etwas zu lebhafte Fantasie von mir zu schütteln, hole tief Luft und trete dann ein.

Nachdem ich mich durch einige Spinnweben hindurchgekämpft habe und über irgendeinen Gegenstand gestolpert bin, berühren meine Hände schließlich eine Wand. Nach unbeholfenem Abtasten finde ich tatsächlich ein Fenster und öffne den Fensterladen.

Die Strahlen der Sonne fallen in den dunklen Raum hinein, direkt auf einen alten, wunderschönen Kamin an der Wand.

Erleichtert atme ich auf, öffne schnell alle anderen Fensterläden und schaue mich dann um.

Vor dem großen Fenster, das sich in der Mitte der Holzwand, gegenüber der Eingangstüre befindet, steht ein aus massivem Holz gezimmerter Tisch und ein Stuhl. An der linken Wand befindet sich ein zweites, etwas kleineres Fenster und daneben steht dieser wunderschöne alte Kamin an der Wand mit einem Lehnstuhl und einem kleinen Tischchen davor. Rechts in der Nische befindet sich das Bett mit einem in die Wand eingebauten Bücherregal an der Kopfseite, und in der hinteren linken Ecke gibt es eine kleine Küche mit zwei winzigen Fenstern, einem Tisch und einem Stuhl davor. Rechts befindet sich das Badezimmer, und die Türe gegenüber führt in den Keller.

Die Frau hatte recht!

Das Häuschen ist in der Tat wunderschön hergerichtet!

Der perfekte Ort für mein Unterfangen!

Mit dem Finger kritzle ich nun etwas in den Staub, der auf dem großen Tisch vor dem Fenster liegt: »putzen!«

Ja. Die ganze Geschichte muss herausgeputzt werden! Doch dann wird dieser Ort sein ... wie das Paradies.

Auf der Suche nach Putzutensilien steige ich in den Keller hinunter. Da fällt mein Blick auf einen Lehnstuhl für den Garten. Nachdem ich ihn etwas entstaubt habe, schaffe ich ihn mit Begeisterung hinauf, setze mich damit erst einmal an den Bach in die Sonne und lasse meine Füße und Schuhe an der Wärme trocknen.

*

Da kommt ein Schmetterling geflogen und setzt sich auf meinen Arm, während ich dem Wasser des Baches zusehe, das still dahinfließt.

Ach ... ein Schmetterling, denke ich mir. Der fliegt bestimmt gleich wieder davon.

Aber, nein.

Ruhig bleibt er sitzen!

Vorhin entdeckte ich doch einen kleinen Frosch im Grase, als ich den Lehnstuhl aufklappte, fällt mir gerade wieder ein.

Schmetterling und Frosch?

Das sind doch die zwei klassischen Bilder einer Verwandlung: Die Raupe wird zum Schmetterling, die Kaulquappe zum Frosch.

Fast im selben Augenblick?

Ein eigenartiger Zufall ...

Unbeeindruckt von meinen Gedankengängen bleibt der Schmetterling ruhig auf meinem Arm sitzen, fast so, als hätte man ihn mit einer Stecknadel daran festgemacht, wie man die Falter und Insekten in den Museen in diese Schaukästen steckt.

Gespannt beginne ich ihn, leicht verwirrt über seine Beherztheit, zu betrachten.

Wirklich eine schöne Kreatur! denke ich nach einer Weile.

Eigentlich schade, dass ich, all der Leute wegen, die ständig ein solches Theater um diese »wundersamen Bilder der Verwandlung« machen, bis anhin instinktiv alles Schmetterlingshafte gemieden habe.

Dabei ist ein solcher Schmetterling in der Tat ... wunderschön!

Diese Farben, und das Muster!

Unglaublich!

Aber ... auf unterschwellige Art und Weise wollten einem diese Leute doch nur zu verstehen geben, dass man sich gefälligst zu verwandeln, zu »metamorphosieren« hat, bis man ihrem Bild, ihren Vorstellungen und ihren Ansichten entspricht.

Obwohl es ja wirklich eine Lächerlichkeit ist zu meinen, man könnte einer Raupe vorschreiben, in welchen Schmetterling oder in welches Wesen sie sich zu verwandeln habe.

Dieser Schmetterling ist wirklich einzigartig schön!

Noch nie habe ich mir die Zeit genommen, einen Schmetterling aus solcher Nähe zu betrachten.

Auch dieser verwandelte sich doch einfach *seiner Art gemäß*.

Oder hätte man von ihm etwa erwarten sollen, dass er sich in ein Pferd verwandelt?

Oder hat jemals eine Menschenseele davon gehört, dass sich eine Kaulquappe in einen Kirschbaum verwandelt hat?

Ha ... nein!

So weit reicht das Wunder der Verwandlung dann doch nicht.

Die Raupe wie auch die Kaulquappe können sich nur zu dem Geschöpf hin entwickeln, zu dem sie erschaffen worden sind.
Oder etwa doch nicht?
Könnten etwa bestimmte äußere Einflüsse aus der Raupe eines Pfauenauges in der Tat einen Pfau hervorbringen lassen?
Nein!
Die Transformation kann doch nur in das wahre Wesen verwandeln, denke ich mir wieder.
Da schlägt mein inzwischen lieb gewordener kleiner Freund auf einmal seine Flügel nach oben zusammen ... und die Unterseiten kommen zum Vorschein.
Jetzt sind die wunderschönen satten Farben verschwunden und es scheint, als säße eine alte, gebeugte Witwe in Trauerkleidung auf meinem Arm.
Schwarzer Samt, aschgrauer und dunkelbrauner Flanell, mit schwarzen Stickereien umrahmt. Ja, in früheren Zeiten kleidete man sich noch in Schwarz, wenn man in Trauer war.
Aber weshalb sollte sich dieser Falter hier im Verborgenen in Trauer kleiden?
Wegen seiner verlorenen Raupenzeit?
Ja, vielleicht!
Er wurde zu einem Schmetterling. Der Preis dafür war jedoch die Aufgabe seines Raupendaseins. Die Verwandlung hinterließ Zeichen des Todes des alten Selbst und Narben des Kampfes um die Geburt des wahren Selbst, die noch immer verborgen unter den Flügeln des gewordenen Schmetterlings getragen werden!
Aber da schlägt mein »heimlicher Trauerfalter« seine Flügel auch schon wieder auseinander ... und all das Leid und all der Schmerz scheinen wieder wie weggewischt zu sein ... strahlende, leuchtende Farben schimmern aufs Neue im Sonnenschein.

Mit einem seiner langen, dünnen Ärmchen streicht er sich nun würdevoll über den Kopf, so als wollte er, wie ein großer Geiger, mit seinem Bogen zu einem getragenen, feierlichen Violinsolo ansetzen. Doch da, mit dem Wind, beginnen sich plötzlich seine Flügel zu bewegen, und ... ehe ich es gewahr werde ... ist er weggeflogen!

Regungslos bleibe ich auf meinem Lehnstuhl sitzen.

Als wäre ich aus einem Traum erwacht, nehme ich erst nach einiger Zeit das Fließen des Baches und die durch die Bäume glitzernde Sonne wieder wahr.

Schmetterling und Frosch?

Tatsächlich ... fast im selben Augenblick!

Als würden mich diese zwei Meister der Verwandlung hier oben willkommen heißen!

*

Nachdem ich das Häuschen geputzt und meine Sachen verstaut habe, setze ich mich wieder an den Bach.

An der Stelle, an der ich meinen Lehnstuhl hingestellt habe, ist das Ufer des Baches ganz flach. Fast scheint es, als wenn ich mich an einem kleinen Teich befinden würde.

Ganz still und langsam fließt das Wasser.

So still, dass ich mich kaum wage, in den Apfel zu beißen.

Dieser Ort ist wirklich paradiesisch!

Unfassbar.

Als wenn ich in einer anderen Welt angekommen wäre.

Wie diese Blumen dort wohl heißen?

Dunkelviolette Glocken, die sich zum Wasser hinneigen.

Und, ah ... ein Rotkehlchen! Es hüpft irgendwelchen Insekten nach, hebt dabei immer wieder seinen Kopf und pfeift leise vor sich hin.

Jetzt fliegt es auf einen Ast an der Sonne und putzt sich das Gefieder.

Wann habe ich eigentlich zum letzten Mal einen Vogel beobachtet?

Aber – ich räuspere mich – ich bin ja nicht hierhergekommen, um irgendwelche Feld-, Wald- und Wiesenstudien durchzuführen, sondern um Antworten auf meine Fragen zu finden!

»Auf welche Fragen denn?«, scheint mich der kleine freche Vogel mit dem roten Latz nun zu fragen, während er auf seinem erhöhten Ästchen an der Sonne in die Welt hinausblickt, als hätte er die Antworten auf alle Fragen des Lebens längst schon gefunden.

Auf welche Fragen?

Wenn ich dem Vogel nun antworte, wird auch er mich unter Umständen einen »Idioten« schelten.

Auf welche Fragen?

Auf viele Fragen! denke ich nur und seufze still in mich hinein.

Doch … zuallererst auf die ganz große und letzte Frage: Gibt es Gott?

Nun fliegt der rotkehlige Großschnabel mit lautem Gezeter davon.

Aha … dacht ich's mir doch.

Da muss auch er passen.

*

Nachdenklich setze ich mich auf den Rand des Lehnstuhls und blicke in das Wasser des Baches hinein.

Die Nonne hatte gut reden!

Einen »geistlichen Begleiter«?

Ha!

Jede Kirche, Religion und Glaubensgemeinschaft, alle behaupten doch, einzig und allein im Besitz der Wahrheit zu sein, und selbst die Wissenschaft gebärdet sich so, als hielte sie alleine die Schlüssel zum Verständnis der Welt und des Lebens in den Händen.

Und doch … widersprechen sich alle.

Selbst in den eigenen Lagern.

Wem oder was sollte man also überhaupt noch Glauben schenken?

Welchen, von all den »Begleitern«, sollte man sich zum Beistand erwählen?

Dieses Wasser!

Wirklich unfassbar.

So klar wie Glas.

Ah!

Da gibt es ja Krebse ... ganz auf dem Grund!

Kleine, wahrscheinlich nicht einmal halb so groß wie meine Hand.

Ob das »Bachkrebse« oder »Flusskrebse« sind, oder wie die auch immer heißen mögen?

Langsam wandeln sie über die Steine, wie Astronauten sich auf dem Mars bewegen.

Und da zischt ein Schwarm kleiner Fische vorbei.

Eine solche Klarheit sollte man haben.

Bis auf den Grund sehen können.

Ja ... eine solche Klarheit ... das wünschte ich mir!

Dann bräuchte man auch keinen »geistlichen Begleiter« mehr.

Doch wie sollte dies geschehen?

Indem man der Wahrheit auf den Grund geht!

Indem man der Wahrheit auf den Grund geht?

Aber ... wie?

*

Auf einmal werde ich gewahr, wie das still fließende Wasser des Baches durch die Spiegelung des sich rot färbenden Abendhimmels in den schönsten Farben zu leuchten beginnt. Nicht nur Schmetterling und Frosch, hier wird gar der ganze Bach verwandelt! denke ich mir. Da kommt mir ein Gedicht Joseph von Eichendorffs in den Sinn:

Es wandelt, was wir schauen,
Tag sinkt ins Abendrot,
Die Lust hat eignes Grauen,
Und alles hat den Tod.

Ins Leben schleicht das Leiden
Sich heimlich wie ein Dieb,
Wir alle müssen scheiden
Von allem, was uns lieb.

Was gäb es doch auf Erden,
Wer hielt' den Jammer aus,
Wer möcht geboren werden,
Hieltst du nicht droben Haus!

Du bist's, der, was wir bauen,
Mild über uns zerbricht,
Dass wir den Himmel schauen –
Darum so klag ich nicht.

Ja, alles in dieser Welt befindet sich in der Tat in einem konstanten Wandel, in einer nie endenden Transformation, wenn man es genau betrachtet.

Nach von Eichendorff wäre dies alles Grund zum »Jammer«, »hieltst du nicht droben Haus!« Droben, das »Haus im Himmel«, scheint für ihn das Beständige, das Unwandelbare zu sein, das, wonach wir, gerade weil auf der Erde alles dem Wandel unterworfen ist, Ausschau halten sollten.

Aber ... ein solcher Glaube an ein beständiges »Haus im Himmel« wurde in unserer Gesellschaft doch vor langer Zeit bereits begraben. Noch gibt es Kirchen und Religionsgemeinschaften und noch gibt es einige religiöse Menschen, aber aus dem öffentlichen Leben ist der Glaube an Gott doch schlicht und einfach verschwunden.

Während ich beobachte, wie die Sonne hinter den Bergen langsam untergeht, beginne ich mich zu fragen, wer oder was denn eigentlich für den Untergang des Glaubens in unserer Zeit verantwortlich zu machen ist.

Von Eichendorff hat recht! Der Glaube an ein beständiges »Haus im Himmel« kann in der Tat Kraft und Hoffnung geben, dem stetigen Wandel auf Erden nicht nur gelassen in die Augen zu blicken, sondern sich gar noch daran zu erfreuen!

Nun geht auch noch der letzte kleine Punkt der goldroten Abendsonne hinter den Bergen unter.

Lange Zeit bleibe ich noch in der anbrechenden Dunkelheit sitzen und höre dem Zirpen der Grillen und dem ruhig fließenden Wasser des Baches zu.

Vielleicht haben all die Menschen ja recht, die mich einen Idioten genannt haben. Wie sollte ich denn in der Tat hier oben in der Einsamkeit eine Antwort auf diese große Frage nach Gott finden können?

Und wäre ich überhaupt bereit dazu, unter Umständen auch Antworten gelten zu lassen, die meinem eigenen Standpunkt widersprechen? Wäre ich bereit dazu, unvoreingenommen … einfach der Wahrheit auf den Grund zu gehen?

Lange denke ich nach.

Einen solchen eigenen »Standpunkt« habe ich ja leider verloren.

Genau das ist mein großes Dilemma!

Ich weiß überhaupt nicht mehr, was ich noch glauben soll.

Alles ist trübe geworden.

Und keiner scheint Auskunft geben zu können.

Ob dieses »Haus im Himmel« existiert, ob alles nur ein Ammenmärchen ist … jeder behauptet etwas anderes, und selber sehe ich rein gar nichts mehr.

Nun ist es ganz dunkel geworden.

Ein »geistlicher Begleiter« wäre in der Tat hilfreich. Jemand, der mir vorausgegangen ist und der den Weg durch die Nacht hindurch weisen könnte. Aber ... wo sollte man einen solchen finden?

*

In der Finsternis sehe ich auf einmal, in unendlich weiter Ferne, erst kaum wahrnehmbar, ein kleines Licht aufleuchten. Wie ein Stern, der zuerst nur schwach blinkt, der jedoch stärker und stärker zu leuchten beginnt und sich plötzlich wie eine Art flammende Wolke ausdehnt. Voller Faszination, aber auch mit Furcht, blicke ich auf diesen Lichtschein, der größer und größer zu werden beginnt und der näher und näher an mich herankommt.

Als dieses brennende Licht beinahe bis zu mir vorgedrungen ist, befällt mich auf einmal ein Zittern. Doch obwohl ich davonrennen möchte, bleibe ich stehen.

Da kommt dieses feuerlodernde Licht langsam näher und berührt schließlich mein Gesicht. Die wohlige Wärme beginnt meinen ganzen Körper zu durchströmen ...

Da erwache ich plötzlich mit einem Schrecken und nehme halb benommen wahr, wie die Sonne durch das Fenster hindurch direkt auf mein Gesicht scheint.

Seit dem gestrigen Tage befinde ich mich ja in diesem Häuschen am Bach! rufe ich mir schlaftrunken in Erinnerung und drehe mich dann auf die andere Seite.

*

Als ich am späten Nachmittag wieder auf meinem Lehnstuhl am Bach sitze und in den wolkenlosen Himmel blicke, frage ich mich auf einmal, ob dieser wundersame Traum der letzten Nacht wohl etwas zu bedeuten hat.

Da sehe ich plötzlich eine Gewitterwolke aufziehen und höre in der Ferne einen dumpfen Donnerschlag.

Wäre es unter Umständen möglich, dass die Finsternis meine Unwissenheit, das Licht die Antwort, die ich während dieser Zeit hier oben erhalten werde, bedeutet? Aber weshalb fürchtete ich mich so vor diesem Licht, vor dieser ›Antwort‹, obwohl ich ja auch fasziniert davon war?

Wie aus dem Nichts setzt nun ein starker Wind ein und der Himmel beginnt sich mit schweren Gewitterwolken zu verdunkeln.

Wäre es also tatsächlich möglich, dass Licht aufleuchten wird und meine Fragen beantwortet werden?

Das wäre ja … wunderbar!

Doch warum wollte ich vor diesem Licht, vor dieser »Antwort« … davonrennen?

Weil ich Angst hatte, dass mein Leben davon verzehrt würde?

Aber als das Licht mich schließlich berührte, war es … wie ein nach Hause kommen!

Jetzt beginnt es plötzlich, wie auf einen Schlag, zu regnen und zu stürmen, so dass ich nicht einmal mehr in mein Häuschen zurückrennen kann, ohne vollständig durchnässt zu werden.

*

Gebannt sitze ich an dem Tisch vor dem Fenster und beobachte den Sturm, der draußen tobt.

Unfassbar!

Von einer Minute auf die andere sitzt man in einer anderen Welt.

Von wo kommt nur auf einmal dieser Wind und Regen und diese unglaubliche Finsternis her? Bis vor Kurzem herrschte doch noch das wunderbarste Sommerwetter!

Jetzt ist alles düster geworden.

Mitten am Nachmittag.

Da reißt der Wind plötzlich mit einem heftigen Stoß das Fenster vor mir auf und Regen und Wind peitschen über den Tisch in mein Häuschen hinein. Da es mir gegen die Kraft des Windes nicht gelingen will, das Fenster wieder zu schließen, eile ich in einer Aufwallung aus Wut und Enttäuschung nach draußen und verriegle im Kampf gegen den Sturm die Fensterläden.

Zurück im Häuschen zünde ich einige Kerzen an und setze mich vor den Kamin.

Wunderbar!

Da bin ich nun also.

Mit geschlossenen Fensterläden kriegt man gleich das Gefühl, in einem Gefängnis zu sitzen.

Und ... frisch ist es auch geworden ...

Ich nehme einige Holzscheite und beginne ein Feuer im Kamin zu entfachen.

Dann setze ich mich wieder auf den Lehnstuhl.

Hoffentlich endet dieser Sturm so schnell wieder, wie er begonnen hat.

Aber ... ist nicht genau ein solcher Sturm dafür verantwortlich zu machen, dass der Glaube an ein »Haus im Himmel« in unserer Gesellschaft weggefegt worden ist? frage ich mich nach einer Weile.

Wer hat den Glauben an ein »Haus im Himmel« zerstört?

Es gab eine Zeit, da spielte ich Harfe im Hause des Himmels.
Da wurden meine Klänge gleich Weihrauch im Scheine des
ewigen Lichts. Doch vergessen ward ich geheißen die Sprache, in
der ich gebor'n. Nun hängt meine Harfe an einer Weide beim
Bach, und nur der Wind entlockt den Saiten noch die Klänge
der Herrlichkeit. Wie sollte ich spielen das Lied des Himmels auf
einer Erde, die den Himmel nicht will? Doch es gab eine Zeit,
da spielte ich Harfe im Hause des Himmels.

Ja, es gab eine Zeit, da spielte ich Harfe im Hause des Himmels. Ja, es gab eine Zeit, da habe ich geglaubt. Und dieser Glaube war die Kraft, die Freude und die Beständigkeit meines Lebens. Ja, es gab eine Zeit, da war alles … klar!

Doch nun, seit der Sturm vor einigen Tagen über das Land hinweggefegt ist, ist die Welt um mich herum im Regen und dichten Nebel versunken!

Mit meinen mitgeschleppten Büchern und einigen, die ich im Häuschen gefunden habe, habe ich es mir vor dem Kamin gemütlich gemacht.

Doch zum Lesen komme ich nicht.

Ich fühle mich immer unwohler an diesem Ort.

Der dicke Nebel und der nicht enden wollende Regen scheinen mich zu erdrücken.

Plötzlich schieße ich hoch, ziehe Jacke und Schuhe an und gehe nach draußen, einige Schritte den Weg zum Bach hinunter, bleibe jedoch auf halber Strecke stehen.

Der Nebel ist so undurchdringbar dicht, dass ich kaum meine eigene Hand vor Augen sehen kann.

Unschlüssig halte ich inne.

Ich kann nicht mehr …

Ich muss hier weg …

Aber durch diesen Nebel? denke ich mir dann.

Wie sollte ich den Weg zurück ins Dorf finden?

Da kommt mir plötzlich diese Nonne wieder in den Sinn.

Sie nahm zur Verabschiedung meine Hände, wie eine Mutter, und betete für mich. Früher oder später würde ich davonrennen wollen, wenn ich mich für eine solch lange Zeit in die Abgeschiedenheit zurückziehe, sagte sie mit stockender Stimme … Ich hatte es fast vergessen! Ich müsse dann, wenn dieser Augenblick eintreffe, unbedingt die Ruhe bewahren und in aller Stille herauszufinden suchen, ob ich den Ort oder zumindest die Art, wie ich die Zeit verbringe, verändern müsse, oder ob mich etwas aus der Stille herausreißen wolle.

Ob mich etwas aus der Stille herausreißen wolle? denke ich verwirrt.

Lange Zeit bleibe ich unschlüssig stehen.

Wenn ich jetzt davonlaufe, dann habe ich mein so freudig erwartetes Projekt nach nur wenigen Tagen abgebrochen.

Einen anderen Ort zu finden könnte schwierig werden. Ich müsste die Besitzerin ja auch fragen, ob sie mir das Geld für das restliche Jahr zurückzahlen würde. Und ob ich mich an einem anderen Ort dann überhaupt wohler fühlen würde?

Ziellos stolpere ich auf der Wiese umher …

Aber dieser Nebel macht mir zu schaffen!

Und … ich beginne bald selber von mir zu denken, dass ich ein Idiot bin! Vergeude ich nicht in der Tat meine Zeit hier oben?

Auf eine solch große Frage eine Antwort finden zu wollen, das ist doch wirklich … lächerlich! Viele, viele Menschen vor mir haben diese Frage doch bereits zu beantworten versucht und sind zum selben Schluss gekommen wie der Busfahrer: Unbeantwortbar!

Ich halte inne.

Dieser Nebel ist einfach schrecklich …

Und im Haus fühle ich mich wie eingesperrt.

Abgeschnitten von allem …!

Tief atme ich durch und gehe dann einige Schritte auf und ab.

Andererseits … denke ich mir wieder …

Ein Jahr.

Nur ein Jahr!

Was ist schon ein Jahr, auf ein ganzes Leben!

Und was heißt schon »seine Zeit vergeuden«?

Habe ich nicht Jahre mit sinnloser Arbeit und vollkommen unwichtigem »Zeitvertreib« vergeudet …?

Nein … so schnell darf ich nicht aufgeben.

Der Nebel wird sich bestimmt wieder auflösen.

Ja … bestimmt!

Zaghaft schreite ich zurück und setze mich auf die Bank vor das Häuschen.

Tief seufze ich auf und lege meinen Kopf in die Hände.

Auf einmal lässt der Regen nach. Alles wird still. Nur von der Dachrinne her hört man noch Tropfen in das Regenfass fallen.

Der Abend scheint einzukehren. Langsam wird es dunkel, und der weiße Nebel umstreift die Bäume und das Häuschen … leise und wunderbar …

Der Mond ist aufgegangen,
die goldnen Sternlein prangen
am Himmel hell und klar.
Der Wald steht schwarz und schweiget
und aus den Wiesen steiget,
der weiße Nebel wunderbar.

Dieses Lied von Matthias Claudius habe ich als Kind gesungen, als die Welt noch in Ordnung war, als das »Haus im Himmel« noch stand.

Seht ihr den Mond dort stehen?
Er ist nur halb zu sehen
und ist doch rund und schön.
So sind wohl manche Sachen,
die wir getrost belachen,
weil unsre Augen sie nicht sehn.

Nein, einen Mond kann ich leider nicht sehen! Nicht einmal einen halben Mond! Nur Nebel und Dunkelheit.
Und doch glaube ich ja, dass irgendwo dort oben noch immer ein Mond am Himmel steht!
Ja … wer immer in der Frage nach Gott recht haben mag, ob man die Frage überhaupt beantworten kann, ob ich die Frage überhaupt werde beantworten können: Wenn Gott ist, dann ist er, egal in welchem Nebel und welcher Dunkelheit ich gerade sitze. Mein Glaube an Gott bringt Gott so wenig in Existenz, wie meine Zweifel ihn in Luft auflösen!
Ich kann die Sache ja eigentlich … gelassen angehen!

Wie ist die Welt so stille
und in der Dämmrung Hülle
so traulich und so hold
als eine stille Kammer,
wo ihr des Tages Jammer
verschlafen und vergessen sollt.

Ja … wie still dieser Ort in der Tat ist. Und wie einzigartig schön! Auch ich will still werden.
Einen Schritt zurückgehen. »Schlafen und vergessen«.
Ausruhen.

Ja, einfach vorerst mal ausruhen!
Der Nebel wird sich bestimmt wieder auflösen.
Ich kann die ganze Sache wirklich gelassen angehen.

*

Seit dem frühen Morgen spalte ich Holz. Gestern Abend hatte ich die letzten Scheite verbrannt.
Der Nebel hat sich noch kein bisschen aufgelöst und auch der Regen hat noch nicht nachgelassen. Doch seit meinem Gefühlsausbruch vor einigen Tagen scheint es mir nun egal zu sein.
Ich habe fast nur geschlafen diese letzten Tage ... ich wusste gar nicht, wie erschöpft ich war!
Jetzt setze ich alles daran – ohne Uhr ist man ohnehin fast dazu gezwungen –, mich in den Rhythmus der Natur einzuklinken. In den stillen und bedächtigen Rhythmus der Natur.
Ja, was man sich in der Stadt unten doch nicht alles antut.
Und keiner hat Zeit!
Dieses Fichtenholz riecht einfach wunderbar ... und es brennt ausgezeichnet.
Holz spalten hilft beim Nachdenken.
Ich werde diesen Stapel noch spalten und danach alles schön aufschichten, dann werde ich Vorrat für eine lange Zeit haben.
Wenn sich der Nebel aufgelöst hat, werde ich mit Lesen beginnen.
Mit dem Beil hat man früher den Hühnern den Kopf abgeschlagen.
Und dann rannten diese ohne Kopf noch im ganzen Hof umher.
Die Großmütter haben sie schließlich gerupft, in aller Ruhe, auf dem Schoß.
In der Französischen Revolution hat man dann den Menschen den Kopf abgeschlagen, mit dem ganz großen Beil, mit der Guillotine.
Ja ... die Aufklärung!
Hat nicht die Aufklärung den Glauben an ein »Haus im Himmel« zerstört?

Das erklärte Ziel der Aufklärung war es doch, den Menschen mündig zu machen, ihn zu befreien von bevormundenden und unterdrückenden Autoritäten, vor allem auch von der bevormundenden und unterdrückenden Autorität der Kirche.

Aber ist nicht zuallererst die Wissenschaft für den Niedergang des Glaubens verantwortlich zu machen?

Die Wissenschaft hat doch bewiesen, dass der Glaube an Gott ein Hirngespinst ist. Dies sagen zumindest die Atheisten.

Ob dem tatsächlich so ist?

Und die Evolutionstheorie?

Die ganze Geschichte einer »Schöpfung durch Gott« sei mit den Erkenntnissen der Evolutionstheorie ad acta gelegt, heißt es, und damit auch gleich die ganze Bibel, die ja davon spricht.

Das wird nun mein letzter Holzstoß sein für heute! Danach werde ich alles schön aufschichten.

Aber der Glaube an Gott wurde zu einem großen Teil doch auch von der Kirche selbst zerstört!

So etwas nur zu denken grenzt natürlich fast schon an Gotteslästerung.

Aber wenn die Kirche nicht jahrhundertelang die Menschen bevormundet und unterdrückt hätte, dann hätten doch auch keine Aufklärer aufstehen müssen, die sich dagegen zur Wehr setzten.

Ja, all die Konfessionskriege! Die sich bekämpfenden Kirchen! Die Doppelmoral! Die Skandale!

»Die Leute in der Kirche sind halt auch nur Menschen«, heißt es dann immer. Ja, gewiss. Doch die Botschaft, die die Kirche gepredigt hat, und ihr Verhalten, haben häufig nicht zusammengepasst.

Die Kirche hat Erlösung gepredigt, sich aber, so schien es zumindest, unerlöster verhalten als der ganze Rest der Welt.

Und all diese Reden über Gott …

Und doch hat der suchende Mensch damit kaum Klarheit in dieser Frage nach Gott gewonnen.

Die Sache trug …, wenn ich es mir so recht überlege … eher noch zur Verwirrung bei.

Die Menschen über Gott belehren zu wollen, ist doch eigentlich ohnehin … eine leichte Arroganz.

Und wer kann sich dieses Recht überhaupt herausnehmen?

Häufig wird man das Gefühl nicht los, dass diejenigen, die von Gott reden … im Grunde genommen keine Ahnung haben, von was sie reden.

Ich schüttle den Kopf und setze mich auf einen der Holzklötze.

Wenn die ganze Sache nicht so tragisch wäre, dann müsste man geradezu darüber lachen!

Aber das Kind mit dem Bade ausschütten, das wäre zu einfach! Zu billig!

Nun sucht sich das Wasser seinen Weg durch das Sägemehl hindurch. Das wird ein kleines Bächlein werden.

Dieser Regen ist einfach unglaublich!

Nein, das Kind mit dem Bade ausschütten, das geht nicht.

Wenn Gott existieren sollte, dann könnte man diesem Gott am Ende des Lebens doch nicht sagen: »Ich konnte leider nicht an dich glauben, weil die Kirche versagt hat.«

Das wäre ja lächerlich!

Aber die Kirche sollte die Menschen doch zu Gott führen … begleiten! Es ist ja wirklich eine Tragödie, wenn man der Kirche nicht mehr vertrauen kann.

Aber vielleicht bin ich halt schlicht und einfach nur an die falschen Leute geraten …

Ich muss die Bibel lesen!

Mir selber ein Bild machen.

Das war doch auch das Bestreben der Reformatoren. Dem Menschen die Möglichkeit geben, die Bibel selber zu lesen, in der eigenen Muttersprache.

Aber falls die Wissenschaft bewiesen haben sollte, dass Gott ein Ammenmärchen ist, dann wäre es ja völlig egal, ob ich an die falschen Leute geraten bin, ob die Kirche versagt hat oder nicht ... Dann wäre es auch egal, was in der Bibel steht. Dann hätte sich die Sache erledigt.

Wenn sich doch nur dieser Nebel endlich auflösen würde, dann könnte ich mit Lesen beginnen.

Ich muss mich mit der Wissenschaft befassen.

Und beten?

Ja ... bin ich nicht auch hier in die Einsamkeit gekommen, weil ich mir insgeheim erhofft habe, entfernt von allen Augen und Ohren der Welt, zu Gott beten und ... wenn es ihn denn geben sollte ... eine Antwort, ein Zeichen, einen Beweis seiner Existenz erhalten zu können?

Aber die Fragen betreffend die Wissenschaft sollte ich trotz allem zuerst klären.

Ich bin verwirrt!

Haben nicht unter Umständen ..., wenn ich so recht nachdenke ... vielleicht auch diejenigen den Glauben an Gott zu Fall gebracht, die den Menschen aus dem stillen und bedächtigen Rhythmus der Natur »ausgeklinkt« haben?

Die Wirtschaft?

Das Geld?

Ja, der Glaube an Gott wirft nichts ab. Arbeiten soll der Mensch, und arbeiten will er! Geld verdienen! Und sich ausruhen, um wieder arbeiten zu können. Zeit für die Frage nach Gott bleibt keine. Man muss ja schließlich vorsorgen.

Und wehe dem Menschen, der dies nicht tut! Ein Idiot wird er postwendend genannt!

Ja ... beten möchte ich.

Doch alles scheint miteinander verknüpft zu sein.

Ein »geistlicher Begleiter« wäre in der Tat hilfreich.

Aber wo sollte man einen solchen finden, hier in der Einöde? Erstaunlich, wie viel Holz ich in so kurzer Zeit gespalten habe! Und viel ist noch vorhanden. In der Tat massenweise.

*

Heute Abend donnert und blitzt es wieder. Während der letzten Tage war es ruhig, nur der Regen und der dichte Nebel umhüllten mich. Doch jetzt scheint der Sturm wieder von Neuem loszubrechen.

Nach dem Essen möchte ich beten.

Aber ich habe seit meiner Kindheit nie mehr gebetet. Und ... müsste ich nicht doch die ganze Sache mit Wissenschaft und Aufklärung und all dem zuerst klären?

Andererseits ... was, wenn die Wissenschaft sich irrt? Hat sie das nicht schon oft getan?

Aber ... nein! Die Wissenschaft muss angehört werden, wenn nicht, besteht doch die Gefahr, ins Sektiererische abzugleiten.

Man könnte ja beides tun: beten und studieren!

Mein Essen hier oben ist einfach.

Ich koche mehr oder weniger jeden Tag dasselbe.

Wie und warum auch sollte man Nahrungsmittel für aufwändige Gerichte hier heraufschleppen?

Zurück zur Einfachheit!

Genau, weniger ist mehr.

Ja ... nach dem Essen möchte ich beten.

Aber ... wie soll man beten können, wenn man nicht einmal weiß, zu wem oder zu was man beten soll?

Wie soll man beten können, wenn man nicht einmal weiß, ob Gott überhaupt existiert?

Andererseits ... vielleicht kann man ja gerade erst durch das Gebet diese Frage nach Gott klären!

Aber wenn die Wissenschaft bewiesen hat, dass Gott ein Hirngespinst ist, dann hilft auch beten nicht mehr weiter!
Seit ich mich in den Rhythmus der Natur einzuklinken versuche, bin ich ruhiger geworden.
Erstaunlich.
Ich könnte mich ja einfach hinsetzen oder hinknien und still werden, wenn ich nicht weiß, wie man beten soll.
Da fällt mir ein, dass ich in dieser wunderschönen Kirche, in der ich diese Nonne getroffen habe, aus einem alten, großen Gebetsbuch ein Gebet abgeschrieben habe.
Ich löffle schnell mein restliches Essen aus, hole mein Notizbuch hervor, lege etwas Holz in das Feuer und setze mich dann auf den Lehnstuhl.
»Gesang an Gott« heißt das Gebet, von »Gregor von Nazianz«.
Nach einem kurzen Moment der Stille beginne ich aufmerksam zu lesen.

Gesang an Gott

Mit welchem Namen soll ich Dich anrufen,
der Du über allen Namen bist?

DU, der Über-Alles, welchen Namen soll ich Dir geben?
Welcher Hymnus kann Dein Lob singen?
Welches Wort von Dir sprechen?

Kein Geist kann in Dein Geheimnis eindringen,
Kein Verstand Dich verstehen.

Von Dir geht alles Sprechen aus, aber Du bist über alle Sprache.
Von Dir stammt alles Denken, aber Du bist über alle Gedanken.

Alle Dinge rufen Dich aus, die stummen
und die mit Sprache begabten.
Alle Dinge vereinen sich, Dich zu feiern,
das Unbewusste und das, was bewusst ist.

Du bist das Ende aller Sehnsüchte
und allen schweigenden Strebens.
Du bist das Ende allen Seufzens.
Alle, die Deine Welt zu deuten wissen,
vereinen sich, Dein Lob zu singen.

Du bist beides – alles und nichts,
nicht ein Teil, auch nicht das Ganze.

Alle Namen werden Dir gegeben,
und doch kann keiner Dich fassen.
Wie soll ich Dich also nennen,
Du, der Du über allen Namen bist?

Diese Worte haben mich bereits dort in der Kirche auf eigenartige Weise getroffen.

»Alle, die Deine Welt zu deuten wissen, vereinen sich, Dein Lob zu singen.«

Diese Aussage trifft mich fast am meisten.

Behaupten nicht alle – Wissenschaft, Kirche, Religion, Philosophie usw. –, nicht nur im Besitz der Wahrheit zu sein, sondern vor allem auch, die Welt deuten zu können?

Nach diesem Gregor von Nazianz werden diejenigen, die sie in Wahrheit zu deuten wissen, Gott Lob darbringen.

Was für eine Aussage!

Wer die Welt zu deuten weiß, wird Gott Lob darbringen?

Das würde ja heißen, die Welt deute auf Gott hin.

Wenn man sie deuten kann, dann wird man auch zu Gott finden, und dann wird man Gott Lob darbringen?

Aber …, wenn man Gott nicht kennt, dann kann man doch auch die Andeutung nicht deuten. Wenn man vom Bezeichnenden nichts weiß, dann versteht man doch auch das Zeichen nicht.

»Mit welchem Namen soll ich Dich anrufen?«

Ja, wie soll man Gott anrufen, wie soll man zu Gott beten können, wenn man nicht weiß, zu wem oder zu was man beten soll? Wie soll man die Andeutung deuten können, wenn man von dem Angedeuteten nichts weiß?

*

Nun sitze ich bereits seit bestimmt mehr als drei Wochen hier oben im Nebel fest. Zum Lesen ist es zu düster, und selbst wenn ich Licht hätte, könnte ich mich kaum auf das Lesen konzentrieren.

Ich schlafe viel, gehe im Häuschen auf und ab, mache Feuer, koche ... doch ... mehr und mehr wird mir bewusst, dass mir in dieser vollkommenen Stille und Einsamkeit meine ganze Vergangenheit hochkommt. Ich mache mir auf einmal Gedanken über Dinge, die ich als längst vergangen angesehen habe. Zudem vermisse ich plötzlich meine Familie, meine Freunde, mein Zuhause.

Es ist zum Verzweifeln.

Auf einmal beginne ich zu weinen.

Im Bestreben, meine weinerliche Stimmung von mir zu schütteln, erhebe ich mich nach einer Weile, ziehe Jacke und Schuhe an und umkreise meine noch immer im tiefen Nebel versunkene Bleibe. Dann setze ich mich auf die Bank vor dem Häuschen und starre in die weiße Nebelwand hinein.

Seufzend schüttle ich den Kopf.

Seit meiner Kindheit habe ich nie mehr geweint.

Diese Einöde hier oben ist herausfordernder als ich gedacht habe.

Wenn sich doch nur dieser Nebel endlich auflösen würde!

Ich fühle mich wie in Watte gehüllt.

Ja, ja ... ich solle nicht einfach davonrennen, wenn ich mich unwohl zu fühlen beginne, meinte die Nonne.

Aber ich sitze nun bereits seit mehreren Wochen – seit mehreren Wochen! – hier oben ganz alleine im Nebel und Regen fest! Und in der Frage nach Gott bin ich noch keinen Schritt weitergekommen!

Vielleicht habe ich mir die ganze Sache einfach wirklich zu einfach vorgestellt.

Abbrechen wäre ja im Grunde genommen keine Tragik!

Ja, irgendeinmal muss man vielleicht einfach realistisch werden.

Wer weiß denn, ob sich dieser Nebel jemals wieder auflösen wird …

Da höre ich auf einmal Laute vor mir!

Irgendwo knackt und raschelt es.

Erschrocken blicke ich in alle Richtungen, doch durch den Nebel hindurch kann ich, begreiflicherweise, überhaupt nichts sehen.

Langsam ziehe ich meine Beine auf die Bank und drücke mich angespannt an die Wand des Häuschens.

Die Geräusche kommen immer näher.

Wie versteinert bleibe ich sitzen.

Da taucht auf einmal ein Hirsch aus dem Nebel auf!

Ruhig bleibt er vor mir stehen.

Ich kann es kaum fassen.

Ob er mich nicht sieht?

Langsam kommt er näher, bis an den Tisch vor mir, und schnuppert, wie in Zeitlupe, an dem Holz. So nah von mir, dass sein Geweih fast meine Stirn berührt.

Jetzt hebt er auf einmal seinen Kopf, und wir starren uns direkt in die Augen!

In Bruchteilen von Sekunden spielt sich ein Schlagabtausch zwischen unseren Blicken ab.

Freund oder Feind?

Davonrennen?

Nein! Bitte … bleib stehen! denke ich ergriffen …

Da entspannt sich die Situation auf einmal.

Ruhig wendet er seinen Kopf von mir ab, bleibt aber noch eine lange Zeit vor mir stehen.

Was für ein Tier! denke ich mir.

Ich kann es kaum fassen!

Die vollendete Balance zwischen Anmut und Kraft.

Ich möchte ihn berühren … aber da schreitet er bedächtig zurück, bleibt halb im Nebel versunken wieder stehen und hebt majestätisch sein gekröntes Haupt in die Höhe. Als würde er sagen: »Mir kann dieser Nebel nichts anhaben! Ich kenne meinen Wald!«

Dann wendet er sich ganz von mir ab und verschwindet wieder, wie er gekommen ist, im weißen Nebel.

Noch knackt und raschelt es vor mir, dann wird alles wieder still.

Tief atme ich auf, lege meinen Kopf in die Hände und weine.

Was für eine Begegnung!

*

Heute Nachmittag habe ich in einem Schrank im Keller eine Petroleumlampe gefunden.

Endlich habe ich Licht zum Lesen und Schreiben!

Ich schreibe nun meine Gedanken zu meinem Leben nieder.

Alles, was mir gerade durch den Kopf geht.

Papier ist geduldig.

Und ich ordne die Bücher. Meine eigenen, die ich mitgebracht habe, und diejenigen, die ich im Häuschen gefunden habe. Auf dem Tisch staple ich dann all jene auf, die ich unbedingt lesen möchte.

Und dann ertappe ich mich immer wieder dabei, wie ich, wie versteinert, aus dem Fenster in den Nebel hinausstarre.

Dort! denke ich mir dann.

Dort tauchte der Hirsch plötzlich aus dem Nebel auf.

Ob ich ihn wiedersehen werde?

*

Noch immer ist alles um mich herum im tiefsten Nebel und Regen versunken. Ab und zu blitzt und donnert es, dann herrscht für lange Zeit wieder völlige Stille.

Die Petroleumlampe gibt ein wunderbar warmes Licht ab.

In den letzten Tagen bin ich etwas zur Ruhe gekommen. Vielleicht auch, weil ich mit Begeisterung ein Buch zu lesen begonnen habe. Der Titel lautet: »Gotteslehre«. Darin werden verschiedene Positionen dargestellt und erläutert, die man in der Frage nach Gott anscheinend einnehmen kann.

Obwohl die ganze Sache auf den ersten Blick etwas kompliziert erscheint, hilft es, eine gewisse Ordnung in diese Frage nach Gott zu bringen.

Zuallererst werden da die Begriffe »Transzendenz« und »Immanenz« erläutert.

»Transzendenz« scheint »außerhalb« oder »jenseits der wahrnehmbaren Welt« zu bedeuten, »Immanenz« dagegen »innerhalb« oder »in der wahrnehmbaren Welt«.

Dann werden die folgenden Positionen vorgestellt:

Als Erstes der »Atheismus«.

Da steht, dass der »Atheismus« das Göttliche, häufig auch alles »Transzendente«, alles Über-Natürliche verneint. Der Glaube an einen Gott oder an Götter, an Geister oder an irgendwelche übernatürlichen Phänomene wird als »Illusion« oder, noch schlimmer, als »Wahnvorstellung« bezeichnet. Zum Teil wird auch das menschliche Bewusstsein, die Seele usw. abgelehnt. Nur was Natur, was Materie ist, wird als real erachtet, alles andere als pure Einbildung. Ob die Wissenschaft den Atheismus »wissenschaftlich bestätigt« hat, wird aber leider nicht erwähnt.

Dann kommt der sogenannte »Deismus«.

»Deismus« bedeutet: Es wird an einen Gott geglaubt, an einen Schöpfer-Gott. Dieser hat das Universum am Beginn der Zeit erschaffen, mit unverrückbaren (Natur-) Gesetzen, wie eine gigantisch große Uhr oder Maschine. Nach der Schaffung dieser großen »Uhr« hat sich Gott jedoch aus dem Lauf der Welt zurückgezogen und diese, sozusagen, ihrem Ticken überlassen. Gott greift nicht in die von ihm erschaffene Welt ein, er ist von der Welt vollständig getrennt, vollständig »transzendent« – »außerhalb der Welt«. Es gibt demzufolge auch keine Offenbarungen Gottes, Wunder oder »göttliche Eingriffe« in das Weltgeschehen. Konsequenterweise ist »beten« sinnlos. Die Welt läuft, wie eine Uhr tickt. Gott ist zwar die erste Ursache der Welt, der Erfinder und Erbauer der Welt. Seit der Erschaffung der Welt läuft diese jedoch ohne Gott weiter. Man kann die Welt zwar als Schöpfung Gottes bewundern, Gott selbst aber ist ganz »jenseits« und ganz unerreichbar für den Menschen.

Als nächste Position wird der »Agnostizismus« beschrieben.
Diese Position besagt, dass man nicht wissen oder erkennen kann, ob es einen Gott, das Göttliche gibt. Vielleicht gibt es einen Gott, das Göttliche, vielleicht aber auch nicht. Der Mensch kann dies nicht mit Gewissheit erkennen. Auf Grund dessen ist es letztlich auch müßig, sich mit dieser Frage nach Gott überhaupt zu beschäftigen. Man wird niemals eine Antwort darauf finden können.

Dann folgt der sogenannte »Theismus«.
Im »Theismus« wird geglaubt, dass Gott existiert und dass er die Welt erschaffen hat, dass er aber auch in der Schöpfung und in der Geschichte gegenwärtig werden kann. Wunder und Offenbarungen sind hier denkbar. Gott ist zwar »transzendent«, kann jedoch auch »immanent« werden. Es gibt aber, wie im »Deismus«, eine klare Unterscheidung zwischen Gott und Welt.

Dann kommt noch der »Pantheismus« an die Reihe.
Im »Pantheismus« werden die Natur und Gott als identisch betrachtet. Gott ist bei dieser Anschauung also vollständig »immanent«. »Transzendenz« gibt es nicht. Gott ist das ganze Universum, nichts darüber oder daneben und nichts davon Getrenntes.

Als letzte Position wird noch der »Pan-entheismus« beschrieben. Im »Pan-entheismus« geht man davon aus, dass die Schöpfung in Gott und Gott in der Schöpfung ist, dass die beiden eins sind, dass Gott jedoch gleichzeitig mehr als die Welt ist. Gott hat sozusagen einen Raum in sich selbst geschaffen, in dem das Universum sich entfaltet hat. Gott ist also »transzendent« und »immanent« zugleich. Das Universum, die Welt, ist nichts von Gott Getrenntes, Gott ist aber dennoch größer als das Universum.

Es würden noch mehr Positionen in der Frage nach Gott existieren, wird dann erklärt, und auch mehrere Spielarten zwischen den verschiedenen Positionen, die Erwähnten seien jedoch die Wichtigsten. Letztlich scheint es bei all diesen Lehren darum zu gehen, wie man sich das Göttliche vorstellt, und vor allem, wie man sich die Beziehung zwischen dem Göttlichen und der Welt und dann insbesondere die Beziehung zwischen dem Göttlichen und dem Menschen vorstellt.

Welche Position könnte jedoch die Richtige sein? Das heißt, welche Position könnte der Wahrheit entsprechen?

Wenn der »Agnostizismus« sagt, man könne nichts von Gott wissen oder erkennen, dann kann man ja strenggenommen auch nicht wissen oder erkennen, ob diese Position oder ob irgendeine andere Position die Richtige ist. Dann weiß man nichts über Gott und über eine allfällige Beziehung zwischen Gott und der Welt. Das klingt zwar eigenartig, aber auch bescheiden. Irgendwie ist mir diese Position sympathisch.

Der Atheismus ist meines Erachtens nur haltbar, wenn die Wissenschaft diese Position »beweisen« kann. Wenn nicht, dann ist der Atheismus ein reiner »Glaube«. Woher sollte man denn wissen, dass es nichts über der Natur gibt? Ohne Beweise der Wissenschaft wäre diese Position nichts anderes als eine Behauptung.

Der Deismus? Warum sollte Gott nicht in die Welt eingreifen können? Und wer sagt, dass Gott nicht eingreifen kann oder will? Wahrscheinlich würden »Deisten« sagen, dass Gott nicht eingreift, weil es keine Ursache dafür gibt. Gott hat die Welt mit vollkommenen Naturgesetzen erschaffen und nun läuft diese wie eine Uhr weiter. Ein Eingreifen Gottes würde den Lauf der Welt nur stören. Diese Position finde ich eigenartig. Läuft die Welt und die Geschichte denn wirklich so reibungslos ab? Was ist denn mit dem ganzen Leid in der Welt, mit all den Naturkatastrophen? Ja, ist nicht das Leid der Welt mitverantwortlich für den Niedergang des Glaubens in unserer Zeit? Nicht nur, wie ich vermute, Aufklärung, Wissenschaft, vielleicht sogar Kirche selbst und eventuell die Wirtschaft?

Der »Pantheismus« scheint mir nichts anderes zu sein als eine Spielart des Atheismus. Statt zu sagen, »es gibt keinen Gott«, sagt man nun einfach, »das Universum ist Gott«. Transzendenz gibt es so wenig wie beim Atheismus.

Der »Pan-entheismus« hingegen macht einen interessanten Eindruck. Gott und die Welt sind hier zwar zwei verschiedene Größen, die Welt ist aber nicht etwas von Gott Getrenntes oder gar etwas von Gott »Abgefallenes«, »Böses«. Gott ist in der ganzen Welt gegenwärtig, durchdringt alles, ist aber gleichzeitig auch größer als die Welt.

Und der »Theismus«?
Dies scheint der Glaube der Kirche zu sein, obwohl ich zuerst die Bibel durchlesen muss, bevor ich mehr dazu sagen kann. Unter Umständen könnte auch der Pan-entheismus oder eine Art

»Mischform« zwischen Theismus und Pan-entheismus dem kirchlichen Glauben entsprechen.

Im Theismus besteht einerseits eine Trennung zwischen Gott und der Welt. Gott wird als vollständig transzendent gedacht. Andererseits kann Gott aber auch in der Welt gegenwärtig werden, sie durchdringen.

Doch wie kann man unterscheiden, was als »Welt«, als »weltliches Ereignis«, und was als »Wirken Gottes in der Welt« anzusehen ist? Wenn es Gott nicht gibt, wie im Atheismus, oder wenn es Gott gibt, dieser aber nicht in die Welt eingreift, wie im Deismus, dann hat man das Problem auch nicht, unterscheiden zu müssen, was »göttlich« und was »weltlich« ist, was »göttlich« und was »menschlich« ist. Man hat das Göttliche dann einfach aus der Gleichung ausgeschieden. Und wenn es keinen Gott gibt, oder zumindest keinen, der sich in den Weltenlauf »einmischt«, dann kann es auch keine »Boten Gottes« geben, keine Propheten, keine Offenbarungen, niemanden, der »im Namen Gottes« die Menschen belehren oder gar beherrschen kann, dann kann es auch keine Kirche als »Verwalterin der Offenbarung Gottes« geben.

Ja, der »Theismus« kann gefährlich werden, weil der Theismus sagt, dass Gott in der Welt gegenwärtig werden kann, dass Gott in der Welt handeln kann, auch durch Menschen.

Die Gefahr, dass man das eigene Handeln und Reden als Handeln und Reden Gottes ausgeben kann, die Gefahr, dass man »im Namen Gottes« über andere Menschen herrschen kann, ist im Atheismus und im Deismus gebannt.

Aber nicht gebannt im Atheismus und im Deismus ist, dass man »im eigenen Namen« andere Menschen bevormunden und beherrschen kann. Wer gibt denn dem Atheismus und dem Deismus die Vollmacht, ihre Positionen als die jeweils einzig wahren zu verkündigen? Wenn diese Positionen nicht der Wahrheit entsprechen, dann sind sie so gefährlich, wie wenn jemand »im Namen Gottes« andere Menschen belehrt, bevormundet und beherrscht.

Ich lege das Buch nieder und blicke nachdenklich zum Fenster hinaus. Jetzt blitzt und donnert es wieder ganz in der Nähe. Ob der Sturm von Neuem aufkommen wird? Die verschiedenen Positionen regen zum Nachdenken an. Ob man der Wahrheit überhaupt auf die Spur kommen kann? Ich muss so schnell wie möglich herausfinden, was die Wissenschaft zu der ganzen Frage nach Gott zu sagen hat. Der Agnostizismus klingt bescheiden, das ist mir sympathisch. Aber ist seine Antwort auf die große Frage nach Gott nicht auch ... einfach ... zu einfach? Gott lässt sich vom Menschen nicht erkennen, deshalb ist es letztlich auch müßig, sich mit dieser Frage nach Gott überhaupt zu beschäftigen? Aber sollte sich ein Gott, wenn es einen solchen denn überhaupt geben sollte, dem Menschen nicht mitteilen können? Könnte es tatsächlich möglich sein, dass ein Gott Gott wäre, von dem man nichts wissen kann? Nun beginnt der Wind wieder um die Ecken zu sausen. Mit einem Ruck erhebe ich mich, gehe um meine Bleibe herum und schließe alle Fensterläden. Zurück im Häuschen setze ich mich zögernd auf die Bettkante. Im Agnostizismus ist auch beten ... müßig. Ja, wenn man von Gott nichts wissen kann, dann hilft auch beten nicht weiter. Nun weiß ich gar nicht mehr, was ich machen soll ... Einige Zeit bleibe ich noch nachdenklich sitzen, dann puste ich die Kerze aus und lege mich nieder.

*

Heute war ein außerordentlich schwieriger Tag. Ich sitze jetzt bestimmt seit bereits mehr als vier Wochen an diesem Ort fest und der Nebel scheint einfach nicht weichen zu wollen. Mehrere Male während des Tages bin ich wieder unruhig um mein Häuschen herumgegangen, in der Hoffnung, einen Flecken des Himmels zu sehen oder vielleicht – den Hirsch.

Aber nichts!

Nur Nebel … und Stille.

Mit dem Abend hat nun der Regen wieder eingesetzt und der Wind heult von Neuem um alle Ecken herum. Nachdem ich einmal mehr um mein Häuschen gerannt und alle Fensterläden verriegelt habe, habe ich es mir vor dem Feuer gemütlich gemacht.

Das erste Buch, das ich nun gelesen habe, über die »Gotteslehre«, war wirklich hilfreich.

Die Position des »Agnostizismus« geht mir dabei immer wieder durch den Kopf. Ich frage mich plötzlich nicht nur, ob ein Gott Gott sein könnte, von dem man nichts wissen kann, sondern auch, weshalb die Frage nach Gott den Menschen denn so beschäftigt, wenn diese Frage »müßig zu stellen ist«, wie der Agnostizismus behauptet. Weshalb gibt es im Menschen diese Sehnsucht nach Gott oder zumindest danach, eine Antwort auf die Frage nach Gott zu finden?

Ob das nur mit Psychologie erklärt werden kann?

Man sehnt sich nach dem verlorenen Elternhaus, nach dem vollkommenen Vater, den man nie hatte, nach einem »himmlischen Verbündeten«, der einem beisteht in den Wirren des Lebens? Kurz gesagt: »Gott« und der »Glaube an Gott« sind, wenn man ehrlich wird, bloße »Füllwörter« für irgendwelche ungelösten psychologischen Probleme oder Sehnsüchte.

Aber dies würde ja nur der Wahrheit entsprechen, wenn Gott in der Tat nicht existiert! Wenn Gott nicht existiert, dann kann und muss jeder Gottesglaube und jede Sehnsucht des Menschen nach Gott als psychologisches Problem betrachtet werden.

Wenn Gott jedoch existieren sollte und wenn dieser vom Menschen gar zu erkennen wäre, dann müsste im Gegenzug die Leugnung Gottes, oder zumindest die Leugnung der Erkennbarkeit Gottes, als »psychologisches Problem« betrachtet werden. Es wäre dann die Leugnung der Wirklichkeit, der Realität.

Das heißt: Wenn Gott existiert, dann ist nicht derjenige verrückt, der an ihn glaubt, sondern derjenige, der ihn leugnet!

Nun blitzt und donnert es ganz in der Nähe und der Wind rüttelt in einer solchen Art an meinem Häuschen, dass ich es langsam mit der Angst zu tun bekomme.

Besorgt setze ich mich auf meine Bettkante und überlege mir, wie ich ein Gebet sprechen könnte. Doch der Sturm, der draußen tobt, lenkt mich so davon ab, dass ich mich kaum darauf konzentrieren kann, was oder wie ich denn beten könnte.

Nach einer Weile falle ich müde auf mein Bett.

»Gott«, stottere ich nur hervor, »wenn es dich gibt und wenn es möglich sein sollte, dich erkennen zu können, dann … möchte ich dich erkennen können!« Ich halte einen Augenblick inne. Es blitzt und donnert nun unaufhörlich und der Wind stößt an mein Häuschen, dass man glauben könnte, jemand würde mit einem Rammbock dagegen anrennen.

Was soll ich bloß tun?

Zum Wegrennen ist es … ohnehin, zu spät …

»Oh Gott … und bitte …, wenn es dich gibt … dann hol mich hier heraus!« Damit puste ich die Kerze aus und verkrieche mich unter der Bettdecke.

*

Verzweifelt sitze ich auf der Bank vor meinem Häuschen und starre in die weiße Nebelwand hinein, dicht und undurchdringbar!

Umschlossen bin ich, umringt, umkreist, erdrückt von allen Seiten!
Ich lege meinen Kopf auf den Tisch und weine.
Da höre ich auf einmal Geräusche vor mir.
Erschrocken blicke ich hoch und sehe, wie aus dem Nebel ein Hirsch
auftaucht.
Erhobenen Hauptes bleibt er vor mir stehen. Aus seinen Nüstern
dringt weißer Hauch. Dann nähert er sich zaghaft, bis an den Tisch
vor mir und blickt mich durchdringend an.
Ein Wind steigt auf. Wie Tausende von Schleiern beginnen Nacht
und Nebel uns zu umwehen. Noch sehe ich, wie er sich abwendet,
dann entschwindet er meinen Blicken.
Entsetzt schieße ich hoch und schreite unsicher in den weißen Nebel
hinein, nur seine Spuren erkennend, auf tropfnassem Gras, folge ich
über die Wiese, an den Bach.
Gebannt blicke ich in das Wasser, bis sich ein leiser Wind erhebt. Da
höre ich die Klänge meiner Harfe, die an einer der Weiden hängt.
Ja, es gab eine Zeit, da spielte ich Harfe im Haus des Himmels.
Vor Schmerz beginne ich zu weinen.
Eine Träne fließt von meinen Wangen und fällt in den Bach.
Und als die Träne in den Bach fällt, da erkenne ich, dass der Strom
aus lauter Tränen besteht.
Und ich höre mich weinen, als Kind, im Streit meiner Eltern. Als
Kind, bestürzt über die Lieblosigkeit und Gottlosigkeit der Menschen.
Da wende ich mich ab und schreite den Spuren im nassen Gras
dem Strom nach weiter, und da höre ich das Weinen meines Vaters.
Verlassen, allein. Und eine Träne fließt von meinen Wangen in den
Bach.
Und ich höre meine Mutter weinen, in Schmerz und Verzweiflung.
Und eine Träne fließt von meinen Wangen in den Bach.
Und ich höre meinen Großvater weinen, meine Urgroßmutter, meine
Vorfahren. Und eine Träne fließt von meinen Wangen in den Bach.

Und ich höre die Schreie und Klagen meines Volkes und die Schreie und Klagen der Völker der Welt. Tränen der Arbeit und Armut. Tränen des Krieges und der Vertreibung. Tränen der Unterdrückung und der Folter. Tränen gebrochener Herzen. Tränen zerstörter Hoffnungen. Und Tränen fließen von meinen Wangen in den Bach. Und dann höre ich die Tränen der Mächtigen der Welt. Tränen der Verzweiflung und Tränen der Ohnmacht!

Da setze ich mich auf einen Stein am Ufer des Baches nieder und weine. Lange Zeit. Und die Tränen fließen von meinen Augen in den Strom hinein.

Dem Hirsch wollte ich folgen, den Spuren des Baches nach. In der Hoffnung, aus Nebel und Nacht entfliehen zu können.

Doch … ich kann nicht mehr!

Der Wind beginnt wieder zu wehen und durch die Nebelschwaden hindurch erblicke ich auf einmal auf der Anhöhe, unter einem der großen Bäume stehend, den Hirsch.

Zaghaft erhebe ich mich und schreite auf ihn zu. Doch die Trauer und das Leid scheinen meine Seele zu zerreißen.

Der Bach wird nun zu einem Weg, auf dem ich dem Hirsch folge, der vor mir hergeht durch einen dichten Wald.

Weit vor uns erkenne ich, wie der Weg ins freie Feld führt.

Der Nebel lichtet sich.

Der Morgen scheint anzubrechen.

Nahe neben dem Hirsch gehe ich her und halte meine Hand auf seinen Rücken.

Doch plötzlich schreitet er zögerlich und bleibt auf einmal bewegungslos stehen.

Sein Atem wird schwer.

Nur das Rufen einer Eule durchdringt die Stille.

Aus weiter Ferne hört man dumpfe Donnerschläge.

Da taucht, weit vor uns, plötzlich ein Wolf auf dem Weg auf.

Entsetzt wende ich mich vom Hirsch ab und schreite mit stockendem Atem den Weg zurück.

Der Wind beginnt wieder durch die Bäume zu sausen, der Donner kommt näher.

Ein zweiter Wolf schießt aus den Bäumen hervor, jetzt ein ganzes Rudel.

Laut möchte ich aufschreien und dem Hirsch zu Hilfe eilen, doch ich scheine wie gelähmt zu sein.

Nun blitzt und donnert es ganz in der Nähe und der Nebel und die Dunkelheit beginnen den Wald von Neuem zu bedecken.

Die Wölfe umkreisen den Hirsch von allen Seiten, fletschen mit den Zähnen und springen ihn schließlich an, bis er, wie ein Baum, der gefällt wird, unter einem lauten, dumpfen Schlag zusammenbricht.

Dann wird alles still ...

Die Wölfe schleichen, seltsamerweise, einer nach dem anderen davon und verschwinden wieder, wie sie gekommen sind, zwischen den dunklen Bäumen.

Nur die Eule höre ich wieder rufen.

Bestürzt schreite ich auf den Hirsch zu.

Er liegt regungslos am Boden.

Voller Schmerz knie ich vor ihm nieder und lege meinen Kopf auf seinen noch warmen Körper.

Er ist ... tot!

Und dann sehe ich, wie sein Blut auf den Weg zu tropfen beginnt. Und als der erste Tropfen auf den Weg fällt, erkenne ich, dass der ganze Weg aus lauter Blut besteht!

Voller Entsetzen schrecke ich hoch ... und erwache kniend in meinem Bett. Dann falle ich auf meinen Bauch zurück und auf das mit Tränen durchnässte Kissen.

Die Eule höre ich wieder rufen.

Als würde ein ganzer Staudamm brechen, beginne ich erneut zu weinen.

Nach einer langen Zeit kann ich mich etwas fassen und drehe mich auf den Rücken.

Da werde ich gewahr, wie still es in meinem Häuschen geworden ist.

Kein Wind und kein Regen, kein Blitz und kein Donner sind mehr zu hören.

Erstaunt erhebe ich mich und öffne zaghaft einen der Fensterläden.

Der Anblick verschlägt mir fast die Sprache!

Hastig ziehe ich Jacke und Schuhe an und setze mich auf die Bank vor das Häuschen.

Ein Wunder ist geschehen!

Ich kann einen sternenklaren Nachthimmel sehen!

Der Nebel ist fast völlig verschwunden, nur über den Bäumen und über der Wiese liegt noch, wie die flaumigen Federn einer Henne über ihren Küken, ein lichter, weißer Hauch.

Nach langem gebanntem Betrachten des Himmels bemerke ich, wie die Sterne mehr und mehr verblassen und wie am nun dunkelblauschwarzen Firmament ein einzelner Stern aufzuleuchten beginnt.

Zuerst nur schwach, dann jedoch stärker und stärker funkelnd!

Es muss der Morgenstern, die Venus sein!

Die letzten Nebelschwaden ziehen sich nun langsam und getragen ins Tal zurück. So, als zöge der Fürst der Finsternis gesenkten Hauptes mit seinem langen, weißen Mantel aus der Schlacht davon, um der nun kommenden Königin des Tages die Herrschaft abzutreten!

Und da geht sie auch schon auf ... die Sonne!

Groß und majestätisch, in ihrer ganzen Pracht und Herrlichkeit!

Nach kurzer Zeit glitzert und funkelt die taufrische Wiese in ihren ersten Strahlen, so dass man gewiss glauben könnte, dem besiegten Herrscher der Nacht wären bei seinem schmachvollen Abgang Tausende von Perlen und Edelsteinen von Krone und Robe gefallen.

Vor lauter Freude könnte ich gleich laut herausjauchzen!

Noch nie war ich so glücklich, die Sonne aufgehen zu sehen!

Nach Wochen im undurchdringbar dichten Nebel sehe ich zum ersten Mal den Himmel und die Sonne wieder!
Ein neuer Tag ... ja, ein neuer Tag ist angebrochen, die Nacht ist vergangen!
Tief atme ich durch und schaue ehrfürchtig in die glitzernde Morgenlandschaft.
Ich bin so unendlich dankbar, dass sich dieser Sturm und Nebel endlich verzogen haben!
Ja ... so unendlich dankbar! Jetzt kann ich endlich wieder den Himmel sehen!
Doch ... was um alles in der Welt könnte dieser Traum bedeuten?

Zurück zum Ursprung?

Der Sommer ist zurückgekehrt! Aufgeregt klappe ich den Lehnstuhl wieder an meinem Platz am Bach auf.

Doch beim Anblick des fließenden Wassers tauchen plötzlich die Erinnerungen an den nächtlichen Traum in meinen Gedanken auf und eine unfassbare Traurigkeit kommt wieder über mich.

Nachdem ich mehrere Male vergeblich versucht habe, mich entspannt auf den Lehnstuhl zu setzen, stolpere ich aufgewühlt auf der Wiese auf und ab.

Da fällt mein Blick auf eine merkwürdige Art von überdimensional großem »Streichholz«, das hinter meinem Häuschen in den Himmel ragt.

Erschreckt renne ich nach oben.

Eine große Fichte liegt, vom Blitz getroffen am Boden. Nur ein großer, dünner Splitter ragt noch weit in den Himmel hinauf.

Was für eine Kraft ein solcher Blitz doch hat!

Früher dachten die Menschen, solche Naturereignisse seien von den Göttern, von Gott, verursacht.

Die Aufklärung und die Wissenschaften haben hier sicher viel zur Klärung beigetragen. Aber das Pendel ist wahrscheinlich gerade in die andere Richtung ausgeschlagen.

Betroffen gehe ich etwas um den am Boden liegenden Baumstamm herum und schaue dann zu meinem Häuschen hinunter.

Ob diese Fichte im selben Augenblick zu Boden gefallen ist … wie der Hirsch im Traum? frage ich mich auf einmal. Im Traum kommt es doch in der Tat oft vor, dass sich reale Ereignisse, die sich während des Traumes ereignen, mit der Geschichte des Traumes verweben.

Da war dieser laute, dumpfe Aufschlag, als der Hirsch zu Boden fiel.

Wenn der Baum auf die andere Seite gefallen wäre, dann läge mein Häuschen jetzt darunter begraben. Oder wenn der Blitz statt in die Fichte nur einige Meter daneben eingeschlagen hätte ...! Tief seufze ich auf.

Ich werde mich aufmachen und den Weg ins Dorf unter die Füße nehmen. Ich brauche etwas Luft. Und neue Vorräte!

*

Kurze Zeit später schlendere ich mit Rucksack und Taschen bepackt Richtung Dorf.

An jedem Ort bleibe ich lange Zeit stehen und blicke nachdenklich in die Welt hinaus, während ich mir all die Ereignisse der letzten Tage und Wochen durch den Kopf gehen lasse.

Der Sturm hat einigen Schaden angerichtet. Besonders an einer Stelle liegen unzählige Bäume kreuz und quer durcheinander am Boden, wie Mikado-Stäbchen, die man fallengelassen hat.

Im Schneckentempo gelange ich so, nach einem kurzen steilen Pfad durch den Wald, an die Stelle, an der ich den Bach durchqueren muss.

Nachdem ich mit nackten Füßen das kalte Nass durchwatet und auf der anderen Seite, beim alten, verrosteten Kreuz, Socken und Schuhe wieder angezogen habe, laufe ich auf einem schmalen Weg an dem Bach entlang bis zu der großen Eiche, von wo aus ich nach einem gut halbstündigen Marsch über Felder und Wiesen das kleine Dorf erreiche.

Beim Dorfplatz angelangt, sehe ich von weitem den Mann auf der Bank unter der Linde sitzen, den ich mir insgeheim wiederzusehen erhofft hatte: den Mann mit dem Gebiss.

Doch, eigenartig.

Durch die vielen Wochen in der Einsamkeit und die Geschehnisse der letzten Tage, bin ich gar nicht mehr so erpicht darauf, mit jemandem ins Gespräch zu kommen.

Aber da ruft er mir bereits etwas zu, erhebt sich und streckt mir die Hand zum Gruß entgegen.

Er ist, wie beim letzten Mal, in Anzug und Krawatte gekleidet und hält diesmal, wie ich beim Näherkommen bemerke, etwas umständlich, ein Buch unter dem Arm.

Noch bevor wir uns die Hand reichen, hebt er den Zeigefinger hoch und sagt laut »Ah!«

Ah? denke ich mir.

Ah! Jetzt verstehe ich. Er scheint sich gerade an mich und an unsere letzte Begegnung erinnert zu haben.

Doch … er ringt nach Worten. Dann sagt er ganz verhalten: »Die Haftcreme!«, und zeigt auf seinen Mund.

»Die Haftcreme?«, frage ich verwirrt.

»Ja, die Haftcreme!«, sagt er wieder voller Ernst. »Wenn man die Haftcreme vergisst … dann …«, und dann deutet er an, wie das Gebiss ohne Haftcreme herausfallen kann.

Ich nicke verständnisvoll.

»Aber egal!« Er winkt ab und gibt mir zu verstehen, dass sein Gebiss heute hält. Dann setzt er sich wieder auf die Bank und bittet auch mich Platz zu nehmen.

Kaum, dass ich mich hingesetzt habe, da beginnt er auch schon voller Begeisterung von diesem »einzigartigen Buch« zu erzählen, das er gerade am Lesen sei. Eine »Erzählung einer Gottessuche«.

»Was? Eine Erzählung einer Gottessuche?«, schreie ich beinahe auf.

»Ja, eine Erzählung einer Gottessuche«, sagt er nochmals ganz geheimnisvoll.

»Und? Was steht in dem Buch geschrieben?«, frage ich neugierig.

Da ruft eine Stimme in singendem Ton über den ganzen Platz: »Johann!«

»Ah, meine Frau! Mittagessen!«, sagt der alte Herr blitzartig und erhebt sich. »Wenn man nicht augenblicklich gehorcht … dann …« Er deutet an, dass es Schläge geben kann, und lacht auf. Dann klemmt er das Buch unter den Arm, salutiert, wie beim letzten Mal, murmelt noch vor sich hin, dass er mir bei anderer Gelegenheit über das Buch erzählen werde, und eilt dann über den Platz davon.

Seufzend schüttle ich den Kopf.

Nein!

Schon wieder!

Beim letzten Mal fielen ihm die Zähne aus dem Mund, bevor er etwas sagen konnte, und diesmal pfeift ihn seine Frau zurück.

Und dabei wäre es doch gerade so spannend geworden!

Eine Erzählung einer Gottessuche?

Was da wohl drin steht?

Gedankenversunken bleibe ich unter dem Lindenbaum sitzen und beobachte, wie sich die Äste des prächtigen Baumes im Wind hin und her bewegen.

Am Brunnen vor dem Tore, da steht ein Lindenbaum.
Ich träumt in seinem Schatten so manchen süßen Traum.

In früheren Zeiten schrieben die Menschen schöne Gedichte.

Und, Volkslieder sind eigentlich gar nicht so hässlich, wie ich immer gedacht habe ...

Mein Traum ist es jetzt: dieses Buch, diese »Erzählung einer Gottessuche« zu lesen!

Da wird mir gerade erst bewusst, dass der Mann ja gar nicht mehr geraucht hat. Ob er nach seiner letzten Hustenattacke zu dem Schluss gekommen ist, dass er mit dem Rauchen aufhören muss, wenn er sein Gebiss nicht endgültig davonhusten will?

Statt einer dicken Zigarre trägt er nun ein dickes Buch bei sich.

Wer weiß ... vielleicht ist ja auch er auf der Suche ... nach dem Glauben, der verloren gegangen ist.

*

Als ich die Ladentüre öffne, werde ich von der Besitzerin begrüßt, als wenn ich aus dem Krieg zurückgekehrt wäre.

»Oh, junger Mann! Wir haben uns wirklich schreckliche Sorgen um Sie gemacht! Noch nie haben wir hier oben einen solch schlechten Sommer erlebt. Dieser ständige Nebel und der abscheuliche Sturm, vor allem in den letzten Tagen. Es war einfach entsetzlich! Schlimmer noch als das große Unwetter vor Jahren, als der Bach die Brücke mitgerissen hat!«

»Die Brücke mitgerissen?«, frage ich leicht entsetzt. An diese Brücke hatte ich gar nicht mehr gedacht.

»Ja, der Bach ist damals über die Ufer getreten und hat alles mit sich gerissen, was nicht niet- und nagelfest gewesen ist«, sagt die Frau aufgebracht und fragt mich dann besorgt, wie es mir geht.

»Gut«, erwidere ich nur knapp und beginne dann meine Einkäufe im Laden zusammenzusuchen.

Das Wetter war also tatsächlich so grauenvoll, denke ich mir hinter den Warengestellen. Zumindest kann also niemand sagen, dass ich ein Weichei sei.

»Hat das Häuschen eigentlich einen Blitzableiter?«, frage ich nach einer Weile, während ich meine Besorgungen bei der Theke aufstaple.

»Ja, doch wenn der Blitz in der Nähe einschlägt, dann kann es leider trotzdem gefährlich werden«, meint sie sichtlich besorgt, tippt dann die Preise aller meiner Waren ein und verstaut sie in die Taschen.

Ich erwidere nichts, bleibe nur still vor der Theke stehen.

Oder ob ich ihr vielleicht doch von dieser Fichte erzählen sollte? Aber nein, denke ich mir dann wieder. Sonst wird sie mich am Ende nicht einmal mehr dorthin zurückkehren lassen.

Nachdem sie alle Einkäufe eingetippt und in die Taschen verstaut hat, schaut sie mich plötzlich an und fragt dann etwas umständlich, ob ich eigentlich religiös sei, wenn sie fragen dürfe.

»Ha!« Ich muss lachen. »Ich wollte Sie dasselbe fragen«, gebe ich zurück, während ich ihr das Geld entgegenstrecke. »Als ich die theologischen Bücher im Häuschen gesehen habe, da dachte ich …« Sie lacht auch.

»Also … wir haben das Häuschen ursprünglich ja als Rückzugsort für Gebet, Stille und Studium gebaut«, beginnt sie nun zu berichten, während sie mir das Rückgeld in die Hand gibt. »Der Besuch beim Eremiten hat uns dazu inspiriert.«

»Der Besuch beim Eremiten?!«, unterbreche ich sie ganz erstaunt.

»Ja, der Eremit, der hinter dem Walde wohnt!«, gibt sie ebenso erstaunt zurück, als wollte sie sagen, dass es doch nicht möglich sein kann, dass ich noch nicht von ihm gehört habe. Mit einer Geste gebe ich ihr zu verstehen, dass sie doch mehr davon erzählen soll, da klingelt das Telefon.

»Zwei Kilo Brot, vier Büchsen Tomatensoße, zwei Pack Spaghetti. Ja, es wird heute noch geliefert werden. Und noch zwei Liter Milch, zwei Pack Reis, aber nicht von dem Langkorn. Fünf Kilo Kartoffeln, ein Pack Zwieback … und noch zwei Büchsen Apfelmus.«

Die Bestellung scheint kein Ende zu nehmen.

Nun kommen sie auch noch auf das Wetter zu sprechen. Nein, es bleibe nun schön. Ja, dieses Unwetter, das sei wirklich ein Jahrhundertsturm gewesen.

Nach einer Weile setze ich mich auf einen Stuhl neben der Kasse nieder und warte.

Ein Jahrhundertsturm? Dann war es ja noch schlimmer, als ich gedacht habe!

Nun sprechen sie auch noch über Politik. Dagegen abstimmen sollte man. Oder doch nicht? »Und Kaffee, zwei große Pack. Und für die Nachbarin noch ein Kilo Zucker. Und Katzenfutter! Ja, die arme Katze, die darf man nicht vergessen …!«

Nachdenklich schaue ich zum Ladenfenster hinaus.

Einen Eremiten?

Der hinter dem Walde wohnt? Den muss ich so schnell wie möglich besuchen gehen! Und das Buch des Mannes mit dem Gebiss möchte ich auch lesen!

»Und, ja, noch 500 Gramm Butter und doch noch einen Sack Äpfel.« Seufzend lehne ich mich auf dem Stuhl nach hinten und schüttle den Kopf. Diese Bestellung wird wahrscheinlich nie mehr enden! Aber in meiner momentanen Stimmung kann ich doch nicht zu diesem Eremiten gehen! denke ich mir dann wieder. Ich muss ja ständig zu weinen beginnen … Vielleicht war es einfach doch zu viel auf einmal. So ganz alleine … dort oben im Nebel und Sturm … Da legt sie plötzlich auf.

Nachdem ich meine Nase geputzt habe, erhebe ich mich mühselig und warte an der Theke, bis sie den Bestellzettel ausgefüllt und in das Fach neben der Kasse verstaut hat.

Dann frage ich nochmals mit verhaltener Stimme nach dem Eremiten.

Sie hält einen Moment inne und schaut nachdenklich vor sich hin. »Ja, der Eremit«, beginnt sie nun. »Der wohnt auf der anderen Seite des Waldes. Seit langer Zeit schon. In der Einsamkeit und Stille. Mein Mann war damals, ganz am Anfang, einige Male bei ihm. Eines Tages habe auch ich mich dann aufgemacht. Die erste Begegnung war sehr eindrücklich. Ich werde sie nie mehr vergessen!«

Ruhig bleibe ich stehen, in der Hoffnung noch mehr zu erfahren.

»Der Eremit hat mir damals geraten«, fährt sie jetzt fort, »nicht zu grübeln, eher still zu werden und es sich schenken zu lassen. Zuhause haben mein Mann und ich dann den Entschluss gefasst, selber ein Häuschen zu bauen. Um zumindest ab und zu, jeder für sich alleine, eine Zeit als ›Eremit‹ verbringen zu können. Um still werden zu können, in der Hoffnung …, dass es einem geschenkt wird.«

Nun richtet sie den Blick wieder auf mich.

»Wenn Sie ihn besuchen wollen, dann müssen Sie, nachdem sie den Bach durchquert haben, nicht links an dem Bach entlang den Wald hinaufgehen, sondern den Weg rechts einschlagen. Dieser Weg führt zuerst durch einen dichten Tannenwald. Nach ungefähr zwei Stunden findet man auf eine Lichtung. Dort muss man den Weg links einschlagen. Wenn man diesem Weg folgt, gelangt man nach kurzer Zeit auf eine Wiese. Das Häuschen des Eremiten sieht man von dort aus auf der hinteren Seite der Wiese stehen, am oberen Waldrand. Es wäre wunderbar, wenn Sie ihn besuchen könnten. Aber …« Da platzt eine schreiende Horde Schulkinder in den Laden hinein und verwandelt den Ort in Sekundenschnelle in eine Art Pausenhof. »Aber … was …?«, frage ich nach, doch die Ladenbesitzerin winkt ab. Ob sie mir zu verstehen geben will, dass es nicht so wichtig war, was sie mir noch hätte sagen wollen?

Schade, so gerne hätte ich noch mehr von diesem Eremiten erfahren und auch von den Erfahrungen, welche die beiden in »meinem« Häuschen gemacht haben. Doch nun scheint nicht mehr der richtige Augenblick dafür zu sein. Durch das Geschrei hindurch verabschiede ich mich, ergreife meinen Rucksack und die Taschen und nehme den Nachhauseweg unter die Füße.

*

Nachdem ich über den Feldweg bei der großen Eiche angekommen bin, gehe ich den schmalen Weg an dem Bach entlang und entdecke nach einigem Suchen tatsächlich die Stelle, an der die Brücke gestanden haben muss. Das Bachbett ist hier schmal und schlängelt sich durch hohe Felswände hindurch. Zwischen wilden Brombeeren und anderem Gesträuch finde ich rostige Schrauben und Eisenstangen in den Felsen zementiert, an denen noch einige morsche Holzplanken hängen.

Gespannt setze ich mich auf den Felsen und blicke in den reißenden und tobenden Bach hinunter. Das Wasser scheint hier sehr tief zu sein. Ein Überqueren ohne Brücke wäre unmöglich.

Nach einer Weile denke ich mir, ob sich die Frau oder ihr Mann, als das große Unwetter damals getobt hat, womöglich im Häuschen aufgehalten haben, aus Angst vor dem nie endenden Gewitter fliehen wollten und voller Schrecken erkennen mussten, dass die Brücke weggeschwemmt worden war? Es muss damals ja noch viel mehr geregnet haben als in den letzten Tagen und Wochen. Der Bach sei über die Ufer getreten. Das würde unter Umständen auch erklären, weshalb sie nie mehr in das Häuschen gegangen sind! Obwohl, vielleicht wurde ihnen der Aufstieg ja auch einfach zu mühsam. Vor allem dem Mann fällt das Gehen ja wirklich schwer. Aber … wie auch immer, ich wollte doch so schnell wie möglich den Eremiten besuchen gehen! Schnell erhebe ich mich, ergreife meinen Rucksack und die Taschen und gehe dann zügigen Schrittes an dem Bach entlang, bis ich zu dem alten, verrosteten Kreuz gelange. Hier ist das Bachbett überaus breit und das Wasser nur knöcheltief. Doch da die Steine zum Teil glitschig sind, gehe ich, wie am ersten Tag, als ich in mein Häuschen gekommen bin, wieder mehrere Male durch das Wasser hindurch, bis ich jedes Gepäckstück einzeln auf die andere Seite geschleppt habe. Nachdem ich Socken und Schuhe angezogen habe, bleibe ich beim Weg, der rechts abbiegt, stehen und blicke in den finsteren Tannenwald hinein.

Es ist nun, wahrscheinlich, etwa drei Uhr nachmittags. Zwei Stunden bräuchte man bis zu der Lichtung und danach nochmals eine Stunde, oder zumindest eine halbe, bis zum Eremiten, meinte die Frau im Laden.

Dann würde es zu spät werden, bis ich wieder zurück in meinem Häuschen wäre.

Und mit all diesen Einkäufen?

Vielleicht ist es doch besser, wenn ich an einem anderen Tag vorbeigehe.

Etwas enttäuscht wende ich mich nach einer Weile ab und gehe dann den Weg links am Bach entlang den Wald hinauf, zurück zu meinem Häuschen.

*

Das letzte Stück Weg wird beschwerlich …
Die Taschen sind schwerer, als ich gedacht habe, da ich Vorräte für viele Wochen eingekauft habe.
Doch … es ist nicht allein das Gewicht der Taschen, das mir den Aufstieg erschwert. Je näher ich dem Häuschen komme, desto unwohler beginne ich mich zu fühlen.
Nach einer Weile stelle ich Taschen und Rucksack ab und setze mich auf einen am Wegrand liegenden Baumstamm nieder.
Wenn die Frau oder ihr Mann tatsächlich während des letzten Unwetters im Häuschen gewesen sein sollten, fliehen wollten und beim Bach unten angelangt feststellen mussten, dass sie vom Dorf abgeschnitten sind, dann musste das doch schlicht und einfach eine Panik ausgelöst haben! Hinter sich die Berge und das Unwetter und vor sich der reißende Bergbach.
Schrecklich!
Den Naturgewalten schutzlos ausgeliefert!
Unruhig stehe ich auf und gehe einige Schritte den Weg auf und ab.
Aber genauso habe auch ich mich während der letzten Wochen gefühlt, zumindest während der letzten Tage! denke ich plötzlich.
Da ich den Weg zurück ins Dorf nicht gut genug kannte, um sozusagen blindlings durch den dichten Nebel zurückfinden zu können, war ich faktisch gesehen von der restlichen Welt abgeschnitten.
Ohne zu wissen, ob mich der Sturm nicht plötzlich davonfegen wird.

Und nun sollte ich tatsächlich wieder dorthin zurückkehren? Wer sagt mir denn, dass ich in einigen Tagen nicht von Neuem im Nebel versinken werde!

Unschlüssig setze ich mich wieder auf den Baumstamm.

Ja! Ich kann es schon gar nicht mehr hören! Die Nonne hat gesagt, dass man irgendeinmal davonlaufen wolle, wenn man sich für eine Zeit in die Stille zurückziehe, um die Frage nach Gott zu klären. »Etwas« versuche einen dann womöglich wegzureißen, oder so irgendwie hat sie es formuliert.

Aber … das eine hat mit dem anderen doch nichts zu tun!

Ein Unwetter hat doch nichts mit mir selbst und mit meinem Vorhaben zu tun!

Oder … sollte es gar so etwas wie »äußere« und »innere« Umstände geben, die einen »wegzuziehen« suchen, wenn man sich auf ein solches Unterfangen einlassen will?

Dann müsste man, aller äußeren und inneren Widerstände zum Trotz, einfach entschlossen die Sache durchziehen?

Aber … Nein!

Ich habe ein ungutes Gefühl!

Aus welchen Gründen auch immer, ich kann nicht mehr.

Ich kann nicht wieder dorthin zurückkehren.

Die Sache wird mir zu unheimlich.

Ja! Zu unheimlich. Um nicht zu sagen: zu gespenstisch.

Ein Eichhörnchen klettert vom Baum herunter.

Ganz still bleibe ich sitzen.

Eifrig scharrt es mit seinen kleinen Pfötchen ein Loch in den Boden, nur wenige Meter von mir entfernt, blickt nervös in alle Richtungen und verscharrt schließlich etwas.

Es scheint mich nicht zu bemerken.

Jetzt klettert es wieder den Baum hinauf, saust kreuz und quer durch das Geäst und schießt wie ein Pfeil wieder herunter. Dann verscharrt es von Neuem etwas im Boden.

Wahrscheinlich sind das Nüsse.

Ob man hier oben schon so früh damit beginnt, Vorräte für den Winter anzulegen? Es ist doch erst ungefähr Mitte August!

Oh, nein, jetzt hat es mich gesehen und rennt, wie von einer Hornisse gestochen, davon.

Wie schnell die doch davonrennen können. Wahnsinnig!

Ich vermisse plötzlich wieder meine Familie.

Die Arbeit.

Das Restaurant um die Ecke.

Kaffee.

Es darf nicht wahr sein!

Die nächste Krise?

Weshalb bloß?

Weil ich nach so langer Zeit wieder einmal Menschen getroffen habe?

Ja … warum tue ich mir so etwas überhaupt an?

Meine Leute zu Hause hatten recht! Was ich hier mache, ist wirklich idiotisch! Und dabei könnte das Leben doch so schön sein.

Seufzend senke ich meinen Kopf.

Aber … habe ich nicht genauso gejammert, als ich noch im Restaurant um die Ecke vor meiner Tasse Kaffee saß …?

Eine Karawane von Ameisen zieht geschäftig zwischen meinen Beinen und dem Baumstamm hindurch.

Unglaublich, diese Ameisen! denke ich mir.

Wie organisiert die doch sind!

Ja, Ameise sollte man sein! Dann könnte man einfach, ohne selber viel nachdenken zu müssen, hinter den anderen hertrotteln.

Obwohl, wahrscheinlich würde ich auch als Ameise plötzlich ausscheren.

Ja, bestimmt!

Eines Tages würde ich: »Was machen wir da bloß?«, schreien.

Dann würde die ganze Kolonne stehenbleiben und sich verwirrt nach mir umdrehen, und das Gezanke würde beginnen!
Ha!
Ja, wer ist hier eigentlich der Idiot?
Derjenige, der ausschert, oder derjenige, der hinterhertrottelt?
Andererseits, was sollten Ameisen denn sonst tun?
Sie tun doch einfach nur, was sie, seit sie Ameisen sind, immer getan haben. Das, was ihrer Art entspricht.
Was ihrer Art entspricht?
Und was entspricht unserer Art? Unserer menschlichen Art?
Das scheint kaum noch einer zu wissen.
Tausende von Möglichkeiten eines »gelingenden Lebens« werden feilgeboten.
Aber werden wir nicht gerade, während wir diesen »angepriesenen Leben« hinterherrennen, von uns selbst und von unserer »Art« entfremdet? Werden wir nicht gerade dadurch aus dem stillen und bedächtigen Rhythmus der Natur »ausgeklinkt«? Und fügen wir uns selbst, anderen Menschen und der Umwelt nicht gerade dadurch nicht nur Gutes, sondern vor allem auch viel Leid zu?
Schrecklich.
Ja, zurückkehren … das müsste man.
Zurückkehren … und zwar nicht nur zum Kaffee im Restaurant um die Ecke … sondern … zurückkehren zum Ursprünglichen.
Ja … das müsste man.
Und das möchte ich auch!
Wie im Traum?
Ich wollte dem Hirsch folgen, um aus Nebel und Finsternis zu entkommen. Doch der Weg bestand aus lauter Schmerz und Tränen.
Wenn ich mir die Sache so überlege … Wäre es möglich, dass dieser Weg … die Geschichte darstellt? Die Menschheitsgeschichte? Und nur wenn man diesen ganzen Weg zurückgeht, wird man auch zum

Ursprünglichen zurückfinden? Vielleicht sogar ... zum Ursprung selber ... zu Gott?

Neben dem Hirsch her hatte ich die Kraft, weiterzugehen, auch wenn der Schmerz fast unerträglich wurde.

Doch am Ende waren Nacht und Nebel tatsächlich verschwunden und die Sonne leuchtete auf.

Vielleicht ist ja all das, was geschieht, seit ich hier oben bin, ganz einfach Teil von dem, was geschehen muss, wenn man diese Frage nach Gott klären will.

Nein ... zurückkehren in mein altes Leben ... das geht nicht.

Ich möchte ... weitergehen ... ganz zurück, zum Ursprung.

»Oh, Gott«, seufze ich nach einer Weile auf. »Hilf mir!«

Dann erhebe ich mich zaghaft, ergreife meinen Rucksack und die Taschen und gehe das noch letzte Wegstück hinauf zu meinem Häuschen.

*

Als ich mein Häuschen endlich erreiche, ist der Abend eingekehrt. Der Ort liegt in einem tiefen Frieden. Als wenn ich den Garten des Paradieses betreten würde!

Lange Zeit bleibe ich ergriffen stehen und bestaune die wundersame Welt vor mir.

Rotleuchtend glitzert die kühle Abendluft in der untergehenden Sonne, sanft weht der Wind über die Wiesen, und vom Walde her hört man leise die Bäume rauschen.

Nachdem ich alle Vorräte im Häuschen verstaut habe, setze ich mich mit dem frischen Brot und einer Tasse Tee an den Tisch draußen und beobachte, wie die Sonne hinter den Bergen langsam untergeht.

»Abendlich schon rauscht der Wald«, ein Gedicht von Joseph von Eichendorff kommt mir dabei in den Sinn:

Abendlich schon rauscht der Wald
Aus den tiefsten Gründen,
Droben wird der Herr nun bald
An die Sternlein zünden.
Wie so stille in den Schlünden,
Abendlich nur rauscht der Wald.

Alles geht zu seiner Ruh.
Wald und Welt versausen,
Schauernd hört der Wandrer zu,
Sehnt sich recht nach Hause.
Hier in Waldes stiller Klause,
Herz, geh endlich auch zur Ruh.

»Alles geht zu seiner Ruh.« ... »Hier in Waldes stiller Klause.« Als hätte von Eichendorff dieses Gedicht einzig und allein für diesen Augenblick geschrieben!

Nach einer Weile hole ich mein Notizbüchlein und einige Kerzen heraus. Dann bewundere ich wieder lange Zeit die einzigartige Abendwelt.

Ich bin so dankbar, denke ich plötzlich, dass ich den Weg hier herauf wieder geschafft habe!

Eigenartig.

Jetzt bin ich wieder ganz ruhig!

Und vorhin wäre ich doch am liebsten zurück ins Dorf gerannt.

Scheint es in der Tat Teil eines solchen Unterfanges zu sein, dass man ab und zu davonrennen will?

Wenn man es weiß, dann kann man sich ja darauf gefasst machen.

Die Nonne hat sicher aus Erfahrung gesprochen.

Ihr Rat ist wertvoll.

Gerne würde ich sie wiedersehen.

Wenn das Jahr hier oben zu Ende gegangen ist, könnte ich auf der Rückreise die Kirche ja wieder aufsuchen.

Nun ist die Sonne untergegangen.

Der Himmel leuchtet in den schönsten Rottönen.

Ich zünde die Kerzen an und esse das restliche Brot.

Frisches Brot schmeckt einfach wunderbar!

Morgen will ich damit beginnen, die Bibel durchzulesen.

»Nicht grübeln, sondern eher still werden und es sich schenken lassen ...«, hätte der Eremit der Ladenbesitzerin geraten.

Kann man sich vielleicht auch eine solche Zeit, eine solche Auszeit, nur »schenken lassen«, nicht aber erzwingen?

Erzwungen wird es zur Kasteiung, wenn man es sich »schenken lässt« ... zum Geschenk!

Jetzt beginnt die Nacht langsam ihre Decke über die Welt zu werfen.

Und von Eichendorff hatte recht: Droben hat der Herr die Sternlein angezündet.

Was für ein Anblick!

Unfassbar!

Als würde sich das ganze Universum vor mir öffnen.

Die Sonne hat leider auch ihre Schattenseiten: Sie dominiert alles! Erst wenn sie verschwunden ist, kommt der ganze restliche Reichtum zur Geltung.

Sagte nicht Immanuel Kant, »der bestirnte Himmel über mir und das moralische Gesetz in mir« sind ... keine Ahnung mehr ... eine Art Gottesbeweis?

Der bestirnte Himmel über mir und das moralische Gesetz in mir?

Wie er diese beiden Dinge miteinander verknüpft! Als wäre es ein und dasselbe?

Ohne Uhr klinkt man sich in die große Uhr des Universums ein.

Das habe ich geahnt und es ist auch in der Tat geschehen.

Und die beiden Uhren sind aufeinander abgestimmt. Viel besser als die innere Uhr mit der Armbanduhr.

Wären dann auch das »Himmels-Gesetz« und das innere, moralische Gesetz aufeinander abgestimmt?

Wenn ich den Kontakt zum Himmel, zu der Welt um mich herum, zu der Natur, verliere, dann verliere ich auch den Kontakt zu mir selbst und zu Gott?

Deshalb kann man, wie ich bereits einmal gedacht habe, den Glauben an Gott unter Umständen auch in Zweifel bringen, indem man den Menschen aus dem stillen und bedächtigen Rhythmus der Natur»ausklinkt«, indem man ihn beschäftigt, indem man ihn entfremdet ... von der Natur, von sich selbst ...

Der Morgenstern, die Venus, leuchtete auf, nach der letzten Sturmnacht und dem Traum mit dem Hirsch.

Wie das Licht im Traum der ersten Nacht! Der Stern, der in der Finsternis aufstrahlte, der zuerst nur schwach blinkte, der dann aber stärker und stärker zu funkeln begann ...

Lange Zeit bleibe ich noch sitzen und betrachte den wundersamen Nachthimmel vor mir.

Möge dieser Stern mich leiten ... zurück, durch die Nacht, in den neuen Morgen, in den neuen Tag.

Ja ... dann wird »*hier in Waldes stiller Klause* ...« auch mein Herz endlich zur Ruhe finden.

Aber: nichts erzwingen, »es sich schenken lassen«!

Stillhalten.

Ruhig werden.

Was für eine Anstrengung das doch sein kann!

*

Das Gezeter zweier Meisen weckt mich auf. Wild fliegen sie auf der Jagd nach irgendwelchen Insekten um den offenen Fensterflügel herum.

Es ist noch früh am Morgen, doch bereits so warm, als wenn es mitten am Nachmittag wäre.

Während ich das Frühstück zubereite, kommt mir auf einmal dieses Eichhörnchen wieder in den Sinn. Ja, der Winter bricht hier oben ohne Zweifel viel früher ein als unten im Tal! Wie konnte ich mir diese Frage überhaupt nur stellen?

Es wäre gewiss ratsam, den Vorratsraum mit Esswaren gefüllt zu haben, bevor der erste Schnee fällt!

Gut … ab heute werde ich jeden Tag, wenn möglich, den Weg ins Dorf unter die Füße nehmen, bis ich so viele Vorräte bereit habe, dass ich den Winter damit gut überstehen kann!

Und den Eremiten möchte ich so schnell wie möglich besuchen gehen!

Ja, heute noch.

Doch, bevor ich mich auf den Weg mache, will ich endlich damit beginnen, die Bibel durchzulesen.

Ich stelle das Frühstück auf den Tisch vor das Häuschen, hole die Bibel heraus und lege sie vor mich hin.

Während ich esse, überlege ich mir, wo ich am besten mit Lesen beginnen könnte.

Ganz am Anfang?

Oder im Neuen Testament?

Oder einfach blind irgendwo aufschlagen und drauflos lesen?

Nein … wahrscheinlich, denke ich mir dann, müsste ich doch ganz am Anfang beginnen.

Lange Zeit betrachte ich das dicke Buch vor mir.

Wenn ich ganz ehrlich sein soll, denke ich nach einer Weile, dann muss ich mir wohl eingestehen, dass ich im Grunde genommen überhaupt keine Lust verspüre, in diesem Buch zu lesen.

Ja, wenn ich noch ehrlicher sein soll, dann muss ich mir sogar eingestehen, dass sich mir bei diesem Anblick leicht die Nackenhaare zu sträuben beginnen. Schon nur das Wort »Bibel« löst irgendwie eine Gänsehaut bei mir aus!

Ich schiebe mein Frühstücksgeschirr auf die Seite und klopfe unschlüssig mit den Fingern auf dem Tisch herum.

Ich mache mich auf den Weg und gehe ins Dorf, denke ich plötzlich, und danach zum Eremiten!

Aber nein! Ich wollte doch endlich damit beginnen, diese Bibel durchzulesen.

Eigenartig! Gestern war ich noch voller Begeisterung, als ich mir vorgenommen habe, die Bibel durchzulesen, doch heute ... schaudert's mich nur noch!

Mit dem Wort »Bibel« kommen irgendwie so Bilder hoch, wird mir gerade bewusst. Es ist nicht sehr nett, so etwas überhaupt nur zu denken, aber Bilder von gewissen »frommen Gruppierungen« ... und gewissen ...»kirchlichen Amtsträgern«.

Ich klopfe mit den Fingern wieder auf dem Tisch herum.

Und eine Art Angst kommt auch hoch, wenn ich's mir so recht überlege. Ja! Die Angst, dass ich, wenn ich dieses Buch zu lesen beginne, genauso ende wie sie!

Also ... Nein!

Ich schüttle den Kopf und trage das Frühstücksgeschirr zurück in die Küche.

Dann komme ich wieder heraus und klopfe wieder unschlüssig auf dem Tisch herum.

Es ist wirklich nicht sehr nett, so über andere Menschen und über die Bibel zu denken, aber gewisse Dinge schrecken mich ab. Ich muss es mir eingestehen ...

Allerdings ... vielleicht hat all das, was mir im Zusammenhang mit der Bibel hochkommt, ja gar nicht viel mit der Bibel selbst zu tun, sondern eher mit dem, was andere Menschen damit gemacht haben und machen.

Ja, vielleicht müsste ich einfach selbst mit Lesen beginnen und mir ein eigenes Bild von der ganzen Sache machen ...

Aber, das Wort »Bibel« schreckt mich ab, ich kann es drehen und wenden, wie ich will.

Dann könnte ich ja vielleicht den Versuch unternehmen, das Buch einfach umzubenennen.

Ja ... einen anderen Namen geben!

Eine neutrale Bezeichnung sozusagen. Wie beispielsweise »Das alte Buch der Weisheit«. Genau. Ich lese im »alten Buch der Weisheit«. Das klingt doch irgendwie einladender ... geheimnisvoller.

Aber eine neutrale Bezeichnung ist ja auch das nicht. Wer weiß denn schon, ob sich nicht unter Umständen schlussendlich herausstellen wird, dass dieses Buch eine einzige Ansammlung von Torheiten ist? Vielleicht könnte ich die ganze Geschichte ja dann einfach »Das Buch« nennen.

Aber, auch »Das Buch« würde sich mit der Zeit wahrscheinlich wieder abnutzen.

Also ... Hm ... wie wäre es denn, wenn ich den Versuch unternehmen würde, das Wort »Bibel« zu »entleeren« von all den Vorstellungen und Bildern, die damit einhergehen, und dann, ganz unvoreingenommen an die Sache heranzugehen, so, als hätte ich noch nie etwas von dieser »Bibel« gehört und als hätte ich nicht die geringste Ahnung, was in diesem Buch drinsteht!

Ja, das, denke ich, könnte eine gute Vorgehensweise sein! Ich vergesse einfach alles, was ich jemals über dieses Buch gehört habe, und alles, was andere Menschen jemals darüber gepredigt und damit getan und gemacht haben, ich vergesse auch alle Kirchen und alle »frommen Gruppierungen« und gehe einfach vollkommen unbefangen heran.

Ja, genau!

Das könnte klappen.

Gut, also ... dann könnte ich ja jetzt den Versuch nochmals unternehmen, in dieser »Bibel«, von der ich noch nie etwas gehört habe und von der ich nicht die geringste Ahnung habe, was darin steht, zu lesen.

Nur einige Verse, als Einstieg sozusagen. Als kleines »Morgengebet« oder … als »Morgenandacht«.

Bei diesen Worten beginnt es mich gleich wieder zu schaudern! Auch diese Worte müsste ich »entleeren«.

»Andacht« ist im Grunde genommen ja ein schönes Wort. »Andächtig sein« bedeutet doch »aufmerksam sein«, »ergriffen sein«, »gegenwärtig sein«, »präsent sein«.

»Gebet« und »Andacht« würde dann ein »Gegenwärtigwerden« bedeuten, das Denken und die Aufmerksamkeit auf die Gegenwart, auf das Hier und Jetzt ausrichten. Und natürlich auf Gott.

Und damit kommt gleich das nächste Wort: Auch das Wort »Gott« müsste ich »entleeren«!

Ja, was meint man, wenn man das Wort »Gott« in den Mund nimmt? Das ist doch die große Frage.

Und dasselbe gilt bei »Jesus Christus«. Auch da schwingen doch so unendlich viele Dinge mit, die mit dem »wahren Inhalt« unter Umständen gar nichts zu tun haben.

Wahrscheinlich muss man all diese Worte und Begriffe zuerst »entleeren«, wenn man sich mit der Bibel und mit all diesen »geistlichen Dingen« zu beschäftigen beginnt.

Worte sind ja letztlich nur Bezeichnungen. Zeichen, die auf etwas hin-zeigen, hin-deuten. Sie sind jedoch nicht die »Sache« selbst. Das Zeichen muss mit dem wahrhaft Bezeichneten »gefüllt« werden, wenn man es verstehen will. Aber dies kann nur geschehen, wenn man das »wahrhaft Bezeichnete« kennt, gesehen oder erfahren hat. Wenn nicht, dann kann man sich unter dem bloßen Zeichen nichts vorstellen, oder man »füllt« es unter Umständen gerade mit etwas, das mit dem »wahrhaft Bezeichneten« nichts oder zumindest nicht viel zu tun hat.

Bei dem Wort »Gott« trifft dies gewiss am meisten zu, denn, wenn Gott nicht von dieser Welt, wenn er nicht »Natur«, sondern »Über-Natur«, »übernatürlich«, »überweltlich«, »übermenschlich« ist, dann

76

kann kein Wort dieser natürlichen Welt, kein Wort irgendeiner menschlichen Sprache ihn bezeichnen, weil es auch nichts auf dieser Erde und in dieser Zeit geben würde, das mit ihm verglichen werden könnte.

Im Gebet von Gregor von Nazianz wird doch genau dies zum Ausdruck gebracht.

> *Mit welchem Namen soll ich Dich anrufen,*
> *der Du über allen Namen bist?*
> *DU, der Über-Alles, welchen Namen soll ich Dir geben?*

Aber, wenn dem in der Tat so sein sollte, dann könnte man über Gott nur schweigen.

Dann könnte man auch nicht beten, weil man keinen Namen für Gott finden könnte, der ihn benennen und mit dem man ihn anrufen könnte.

Darüber habe ich ja bereits nachgedacht, als ich noch im Nebel saß.

Ja! Worte können auch ... wie Nebel sein.

Wie Nebel, der den Blick auf die Sonne verschleiert. Wie trübes Wasser, das den Blick auf den Grund, auf die Wahrheit versperrt!

Erst wenn man Gott erfahren hätte, erst dann könnte man das Wort, das ihn bezeichnet, mit dem wahren Inhalt füllen. Erst, wenn man das Angedeutete kennen würde, erst dann könnte man die Andeutung richtig deuten.

*

Mit einem Schrecken erwache ich.

Ich wollte doch nur kurz auf dem Lehnstuhl etwas ausruhen, bevor ich den Weg ins Dorf unter die Füße nehme.

Jetzt ist es bestimmt wieder fast vier Uhr nachmittags.

Oh nein!

Ich muss stundenlang geschlafen haben.

Schade!

Ich wollte doch so schnell wie möglich den Eremiten besuchen gehen …
Schlaftrunken setze ich mich auf den Rand des Lehnstuhls und blicke in das Wasser des Baches vor mir. Dann schaue ich an dem Bach entlang nach oben, wie im Traum, und schließe wieder müde die Augen.
Oh nein … ich hätte nicht schlafen sollen … jetzt bin ich völlig durcheinander … Und mir kommen wieder alle möglichen schmerzhaften Geschichten hoch.
Ich beginne zu weinen.
Weshalb nur?
Geschichten, die zum Teil nicht einmal etwas mit mir zu tun haben.
Ich darf mich einfach nicht mehr an diesen Bach setzen!
Ruckartig stehe ich auf und gehe nachdenklich auf der Wiese auf und ab und um das Häuschen herum …
Die ganze Welt höre ich weinen. Tragödien aus meiner Familie, aus meinem Volk, der Erste und Zweite Weltkrieg … die Schlacht von Solferino … Der 30-jährige Krieg … Pestepidemien … Bilder von unbekanntem Leid …
Was soll das alles?
Nach einer Weile bleibe ich still vor einer der Fichten hinter dem Häuschen stehen …
Oder … müsste ich diese Traurigkeit vielleicht einfach zulassen?
Weinen über all den Schmerz, selbst wenn diese Geschichten zum Teil, zumindest vordergründig, nicht einmal etwas mit meinem eigenen Leben zu tun haben?
Ja, was Menschen sich gegenseitig doch nur für Leid zufügen können!
Vielleicht sollte ich den Bach tatsächlich nicht meiden, sondern … mich all dem stellen … der Wahrheit in die Augen sehen! All die Opfer der Geschichte … und auch die Täter … beweinen. Ja,

beweinen ... die Menschheit ... die Welt. Mich eine Zeit lang in Trauer kleiden.

Langsam gehe ich über die Wiese zum Wasser zurück ...
Dann setze ich mich behutsam wieder auf den Lehnstuhl.

Mich eine Zeit lang in Trauer kleiden ... ja, vielleicht ist dies der einzige Weg zurück zum Ursprung.

In Gedanken sehe ich die »gebeugte Witwe in Trauerkleidung« wieder auf meinem Arm sitzen. Die Raupe wurde zu einem Schmetterling ... durch die Überwindung des Raupendaseins.

Der glimmende Docht

Da die Gefahr besteht, dass ich mich wieder in irgendwelchen Gedankengängen verliere, entscheide ich mich bei Sonnenaufgang, gleich nach dem Frühstück den Weg ins Dorf unter die Füße zu nehmen.

So ziehe ich bald darauf mit Rucksack und Taschen bepackt los, Richtung Dorfladen.

Noch immer herrscht das herrlichste Sommerwetter, doch ein wundersamer Dunst steigt heute Morgen von den Wiesen und Wäldern auf und verwandelt die ganze Landschaft in eine Art geheimnisvolles Märchenland. Spinnweben voll glitzernder Glasperlen funkeln an Ästen und Gräsern in der Morgensonne, ein Fuchs und einige Rehe kreuzen meinen Weg, verschwinden scheu wieder im schützenden Morgennebel und Schwärme von Staren flüchten in schwarzen Wolken vor mir aus Bäumen und Büschen.

Überwältigt von der morgendlichen Schönheit der Natur steige ich vorsichtig den steilen Pfad durch den Wald hinab und komme schließlich zu der Stelle, an der ich den Bach durchqueren muss.

Ich halte einen Moment inne.

Sollte ich nun tatsächlich zuerst in den Dorfladen gehen oder doch gleich zum Eremiten? Während ich noch darüber nachdenke, beschreite ich bereits zaghaft den Weg, der in den finsteren Tannenwald hineinführt. Ich kann ja auch am Nachmittag noch in den Laden gehen, denke ich mir dann.

Nach kurzer Zeit wird es schrecklich dunkel. Die Tannen stehen so dicht beieinander, dass kaum Licht durch die Wipfel dringt. Nur das Klopfen eines Spechtes unterbricht gelegentlich die Stille, sonst hört man keinen Laut. Nach und nach verwandelt sich der wundersame Morgendunst wieder in einen undurchdringbaren Nebel.

Ich kann es kaum fassen.

Sollte ich wieder umkehren?

Doch es scheint bereits zu spät zu sein.

Der Nebel hat mich von allen Seiten eingehüllt.

Ganz langsam schreite ich weiter, in der Hoffnung, den Weg nicht aus den Augen zu verlieren.

Nach einer gefühlten Ewigkeit beginnt das Gelände anzusteigen.

Da gelange ich, nach einer Biegung um einen Felsen, tatsächlich auf eine Lichtung.

Erleichtert atme ich auf. Ich bin also noch immer auf dem rechten Weg. Der Nebel ist nun wieder einem sanften Dunst gewichen, der vom Boden her um alte, morsche Baumstämme und hohe, in der Sonne glitzernde Grashalme streicht.

Einige Zeit bleibe ich stehen, dann gehe ich den Weg weiter, bis ich an eine Weggabelung gelange, an der ich den linken Weg einschlage, der steil wieder in den Wald hinaufführt.

Nach und nach beginnen sich die Bäume zu lichten.

Als ich schließlich auf der Anhöhe angelangt bin, stehe ich vor einer großen Wiese.

Ich halte inne und blicke mich um.

Da sehe ich am anderen Ende der Wiese, am Rand des oberen Waldes, ein kleines Häuschen stehen!

Tatsächlich!

Da bin ich nun also!

Rauch steigt aus dem Kamin auf. Wahrscheinlich wird das Frühstück auf dem Feuer zubereitet.

Doch … ich weiß nicht so recht …

Sollte ich nicht vielleicht doch besser an einem anderen Tag vorbeikommen?

Es ist ja auch noch viel zu früh am Morgen für einen solchen Besuch, wie mir gerade erst bewusst wird! Wahrscheinlich ist es noch nicht einmal neun Uhr!

Ich würde diesen Eremiten ja wirklich gerne kennenlernen, aber ...
irgendwie fürchte ich mich auch vor der Begegnung.
Als ich mich gerade abwenden will, sehe ich einen Mann aus dem
Häuschen kommen, der, wie es aus der Ferne scheint, Essen auf den
Tisch stellt.
Jetzt sieht er mich ...
Er winkt mir zu und kommt mir etwas entgegen.
Nun kann ich wohl nicht mehr anders ...
Unsicher gehe ich den schmalen Weg über die Wiese auf ihn zu.
Je näher ich ihm komme, desto mehr werde ich gewahr, wie seine
Augen leuchten und auf eine Art sein ganzes Gesicht.
Eremiten werden entweder verrückt oder heilig, sagt man.
Dieser hier ist, ganz offensichtlich, heilig geworden!
Etwas Unbeschreibliches geht von ihm aus ...
Wir bleiben kurz voreinander stehen.
Schweigend reicht er mir die Hand zum Gruß.
Da beginne ich, obwohl ich mich zu beherrschen versuche, wieder
zu weinen. Beim Anblick dieses Mannes kommt diese eigenartige
Traurigkeit wieder über mich.
Ich halte meine Hände vor den Kopf. Am liebsten würde ich im
Boden versinken.
Er sagt nichts, richtet mich etwas auf und führt mich zu seinem
Häuschen.
Nun sitze ich auf einem Stuhl draußen vor dem Tisch.
Was er jetzt bloß von mir denken mag? frage ich mich kopfschüt-
telnd, während ich vor mich hin auf den Boden starre.
Da kommt er wieder aus dem Häuschen heraus und bringt Teller
und Besteck mit.
Nachdem er ein Gebet gesprochen hat, gibt er mir ein Zeichen, dass
ich doch essen soll.
Lange Zeit essen wir nur still.
Keiner spricht ein Wort.

Er muss, dem schneeweißen Haar und dem langen, ebenso weißen Bart nach, sehr alt sein, doch sein Gesicht sieht eigenartig jung aus. Er trägt eine Art Mönchskutte.

Ich sei bestimmt der Mann, der seit einiger Zeit im anderen Häuschen wohne, unterbricht er plötzlich die Stille.

Er habe von mir gehört und gehofft, dass ich ihn eines Tages besuchen würde.

Ich nicke. Worte kann ich keine über meine Lippen bringen.

Nachdem wir fertig gegessen haben, räumt er die Sachen in das Häuschen hinein und kommt nach einer Weile mit einem Krug Tee, zwei Tassen und Keksen heraus.

Nachdem er den heißen Tee in die Tassen gegossen und mir mit einer Geste zu verstehen gegeben hat, dass ich mich doch bitte bei den Keksen bedienen solle, setzt er sich wieder hin.

Da sagt er auf einmal, wie aus dem Nichts: »Tränen sind eine Gabe!«

»Eine Gabe?«, frage ich ganz verwirrt.

»Ja! Wenn man Gott zu suchen beginnt, dann kann es vorkommen, dass eine Quelle von Tränen aufbricht! Das kann zwar durch Schmerz in der eigenen Geschichte ausgelöst werden, doch die eigentliche Ursache dafür ist die Begegnung mit Gott!«

Aufmerksam blicke ich ihn an.

»Es ist, wie wenn das Feuer des Geistes Gottes tief im Menschen auf einen glimmenden Docht trifft und diesen entfacht!

Wenn dies geschieht, dann kann bei einigen ein derartiger Schmerz aufbrechen, dass sie kaum mehr zu weinen aufhören können. Manche vergießen gar unterdrückte Tränen von Generationen. Etwas, das man kaum noch erklären kann. Doch diese Tränen sind sehr heilsam. Sie heilen das Herz und die Seele … die Herzen und die Seelen!«

Damit steht er bedächtig auf und geht in das Häuschen.

Betroffen stelle ich meine Tasse Tee auf den Tisch.

Ich kann kaum fassen, was dieser Mann sagt!

Dann kommt er mit einem Buch heraus und setzt sich wieder auf die Bank.

Nachdem er mir den Buchdeckel entgegengehalten hat – »Dostojewski, Die Brüder Karamasov« –, beginnt er darin herumzublättern.

»Da kommt diese bekannte Stelle des Starezen Sossima, im vierten Buche«, sagt er ruhig, während er weiterblättert. »Ein ›Starez‹, so werden in der orthodoxen Kirche die Eremiten genannt«, wirft er mir netterweise zu und legt das Buch dann geöffnet nieder. Er scheint die Stelle gefunden zu haben.

»Der Starez Sossima spricht hier also«, gibt er mir nochmals zu verstehen und beginnt dann zu lesen:

> Denn wisset, ihr Lieben, dass jeder einzelne von uns an allem und jedem auf Erden Schuld trägt, nicht nur, weil er an der allgemeinen Schuld der Welt teilhat, sondern ein jeder einzeln für alle und für jeden Menschen auf dieser Erde. Dieses Bewusstsein ist die Krone für den Lebenswandel des Mönchs, ja eines jeden Menschen auf Erden. Denn die Mönche sind nicht andere Menschen, sondern nur solche, wie alle Menschen auf Erden es sein sollten. Erst dann wird unser Herz erfüllt sein von jener gerührten, unendlichen, allumfassenden Liebe, die keine Sättigung kennt. Dann wird jeder von euch imstande sein, die ganze Welt durch Liebe zu gewinnen und die Sünden der Welt mit seinen Tränen abzuwaschen.

»Die ganze Welt durch Liebe zu gewinnen und die Sünden der Welt mit seinen Tränen abzuwaschen?« Eine unfassbare Aussage, so denke ich bei mir.

Nun schließt er das Buch und blickt still über die Wiese.

Wir schweigen beide.

Die Sünden der Welt mit seinen Tränen abwaschen?
Ob ich ihm von diesem Traum erzählen sollte?
Aber nein. Irgendwie kann ich das nicht erzählen.
Tränen sind eine Gabe, hatte er gesagt. Aber weshalb eine Gabe, frage ich mich. Weil durch diese Tränen die Sünden der Welt abgewaschen werden? Wie sollte dies möglich sein? Das verstehe ich nicht.

Ich möchte ihn fragen, was oder wer seiner Meinung nach den Glauben in unserer Zeit zu Fall gebracht hat. Aber, was er nur mit diesem »glimmenden Docht« gemeint haben mag?
Noch immer blickt er ruhig vor sich hin.
Ich räuspere mich, um die Stille zu unterbrechen. Dann frage ich etwas verhalten nach der Bedeutung dieses »glimmenden Dochtes«.
Er blickt mich an, stemmt sich erneut von der Bank hoch, geht ins Häuschen und kommt kurze Zeit später mit einer Bibel heraus.
»Der ›glimmende Docht‹ wird im Buche Jesaja erwähnt«, beginnt er nun und blättert dabei in der Bibel herum. Nach einigem Suchen hat er die Stelle gefunden.
»Jesaja, Kapitel 42, Vers 3«, sagt er mit ruhiger Stimme und liest dann ganz langsam vor.

Das geknickte Rohr wird er nicht zerbrechen, und den glimmenden Docht wird er nicht auslöschen. In Treue trägt er das Recht hinaus.

Nachdenklich bleibe ich sitzen. Den glimmenden Docht wird er nicht auslöschen?
»Was bedeutet denn dieser ›glimmende Docht‹?«, frage ich nochmals etwas unsicher.
Lange Zeit sagt er nichts.
»Israel saß in Babylon, im Exil«, beginnt er jetzt leise und schaut dabei gedankenversunken vor sich hin, so, als wenn er gerade selbst dort im Exil sitzen würde.

Gebannt sehe ich ihn an.

»An den Strömen Babels, da saßen wir und weinten, wenn wir an Zion dachten.‹ So steht es in einem der Psalmen geschrieben«, fährt er fort. »Jerusalem wurde dem Erdboden gleichgemacht, der Tempel zerstört, das Volk und die Geräte des Tempels unter König Nebukadnezar ins Exil nach Babylon verschleppt. Das große nationale Trauma! Alles ging verloren. Stadt, Land, Heimat, Unabhängigkeit, Tempel, Religion, Glaube.«

Glaube? Auch der ging verloren? Wie? Doch bevor ich etwas sagen kann, steht er auf und deutet mit den Händen etwas Großes an, während er weiterspricht: »Der große siebenarmige Leuchter, der im Tempel im Heiligtum stand! Auch dieser wurde ins Exil verschleppt. Die Menorah. Das siebenfaltige Licht!«

Er bleibt wortlos stehen, hält die Hände noch immer in der Luft. Dann spricht er weiter: »Gott ließ dem Volk durch den Propheten Jesaja sagen: Der Leuchter und alle Geräte des Tempels ruhen zwar unter Decken verhüllt in den Schatzkammern Babylons. Doch der Docht des Leuchters ist noch nicht erloschen, er glimmt noch immer und er wird wieder entfacht werden! Die große Zusage, dass der Leuchter eines Tages wieder brennen und der Tempel eines Tages wieder stehen wird!«

Da mir die biblischen Bezüge leider fremd sind, kann ich nicht bei allem, was er sagt, folgen, doch nach all seinen Ausführungen erwidere ich ganz intuitiv: »Das heißt, Gott wird im Exil das Licht des Leuchters wieder entfachen. Dies wird zwar einerseits einen riesigen Schmerz auslösen, weil das Volk erkennen wird, dass es nicht an dem Ort ist, wo es sein sollte, aber es wird auch eine Kraft freisetzen, die zurück an den ursprünglichen Ort drängt?«

Er schaut mich verwundert an und nickt dann.

»Ja, aber jetzt ...« Er setzt sich ganz behutsam wieder hin und spricht dann weiter: »... jetzt kann man die ganze Geschichte natürlich auch im übertragenen Sinne lesen«, sagt er, fast ein bisschen geheimnisvoll. »Wenn das Feuer des Geistes Gottes unseren glimmenden ›Herzens-Docht‹ wieder entfacht, dann erkennen auch wir, dass wir im Exil sitzen. Dann beginnen auch wir zu weinen, wie Israel an den Strömen Babels, weil wir uns an Zion, an das verlorene Paradies erinnern.«

Ich schüttle fassungslos den Kopf.

Er lehnt sich an die Wand des Häuschens und blickt gedankenversunken über die Wiese.

»Der Heilige Isaak der Syrer hat gesagt, die Tränen fließen, wenn die Augen das wahre Wesen der Welt zu erkennen beginnen!«

»Weil die Diskrepanz offenbar geworden ist? Die Diskrepanz zwischen dem, was ist, und dem, was war? Zwischen dem, was sein könnte, und dem, was tatsächlich ist?«, frage ich leise.

Er sagt nichts.

Wir schweigen beide.

Nach einer Weile erhebt er sich und holt einen Zettel und einen Schreibstift heraus.

Er werde mir den Vers aus Jesaja aufschreiben, und auch den Psalm, murmelt er vor sich hin, während er in der Bibel blättert und die Stellen auf den Zettel kritzelt.

Jetzt faltet er den Zettel fein säuberlich zusammen und streckt ihn mir zu.

Man müsste noch viel zu diesem »glimmenden Docht« sagen, doch er liefere nicht gerne vorgefertigte Antworten ab. »Vorgefertigte Antworten können das wirkliche Verstehen behindern und sogar in eine falsche Richtung führen!«, sagt er leise und in sich gekehrt.

Nachdenklich blicke ich über den Tisch in den Wald hinauf, der sich hinter dem Häuschen still und mächtig in den Himmel erhebt. ›Vorgefertigte Antworten können das wirkliche Verstehen behindern und sogar in eine falsche Richtung führen!‹ hallt es noch in mir nach. Ob er wohl irgend so etwas meinen könnte wie das, was ich mit diesen »Bezeichnungen« und »Namen« und »Begriffen«

gedacht habe? Dass sie das Bezeichnete unter Umständen gerade verschleiern oder gar verzerren können?

»Gregor von Nazianz hat gesagt«, unterbricht er plötzlich meine Gedanken, »Die Begriffe machen Götzen aus Gott, allein die höchste Bewunderung begreift.«

»Was?«, schreie ich beinahe auf.

Ja! Ich solle mir das einmal durch den Kopf gehen lassen.

Ich sage nichts von dem Gebet von Gregor von Nazianz, welches ich gefunden habe, da ich nicht ablenken möchte und da ich hoffe, dass er noch mehr zu diesem Thema sagt.

»Vorgefertigte Antworten, sie sind die Tragik des Christentums«, fährt er nun langsam fort, während er mit der rechten Faust auf den Tisch zu klopfen beginnt.

»Vorgefertigte Antworten erzeugen die trügerische Illusion, dass man es hat, dass man es besitzt, dass man weiß.«

Nun wird er ganz still und blickt vor sich auf den Tisch.

»Seit ich mich auf die Suche nach Gott gemacht habe, ist mir noch nie etwas auf dem Silbertablett serviert worden. Gott gibt Hinweise! Lediglich Hinweise!«

Er zeichnet mit dem Finger eine Art Weg auf dem Tisch auf.

»Wie bei den Weisen aus dem Morgenland. Ein Stern! Und dann muss man die Bedeutung dieses Sternes erkennen können.« Nun fährt er mit dem Finger über den Tisch. »Dann muss man sich aufmachen und dem Stern folgen, im Vertrauen, ohne genau zu wissen. Und dann findet man zu einem Kind in einem Stall und muss wiederum diesen Hinweis zu deuten wissen. Unscheinbar, klein, unbedeutend! Könige werden nicht in Krippen geboren! Doch wenn man den Hinweis zu verstehen vermag, dann wird das Unscheinbare, Kleine und Unbedeutende auf einmal überwältigend groß und mächtig: Keine weitere Gewaltherrschaft, die eine andere Gewaltherrschaft in die Knie zwingen will. Nein! Die Geburt von etwas Neuem!«

Sprachlos schaue ich ihn an.

Ja … Der Stern von Bethlehem! An den hatte ich gar nicht mehr gedacht!

Man muss die Bedeutung des Sternes erkennen und sich dann aufmachen, im Vertrauen?

Und der Stern führt zum großen Licht!

Er gießt den letzten Tee in meine Tasse, und ich weiß nicht recht, ob er mir nun zu verstehen geben will, dass es langsam an der Zeit wäre, zu gehen.

Aber ich hätte doch noch so viele Fragen!

Einen Augenblick bleibe ich wortlos sitzen und bemühe mich, den restlichen Tee so schnell wie möglich auszutrinken. Doch dann bricht es plötzlich, obwohl ich eigentlich gar nicht davon hätte sprechen wollen, aus mir heraus: »Aber der Weg und das Blut!«

Erschrocken schauen wir uns beide an. Dann gibt er mir ein Zeichen, dass ich mich doch erklären solle.

Ich hätte einen Traum gehabt, beginne ich stockend zu erzählen, den ich jedoch nur lückenhaft zu entschlüsseln vermöge. Ich wäre einem Hirsch aus Wald und Nebel heraus gefolgt, der jedoch, kurz bevor wir den Wald verlassen hätten, von Wölfen angefallen und gerissen worden sei. Sein Blut wäre dann auf den Weg geflossen, und dann hätte ich auf einmal voller Entsetzen erkannt, dass der ganze Weg aus lauter Blut bestehe! Und … vorher wäre der Weg ein Bach aus Tränen und Schmerz gewesen! Und am Ende wäre der Morgenstern aufgegangen, bis die Sonne schließlich den neuen Tag eingeläutet hätte.

Schweigend bleibt er sitzen.

Nach einer Weile erhebt er sich, geht in das Häuschen und kommt mit einem Bild heraus, das er mit der Rückseite nach oben auf den Tisch legt.

»Ja, der Hirsch«, beginnt er nun mit verhaltener Stimme. »Der Hirsch ist ein sehr altes Symbol für Christus. Vielen Menschen, durch die ganze Geschichte hindurch, ist Christus in der Gestalt eines Hirsches erschienen.«

»Aber warum in der Gestalt eines Hirsches?«, frage ich nach einer Weile.

Er antwortet nichts, senkt nur wortlos seinen Kopf.

Auch wenn ich es nicht zu verstehen vermag, ich weiß eigenartigerweise die Antwort, denke ich plötzlich. Der Hirsch ist in unseren Breitengraden ganz einfach ein Bild für »Christus«. Der König des Waldes. Stark und zerbrechlich zugleich, überirdisch und irdisch zugleich, nicht von diesem Wald und in diesem Wald heimisch zugleich.

»Der Hirsch«, fährt er nun fort, »so sagen die Weisen, kennt den Weg zu der Quelle lebendigen Wassers ... und durch dieses lebendige Wasser ist er fähig, die Schlange zu bezwingen.«

Nun dreht er das Bild um und wendet es auf dem Tisch mir zu.

Das Kreuz ist darauf abgebildet. Jesus hängt am Kreuz.

Dann deutet der Eremit mit dem Finger auf etwas unter dem Kreuz hin.

Ein Totenschädel!

»Weshalb ist denn hier ein Totenschädel abgebildet?«, frage ich verwundert.

»Dies stellt den Schädel Adams dar«, beginnt er zu berichten. »Alte christliche Überlieferungen haben davon gesprochen, dass Jesus an der Stelle gekreuzigt worden ist, an der Adam begraben lag. Das Blut Christi wäre somit auf die Gebeine des ersten Menschen geflossen.«

Nun erkenne ich auf dem Bild in der Tat, dass Blut von Jesus am Kreuz nach unten rinnt und auf den Schädel tropft.

»Ob sich das historisch wirklich so verhalten hat oder nicht, ist im Grunde genommen irrelevant. Wichtig ist die theologische Aussage: Das Blut rinnt bis an den Anfang der Menschheitsgeschichte ...«

Aber dann sagt er nichts mehr. Lehnt sich an die Wand des Häuschens und bleibt schweigend sitzen.

Jetzt schlägt er mit der Hand auf den Tisch und erhebt sich ruckartig, so als wollte er sagen, dass er nun nicht mehr weitersprechen könne.

Er reicht mir die Hand und murmelt mit zittriger Stimme etwas von Stern und Hirsch und dass ich weiter folgen soll.

Leider kann ich nicht mehr alles verstehen. Einen Augenblick lang schaue ich ihn verwirrt an. Dann wendet er sich von mir ab und geht mit dem Bild zurück in das Häuschen.

Nach einer Weile wende auch ich mich ab und gehe langsam und gedankenversunken über die Wiese zurück, den Weg in den Wald hinein, von wo ich gekommen bin.

*

Als ich nach einem langen Marsch durch den dunklen Wald endlich an die Stelle gelange, an der ich normalerweise den Bach durchquere, setze ich mich am Ufer auf einen großen Stein nieder und blicke über das flache Wasser vor mir.

Es ist mittlerweile wahrscheinlich etwa zwei Uhr nachmittags. Nebel und Dunst haben sich vollständig aufgelöst. Die strahlende Sonne glitzert wieder über die Wasseroberfläche.

Gedankenversunken werfe ich Steine in den Bach und beobachte, wie sie glucksend im Wasser versinken.

Dieser Besuch war einfach … unglaublich!

Wie soll ich das nur alles verstehen?

Habe ich nun einen »geistlichen Begleiter« gefunden?

Die Nonne würde sich freuen!

Ich würde mich auch freuen!

Keine vorgefertigten Antworten wolle er abliefern?

Aber dann muss ich ja doch wieder alles selber zusammensetzen!

Vorgefertigte Antworten wären manchmal so hilfreich!

Aber sie würden die Illusion erwecken, dass man weiß, obwohl man scheinbar noch gar nichts weiß.

Eine Bachstelze trippelt vor mir über die Steine, wippt mit ihren langen Schwanzfedern und fischt sich ihre Insekten aus dem Wasser.

Ja … zu meinen, man wisse, kann arrogant machen. Und kann wahrscheinlich auch die weitere Suche behindern. Man meint dann zu wissen, obwohl man noch nicht einmal weiß, dass man noch gar nichts weiß.

Auch das kann wie Nebel sein.

»Die Tragik des Christentums« nennt er dies.

Nun sitzt die Bachstelze auf einem großen Stein an der Sonne, putzt sich das Gefieder und beginnt zu zwitschern.

Am liebsten würde ich gleich in mein Häuschen zurückgehen!

Ich muss alles niederschreiben und diese Bibelzitate lesen.

Ich wollte noch so vieles fragen.

Der Vogel zwitschert einfach seelenruhig vor sich hin.

Aber »nicht wissen« wäre ja eigentlich die Position des Agnostizismus. Man weiß nicht, ob es Gott gibt, und man weiß nicht, falls es ihn geben sollte, wer oder wie oder was dieser »Gott« sein sollte. Aber das kann doch kaum die Position des Eremiten sein. Er meint bestimmt eine andere Art des »Nichtwissens« und auch eine andere Art des »Wissens«. Das »Wissen«, von dem er spricht, ist wohl nicht ein »Wissen«, das sich aus »vorgefertigten Antworten«, »Begriffen«, »Formeln« und »Lehrsätzen« ergibt, sondern eine innere Gewissheit, die sich im Herzen einstellt!

Durch die Berührung des Feuers mit dem glimmenden Docht?

Ja, wahrscheinlich.

Was für eine Seelenruhe dieser Vogel doch ausstrahlt.

Wie der Eremit!

Ob er der Orthodoxen Kirche angehört?

Doch auf der Bibel, aus welcher er vorlas, stand in großen Buchstaben »Lutherbibel« geschrieben. Die Orthodoxen verwenden doch keine Lutherbibel.

Ich möchte mehr darüber erfahren, was die Wissenschaft zu der Frage nach Gott zu sagen hat.

Ah … dieser Stein hat aber weite Kreise gezogen!

Von wo der Eremit wohl sein Essen her hat?

Jemand muss ihm Nahrungsmittel bringen. Es wäre doch unmöglich für ihn, diesen Bach zu durchqueren.

Ich könnte gleich wieder zu weinen beginnen.

Er hat mich verstanden.

Und meinen Zustand.

Das ist wirklich beruhigend.

Die Tränen würden fließen, wenn durch eine Begegnung mit Gott der innere »Herzens-Docht« entflammt würde? Dann beginne man zu erkennen, dass man im Exil sitze, und die Augen würden das wahre Wesen der Welt zu erkennen beginnen?

Aber habe ich denn bereits eine Begegnung mit Gott gehabt?

Ich bin doch noch nicht einmal gewiss, ob Gott überhaupt existiert.

Nachdenklich ziehe ich Schuhe und Socken aus, durchwate das kühle Wasser und gehe dann am Bach entlang Richtung Dorfladen.

*

Zwei ältere Damen stehen an der Theke, als ich in den Laden eintrete, und plaudern mit der Besitzerin. Freundlich werde ich von allen begrüßt.

Nachdem ich alle meine Einkäufe bei der Theke aufgestapelt habe, verabschieden sich die beiden Frauen.

»Ich war heute Morgen beim Eremiten«, beginne ich etwas zaghaft der Ladenbesitzerin zu berichten.

Sie legt alles nieder und schaut mich an.

Ich nicke nur, sie nickt zurück. Wir verstehen uns.

Ob sie denke, dass ich ihn ab und zu besuchen dürfe, frage ich nach einer Weile.

»Ja, gewiss!«, gibt sie augenblicklich zurück. »Er hatte während einiger Zeit sehr viele Besucher. Doch dann, so sagte er einmal, hätte Gott sein Gebet und seinen Wunsch nach mehr Stille erhört, und die Brücke wurde weggeschwemmt. Seitdem gehen kaum noch Leute zu ihm. Wahrscheinlich wohl nur noch diejenigen, die ihm regelmäßig Nahrungsmittel vorbeibringen.«

»Ah, also doch. Aber im Winter?«, frage ich neugierig.

»Ja, genau.« Sie hätte mir dies bereits beim letzten Besuch sagen wollen, doch da wäre ich zu schnell wieder verschwunden gewesen. Im Winter könne es vorkommen, dass man eingeschneit werde. Obwohl dies in den letzten Jahren kaum noch vorgekommen sei. Aber den Keller mit Vorräten aufzufüllen, das sei ein absolutes Muss!

»Das habe ich mir auch gedacht«, gebe ich zurück.

Nun hat sie alles in meine Taschen verpackt.

»Mein Mann und ich beten für sie«, sagt sie mir zum Abschied und faltet ihre Hände wie zum Gebet, so als möchte sie mir damit einen Segen mit auf den Weg geben.

Ich schaue sie einen Augenblick verwirrt an, dann bedanke ich mich umständlich, ergreife meine Taschen und mache mich auf den Nachhauseweg.

*

Heute Morgen sitze ich bereits wieder beim Eremiten.

Nachdem er mich, Gott sei Dank, freudig empfangen hat, ist er im Häuschen verschwunden.

Den gestrigen Tag habe ich damit verbracht, über all das nachzudenken, was ich am Vortag hier erlebt und gehört hatte, doch dann bin ich zum Schluss gekommen, dass ich zuerst die große Frage nach der Wissenschaft klären muss, bevor ich auf irgendeine Weise in dieser Frage nach Gott weiterkommen kann. Zudem möchte ich unbedingt wissen, was oder wer, nach Meinung des Eremiten, für den Untergang des Glaubens verantwortlich zu machen ist.

Nach einer Weile kommt er mit einem Krug heißem Tee, zwei Tassen und einer Schale getrockneter Äpfel heraus.

Dann setzt er sich hin und schaut mich fragend an.

Zaghaft beginne ich, dass ich zwar sehr dankbar sei, ihn gefunden zu haben, dass ich jedoch noch viele Fragen hätte, vor allem, und zuallererst, wer oder was denn seiner Meinung nach für den Untergang des Glaubens in unserer Zeit verantwortlich zu machen sei.

Er antwortet zuerst gar nichts. Trinkt ruhig etwas Tee und isst einige der getrockneten Apfelscheiben.

Dann fragt er zurück, von welchem »Glauben« ich denn eigentlich spreche.

Von welchem Glauben? denke ich mir.

»Vom Glauben an Gott!«, gebe ich verwirrt zurück.

»Von welchem Glauben an welchen Gott?«, fragt er nach einer halben Ewigkeit wieder.

Ich denke nach.

Ja, von welchem Glauben spreche ich eigentlich? Und von welchem »Gott«? Die Frage ist berechtigt.

»Ich meine … den kirchlichen Glauben an Gott Vater und Christus und Erlösung und all das«, gebe ich leise zurück.

Er nippt still an seinem Tee, schiebt die Tasse etwas zur Seite und sagt dann bedächtig: »Die Vorstellung, in früheren Zeiten hätte es eine geeinte Kirche und ein in einem kirchlichen Glauben geeintes Europa gegeben und heute seien alle ›vom Glauben abgefallen‹, entspricht leider nicht ganz den Tatsachen.«

Ich nicke, in der Hoffnung, noch mehr zu erfahren.

»Als im 4. Jahrhundert nach Christus das Christentum Staatsreligion geworden war, die sogenannte ›Konstantinische Wende‹«, fährt er nun ganz langsam fort, »bemühten sich die römischen Kaiser, die Christen durch Lehrentscheide zu einen, da, begreiflicherweise, nur eine in sich geeinte Christenheit einem Weltreich, das die ganze

Welt unter sich vereinen will, als Staatsreligion von Nutzen sein kann. Auf diesen ersten von den Kaisern einberufenen sogenannten ›Konzilien‹ konnte zwar durch Lehrentscheide eine gewisse Einheit erzielt werden, doch gab es immer auch Verlierer. Menschen oder ganze Gruppierungen, die diese Entscheide nicht mittragen konnten und die sich in der Folge abspalteten, oder die als ›Häretiker‹ ausgeschieden wurden. Dies geschah in fast allen Jahrhunderten.«

»Um was für ›Entscheide‹ handelte es sich denn da?«, frage ich nach.

»Ich meine …«, ich überlege einen Augenblick, »was heißt, ›die Christen einen‹? Waren diese am Anfang denn nicht alle eins? Und was bedeutet das Wort ›Häretiker‹?«, füge ich gleich noch hinzu.

»Ein ›Häretiker‹ ist jemand, der vom ›wahren Glauben‹ abweicht«, sagt er nach einer Weile. »Häresie‹ bedeutet eigentlich ›Irrlehre‹. Ein ›Häretiker‹ ist also jemand, der einer Irrlehre anhängt.« Er hält inne. »Nein«, fährt er dann fort, »am Anfang der Geschichte des Christentums waren nicht alle, die sich auf Christus berufen haben, ›eins‹. Man stritt sich vor allem um die große Frage, wer Jesus Christus war. Lediglich ein Mensch, ein Mensch mit, sozusagen, ›göttlichen Kräften‹, oder Gott? Als das Christentum Staatsreligion wurde, riefen die römischen Kaiser, wie gesagt, die Christen zu diesen ›Konzilien‹, um Einheit in solchen Glaubensfragen zu erzielen.«

»Ah!« Ich nicke.

»Ja«, fährt er nun fort. »Diese Lehrentscheide, die auf diesen Konzilien dann beschlossen worden sind, nennt man auch ›Dogmen‹. Diese sind dann eben die ›Aussagen des wahren Glaubens‹, wenn man so will.«

»Ah!« Ich nicke wieder. »Aber nicht alle konnten diesen Entscheiden dann zustimmen? Diejenigen, die nicht zustimmen konnten, waren dann die ›Häretiker‹?«, frage ich nach.

»Ja, genau!« bestätigt er. »Beispielsweise wurde auf diesen Konzilien, wie bereits angedeutet, die Frage entschieden, wer Jesus Christus ist. Dieses Dogma über Christus nennt man heute auch die

›Zwei-Naturen-Lehre‹. Man entschied nach vielen Diskussionen, dass Jesus Christus nicht bloß Mensch ist und auch nicht sozusagen ›als Menschen verkleideter Gott‹, sondern dass er ganz Mensch und ganz Gott ist, dass er sozusagen zwei Naturen in sich vereint: eine menschliche Natur und eine göttliche Natur. Nach diesem Lehrentscheid spalteten sich jedoch die sogenannten ›Monophysiten‹ ab. Das sind Christen, die glauben, dass Christus nur eine Natur, eine göttliche, in sich trägt. Die heutigen ›Altorientalischen Kirchen‹, wie man sie nennt, beispielsweise die ›Koptische Kirche‹ oder die ›Äthiopisch-Orthodoxe Tewahedo-Kirche‹, gehören zu diesen ›Monophysitischen Kirchen‹.«

»Das heißt«, frage ich wieder, »man bemühte sich durch Konzilsentscheide, sogenannte Dogmen, die frühe Christenheit zu einen, dies führte jedoch auch immer zu Abspaltungen. Hat dann nicht jede Seite die andere der Häresie bezichtigt?«

Er nickt.

»Eine geeinte Christenheit, einen ›einheitlichen Gottesglauben‹, wenn man so will, hat es also tatsächlich nie gegeben?«, frage ich wieder.

»Einer, könnte man etwas überspitzt sagen, von den Kaisern durch Lehrentscheide aufgezwungenen Einheit standen in dieser frühen Zeit des Christentums verschiedene Seiten entgegen. ›Häretiker‹, die gewisse Lehrentscheide nicht mittragen konnten oder wollten, aber auch das im Ägypten des 2. und 3. Jahrhunderts beginnende Mönchtum. Diese ersten Mönche, die sich in der ägyptischen Wüste in die Einsamkeit zurückzogen, kritisierten die durch die ›konstantinische Wende‹ vollbrachte ›Vermählung von Kirche und Staat‹ als Verweltlichung, Entfremdung und Verrat an der Sache Jesu und setzten sich in der Folge als eine Art Gegenwelt zu der verfassten Kirche durch. Bekannt in diesem Zusammenhang ist ein Ausspruch dieser Wüsten-Mönche: ›Fliehe den Bischof und die Frau.‹ Die Frau stand für das weltliche, bürgerliche Leben und der Bischof für die institutionalisierte Christenheit. Diese ersten Mönche sagten also ganz provokativ: ›Wenn Du Gott finden willst, dann sondere dich vom weltlichen Leben ab und von der institutionalisierten Kirche!‹«

Huch … das ist sehr direkt gesagt, denke ich.

Wir trinken von dem Tee und er reicht mir von den Apfelscheiben.

»Ja, die Geschichte geht noch weiter«, fährt er nun fort. »Dem Traum einer geeinten Christenheit stellten sich nicht nur ganz zu Beginn verschiedene Gruppierungen und Einzelpersonen entgegen, im 11. Jahrhundert exkommunizierten sich dann die Kirche im Westen und die Kirche im Osten gegenseitig, das heißt, sie schlossen sich gegenseitig aus der ›kirchlichen Gemeinschaft‹ aus. Dieser große Bruch wird heute als das ›Morgenländische Schisma‹ bezeichnet.«

»Die ›Kirche im Osten‹ … wäre das die ›Orthodoxe Kirche‹?«, frage ich nach.

»Ja … Also … man müsste sagen, die ›orthodoxen Kirchen‹, Mehrzahl. Es gibt ja mehrere. Diese ›orthodoxen Kirchen‹ und die ›Römisch-Katholische Kirche‹ trennten sich.«

Er seufzt auf: »Dann, im 16. Jahrhundert, platzte gar der Traum einer zumindest im Westen geeinten Christenheit. Die Reformation ereignete sich! Diese brachte aber nicht nur neue Kirchen und eine Flut von weiteren Reformbewegungen hervor, beginnend mit den Täufern, sondern auch blutige Religionskriege, die Europa während Jahrhunderten in Angst und Schrecken versetzten. Der 30-jährige Krieg beispielsweise forderte so viele Todesopfer, dass schließlich befürchtet werden musste, die Bevölkerung Europas würde gänzlich dem Niedergang anheimfallen.«

Betroffen blicke ich zu Boden.

Ich könnte gleich wieder zu weinen beginnen.

Der 30-jährige Krieg kommt mir seit diesem Traum mit dem Hirsch immer wieder in den Sinn. War das also tatsächlich so schlimm?

Man fürchtete, ganz Europa würde dem Niedergang anheimfallen? Unfassbar!

Nach einer Weile räuspere ich mich und frage dann: »Könnte man also sagen, dass die Religionskriege eigentlich ›Dogmenkriege‹ waren? Man stritt mit Waffen darum, wer den ›richtigen, wahren‹ Glauben besitzt und wer einer ›Irrlehre‹, einer ›Häresie‹ anhängt?«

»So könnte man es vielleicht auch sagen, obwohl das Politische natürlich auch immer eine Rolle spielte.«

»Ah, man benutzte in einem gewissen Sinne also die Religion, um die eigenen Anliegen durchzudrücken … zu legitimieren?« Ich schaue den Eremiten fragend an.

Er antwortet nichts.

»Aber«, beginne ich wieder, »war nicht, trotz all dieser ganzen Streitereien, von denen ich bis anhin nichts gewusst habe, der Glaube an Gott in früheren Zeiten doch viel selbstverständlicher, als dies heute der Fall ist?«

Lange schaut er nachdenklich über die Wiese.

»Die große Frage ist: Was ist gemeint, wenn jemand von ›Glaube‹ und von ›Gott‹ spricht?«, sagt er dann mit leiser Stimme.

»Ja«, ich nicke, »das leuchtet mir langsam ein.«

»Das heißt auch«, frage ich nach einer Weile, »man könnte … unter Umständen … jemanden, der sich zum Atheismus bekennt, fragen, an welchen oder an was für einen Gott er oder sie nicht glaubt? Weil ja möglicherweise ein Gott abgelehnt wird, der mit ›dem wahren Gott‹ überhaupt nichts zu tun hat.«

Er sagt nichts darauf.

Dann seufzt er auf.

»Die ganze Sache ist nicht einfach in Worte zu fassen. Vielleicht könnte man es so sagen: Ein bestimmter, ausformulierter Glaube wurde von der Kirche zur Norm erhoben. Dieser Glaube, diese Glaubens-Lehre wurde von ihr auch als ›Offenbarung Gottes‹ bezeichnet … geglaubt … gelehrt. Gott selbst hatte diese Lehre also der Kirche offenbart und ihr anvertraut. Damit nahm sich die Kirche natürlich auch das Recht heraus, Andersgläubige oder ›Ungläubige‹ auszuschließen oder gar zu verfolgen. Gegen solche Machenschaften setzten sich immer wieder Menschen zur Wehr. Wie bereits gesagt: das frühe Mönchtum, verschiedene sogenannte ›Häretiker‹ und ›häretische Bewegungen‹, während der Zeit der Reformation dann die Reformatoren und schließlich, in der neueren Zeit, die Philosophen und die Wissenschaft.«

»Ah, also doch …«, sage ich, fast schon erleichtert.

»Wobei …«, hakt er gleich ein, »die Philosophen vorerst nicht grundsätzlich gegen einen Glauben an Gott kämpften, sondern lediglich gegen, könnte man sagen, den ›kirchlichen Glauben‹, den ›offenbarten Glauben‹. Die Philosophen lehrten, dass Gott ›nur‹ die erste Ursache der Welt ist, seit der Erschaffung der Welt jedoch nicht mehr in den Weltenlauf eingreift … mit dem Ziel natürlich, den sich bekriegenden Konfessionen, die sich gegenseitig auf Offenbarung beriefen, den Wind aus den Segeln zu nehmen. Diese Lehre der Philosophen über Gott bezeichnet man heute als ›Deismus‹.«

»Ja, ich habe davon gelesen«, sage ich etwas altklug. »Deismus‹ bedeutet: Gott hat die Welt erschaffen, jedoch wie eine gigantisch große Uhr. Nachdem er die Uhr erschaffen und ›aufgezogen‹ hat, hat er sie sozusagen ihrem Ticken überlassen.«

»Ja, so ungefähr.«

Er nickt.

»Der ›Deismus‹ entstand jedoch nicht nur als Antwort auf die sich bekriegenden christlichen Konfessionen, sondern hängt vor allem auch mit dem damaligen Weltbild der Wissenschaften zusammen«, fährt er nun fort. »Man spricht hier von dem sogenannten ›mechanischen Zeitalter‹. Dies dauerte von 1543 bis 1900, man nennt es auch das ›Newtonsche Zeitalter‹.«

Uff, das klingt immer komplizierter, denke ich.

»Das ›mechanische Zeitalter‹?«, frage ich verwirrt. »Ich verstehe überhaupt nichts mehr … und ich hänge noch immer an diesem ›Glauben‹ …«

Er gibt mir zu verstehen, dass ich weitersprechen soll.

»Also … kann man sagen … dadurch, dass das Christentum Staatsreligion geworden ist, wurde den Menschen der Glaube, dieser ausformulierte ›Dogmenglaube‹, sozusagen … übergestülpt, man musste sonntags zur Kirche gehen und so weiter. Oder positiv formuliert, der Kirchgang wurde zur Tradition. Das bedeutet jedoch nicht notwendigerweise, dass die Menschen damals ›gläubiger‹ gewesen sind als heute.«

Er gibt mir wieder ein Zeichen, dass ich weitersprechen soll.

»Gut … trotzdem werde ich den Eindruck nicht los, dass der Glaube an Gott, in welcher Form auch immer, in früheren Zeiten selbstverständlicher gewesen ist als heute«, ich ringe nach Worten, »auf eine Art scheint mir in der heutigen Gesellschaft die Meinung herumzugeistern, dass der Glaube an Gott von den Wissenschaften vor langer Zeit bereits als Ammenmärchen entlarvt worden ist … als unwissenschaftlich, irrational, dumm, kindisch.«

»Ja, das hat für einige Zeit tatsächlich fast so ausgesehen«, sagt er nun und klopft mit der Hand nachdenklich auf den Tisch.

»Ah, also doch.« Ich trinke etwas von dem Tee und lehne mich zurück.

»Ja, gut … man muss da kurz etwas ausholen … und zurückgehen zu diesem ›mechanischen Zeitalter‹«, sagt er nun bedächtig.

»Also … seit Ewigkeiten beobachteten die Menschen den Himmel. Man hat Zeiten, Tage und Jahre am Himmel abgelesen, wie dies ja bereits im Schöpfungsbericht der Bibel erwähnt wird. Diese Beobachtungen wurden immer präziser, vor allem dann mit der Erfindung des Fernrohres durch Galilei und Kepler im 17. Jahrhundert. Die Himmelsbewegungen verstand man wie die präzisen Bewegungen einer großen Uhr. Man glaubte an einen

Gott, an einen ›Schöpfergott‹, der diese ›Uhr‹ durch unumstößliche Natur-Gesetze erschaffen hatte. Jede Wirkung, jedes Ereignis in der Welt, davon war man überzeugt, geht auf eine Ursache zurück, und eine Ursache bringt immer dieselbe Wirkung hervor. Die ganze Welt ist also lückenlos, wie man sagt, ›determiniert‹.

Die Wissenschaft hat nun lediglich noch diese Gesetzmäßigkeiten der Natur zu erforschen und zu ergründen. Da das ganze Universum lückenlos durch Naturgesetze determiniert ist, da jedes Rädchen, das sich bewegt, von einem Rädchen bewegt wurde und ein weiteres Rädchen bewegt, deshalb kann Gott auch gar nicht mehr in dieses ›Getriebe‹ eingreifen, ohne dass die ganze Maschine zerstört würde. Dieses Weltbild der Wissenschaften, dieses ›mechanische Weltbild‹, zusammen mit dem philosophischen Gottesglauben des ›Deismus‹, verkündete schließlich einen Glauben an ›Wunder‹, an ›Offenbarungen Gottes‹ oder an ›göttliche Eingriffe in die Welt‹ konsequenterweise als Unmöglichkeit. Ein ›Wunder‹ wäre ja ›ein Durchbrechen der Naturgesetze‹, was nicht einmal für Gott möglich wäre, da er ja seine eigene Maschinerie damit durcheinanderbringen würde. Ja, Gott war in diesem Weltbild lediglich noch ›die erste Ursache der Welt‹. Das erste ›Rädchen im Getriebe‹ sozusagen, das alle weiteren ›Rädchen‹ des Universums in Bewegung setzte.«

»Ah, gut, ich verstehe«, sage ich nachdenklich. »Der Glaube, dass Gott dem Menschen durch Offenbarung die richtige Lehre über sich und die Welt anvertraut hat ... diese Macht der Kirche wollten die Philosophen brechen ... gewiss auch zum Wohle der Menschheit, die ja unter diesen Religionskriegen gelitten hat ... Die Wissenschaften ›halfen‹ den Philosophen dann sozusagen dabei, indem sie zu dieser Zeit von einem Weltbild einer durch Gott lückenlos laufenden ›Maschine‹ ausgingen. Gott hatte in diesem Weltbild also gewissermaßen gar keinen Platz, kein Wirkungsfeld mehr. Jede Rede eines in die Welt eingreifenden Gottes, ob durch

Wunder, Offenbarungen oder was auch immer, wurde infolgedessen als Unmöglichkeit deklariert.«

Ich halte inne.

»Aber dieses ›mechanische Weltbild‹ kam dann zu Fall?«, frage ich unsicher.

»Ja!«, sagt er mit offensichtlicher Begeisterung. »Im Jahre 1900. Aber ... wir haben vorgegriffen. Nochmals zurück: Im Zeitalter der Mechanik rückte man Gott also, wie richtig gesagt, aus dem Weltenlauf heraus an den Anfang der Geschichte. Gott war lediglich noch die erste Ursache der Welt. Der neuzeitliche Atheismus strich Gott dann jedoch ganz aus der Gleichung.«

»Wie kam es dazu?«, frage ich neugierig.

»Die Wissenschaft war ja vorerst nicht atheistisch«, fährt er fort, »wie ich das ja bereits angedeutet habe. Im Gegenteil! Man erforschte den Himmel und die Welt aus Ehrfurcht vor dem Gott, der das Universum in dieser Vollkommenheit erschaffen hatte. Die Wissenschaft eignete sich dann einen sogenannten ›methodischen Atheismus‹ an. Das heißt, ihre Methoden zur Erforschung der Welt waren strikt auf natürliche Ursachen und Wirkungen beschränkt. Die Aussage: ›Gott hat dies bewirkt‹ wurde also nicht als Antwort auf die Frage nach der Ursache eines Ereignisses in der Natur akzeptiert. Lediglich ›natürliche Ursachen‹, die von der Wissenschaft erforscht werden konnten, wurden anerkannt. Ob es allenfalls etwas über der zu erforschenden Natur gibt oder nicht, das wurde offengelassen. Erst mit der Zeit verbündete sich die Wissenschaft mit der philosophischen Position des ›Naturalismus‹. Der ›Naturalismus‹ besagt, dass nichts über der Natur, also nichts Übernatürliches existiert. Dies ist jedoch eine ›philosophische Position‹, wenn man so will. Mit den Methoden der Wissenschaft lässt sich dies weder beweisen noch widerlegen.«

»Und der Atheismus hakte hier ein?«, frage ich wieder.

»Ja ... den Atheismus könnte man etwas überspitzt formuliert als den konsequentesten Versuch bezeichnen, der Kirche die Grundlage zu entziehen. Die Wissenschaft verbündete sich, wie gesagt, während des ›mechanischen Zeitalters‹ mit der philosophischen Position des Naturalismus, der alles Über-Natürliche verneint. Die Natur allein bildet die gesamte Wirklichkeit. Es gibt nur die Natur und nichts darüber, daneben, davor oder danach. Wenn dies der Wahrheit entsprechen würde, dann wäre Gott und alles Über-Natürliche in der Tat abgeschafft und die Naturwissenschaften wären in der Lage, die gesamte Wirklichkeit zu erforschen, zu erfassen und zu ergründen.«

»Das hieße aber auch ...«, sage ich nach einer Weile, »auch ›die Seele‹ des Menschen, ›der Geist‹, ›das Bewusstsein‹ wären abgeschafft. Auch der Mensch wäre lediglich Natur und, wie das gesamte Universum, Teil der großen ›Maschine‹. Damit wäre aber auch die Freiheit abgeschafft. Doch als Lohn für die Aufgabe der Freiheit, lockte die Aussicht, die gesamte Wirklichkeit vollständig erfassen ... und eines Tages auch voraussehen zu können?«

Der Eremit klopft auf den Tisch, erhebt sich und geht in das Häuschen. Dann kommt er mit einem Buch heraus und setzt sich wieder an den Tisch.

»Ja, so ungefähr könnte man das sagen. Wenn man einen ›freien Gott‹ abschafft, einen Gott, der frei in der Welt agieren kann, dann schafft man in letzter Konsequenz auch einen ›freien Menschen‹ ab.« Er deutet mit den Händen an, dass die ganze Sache jedoch noch viel komplexer ist.

»Aber gut«, fährt er nun fort, »im Jahr 1900 kam dieses ›mechanische Zeitalter‹ zu einem abrupten und völlig unvorhergesehenen Ende. Mit Max Planck und seiner Quantenphysik. Mit der Quantenphysik war wissenschaftlich bewiesen, dass die Welt nicht lückenlos determiniert ist, dass der ›Zufall‹ diese Kette zu durchbrechen vermag ... und dass der Zufall echt ist und kein bloß ›vorläufiges Nichtwissen‹. Das heißt, eine Ursache kann ein Feld von möglichen Wirkungen eröffnen und eine Wirkung kann ohne zu ergründende Ursache erfolgen. Damit rückt ein vollständiges Wissen über die gesamte Natur für die Wissenschaft in den Bereich des Unerreichbaren.«

»Könnte dies auch dem Wirken Gottes in der Welt wieder einen Raum öffnen?«, frage ich etwas unsicher.

»Das ist eine schwierige Frage. Albert Schweitzer soll einmal gesagt haben: ›Der Zufall ist das Pseudonym, das der liebe Gott wählt, wenn er inkognito bleiben will.‹ Vielen gläubigen Menschen ist der Zufall in der Tat ›suspekt‹, wenn man so sagen will. Sie wollen ihn um jeden Preis als ein ›Eingreifen Gottes‹ verstanden haben. Doch der Zufall ist ganz einfach Teil der Natur. Nur weil etwas ›zufällig geschieht‹, heißt das noch nicht, dass ›Gott dies bewirkt hat‹. Wenn Gott eine übernatürliche Wirklichkeit ist, dann kann er in der natürlichen Notwendigkeit wie im natürlichen Zufall wirken, doch wie und ob, entzieht sich ganz einfach dem Zugriff der Wissenschaft. Was man sicher sagen kann, ist, dass durch die Erkenntnisse der Quantenphysik wissenschaftlich bewiesen ist, dass mit den Methoden der Wissenschaft weder die ganze Natur vollständig erfasst werden kann, noch, dass mit diesen Methoden etwas darüber ausgesagt werden kann, ob es über oder neben der Natur noch eine ›übernatürliche Wirklichkeit‹ gibt. Das heißt, wenn Gott nicht Natur, sondern in irgendeiner Form eine vollständig andere Wirklichkeit ist, dann kann die Wissenschaft genau genommen nichts oder kaum etwas darüber aussagen.«

»Das heißt, der Atheismus ist eine reine Behauptung, ein ›Glaube‹? Er kann sich jedoch nicht auf Erkenntnisse der Wissenschaft stützen?«, frage ich nachdenklich.

»Nur wenn die Natur streng mechanisch aufgebaut wäre, und nur, wenn die Natur die einzige Wirklichkeit darstellte, wie dies der ›Naturalismus‹ behauptet, könnte bewiesen werden, dass Gott nicht existiert. Doch mit den Methoden der Wissenschaft kann man, wie bereits gesagt, weder die ganze Natur erfassen, noch etwas darüber aussagen, ob es über oder neben der Natur nicht doch noch eine andere, eine über-natürliche Wirklichkeit gibt. Den Atheismus muss man infolge dessen in der Tat als einen ›Glauben‹ bezeichnen. Atheisten haben während Jahrzehnten, wenn nicht Jahrhunderten, den Glauben an Gott lächerlich gemacht und diesem mangelnde Beweise vorgeworfen. Doch Tatsache ist, dass sich der Atheismus selbst auf keinerlei Beweise stützen kann! Die Wissenschaft kann gewiss auch das Gegenteil nicht beweisen. Sie kann mit ihren Methoden und Mitteln die Existenz Gottes nicht beweisen. Seit der Quantenphysik weist sie jedoch eher in eine gewisse Richtung. In eine Richtung, die scheinbar auch Max Planck erahnt hatte. Während eines Vortrags in Florenz im Jahre 1944, sagte er etwas für mich sehr Wichtiges.«

Der Eremit lehnt sich etwas vor, öffnet das Buch das er aus dem Häuschen geholt hat und beginnt langsam und laut zu lesen.

Meine Herren, als Physiker, der sein ganzes Leben der nüchternen Wissenschaft, der Erforschung der Materie widmete, bin ich sicher von dem Verdacht frei, für einen Schwarmgeist gehalten zu werden.

Und so sage ich nach meinen Erforschungen des Atoms dieses: Es gibt keine Materie an sich. Alle Materie entsteht und besteht nur durch eine Kraft, welche die Atomteilchen in Schwingung bringt und sie zum winzigsten Sonnensystem des Alls zusammenhält. Da es im ganzen Weltall aber weder eine intelligente Kraft noch eine ewige Kraft gibt – es ist der Menschheit nicht gelungen, das heißersehnte Perpetuum mobile zu erfinden –, so müssen wir hinter dieser Kraft einen bewussten intelligenten Geist annehmen. Dieser Geist ist der Urgrund aller Materie. Nicht die sichtbare, aber vergängliche Materie ist das Reale, Wahre, Wirkliche – denn die Materie bestünde ohne den Geist überhaupt nicht –, sondern der unsichtbare, unsterbliche Geist ist das Wahre! Da es aber Geist an sich ebenfalls nicht geben kann, sondern jeder Geist einem Wesen zugehört, müssen wir zwingend Geistwesen annehmen. Da aber auch Geistwesen nicht aus sich selber sein können, sondern geschaffen werden müssen, so scheue ich mich nicht, diesen geheimnisvollen Schöpfer ebenso zu benennen, wie ihn alle Kulturvölker der Erde früherer Jahrtausende genannt haben: Gott! Damit kommt der Physiker, der sich mit der Materie zu befassen hat, vom Reiche des Stoffes in das Reich des Geistes. Und damit ist unsere Aufgabe zu Ende, und wir müssen unser Forschen weitergeben in die Hände der Philosophie.

»Hinweise«, sagt er leise und legt das Buch beiseite, »Hinweise! Aber wenn man den verschiedenen Hinweisen folgt, dann können die Hinweise eines Tages zu Gewissheiten werden!«
Er bleibt still sitzen und schaut lange Zeit nachdenklich über die Wiese.
Ich trinke den letzten Schluck Tee aus und warte.
Dann sagt er plötzlich: »Man müsste vielleicht noch Folgendes sagen: Eine niedergeschriebene ›Offenbarung‹, Dogmen können Macht verleihen, und diese Macht wurde von der Christenheit auch oft missbraucht. Aber die Dogmen und die ganze Kirchengeschichte zu verwerfen, kann trotz allem nicht der Weisheit letzter Schluss sein. Man muss lernen, die Dogmen wertzuschätzen, sie zu verstehen in ihrem Kontext, sie zu übersetzen in die heutige Zeit. Alle Bewegungen, die sich über die letzten 2000 Jahre Kirchengeschichte hinweggesetzt haben und die sich gebärdet haben, als wenn Gott erst mit ihnen begonnen hätte Geschichte zu schreiben, sind in kürzester Zeit dogmatischer und arroganter geworden, als die Kirche

jemals war. Es gibt unendlich viele Schätze in der Geschichte der Christenheit. Man muss lernen, sie zu entdecken, sie auszugraben.« Er reicht mir die letzten Apfelstücke hin und trinkt dann seinen Tee aus.

»Letztlich geht es jedoch nicht um die ›richtigen Lehrsätze‹«, sagt er nach einer Weile. »›Begriffe machen Götzen aus Gott‹, wie Gregor von Nazianz einmal gesagt hat. Der Mensch kann Gott niemals benennen, definieren, erfassen … Erst wenn man an diesen neuralgischen Punkt der Ohnmacht Gott gegenüber angelangt ist, kann man lernen, dass es einen anderen Weg gibt, Gott erkennen zu können.« Er hält inne. »In der Liebe, in der Hingabe.«, sagt er dann mit zittriger Stimme, »Ja … wer Gott liebt, wird ihn erkennen. Wer Gott liebt, wird ihn verstehen. Aber dies wird ein Verstehen sein, das weit über den Verstand und über Begriffe hinausgeht.«

Nun bricht er abrupt ab, klopft auf den Tisch, verabschiedet sich und verschwindet in seinem Häuschen.

Ich bleibe einige Minuten verwirrt sitzen. Dann erhebe auch ich mich und gehe langsam und gedankenversunken den Weg über die Wiese zurück in den Wald.

*

Das war wieder einmal unglaublich viel auf einmal, denke ich seufzend, während ich durch den dunklen Tannenwald stolpere.

Wie kann ich das alles nur jemals verstehen und einordnen?

Gott wird erkannt in der Liebe, in der Hingabe?

Das ist eine erstaunliche Aussage.

Wer Gott liebt und wer sich ihm »hingibt«, der wird ihn erkennen?

Darüber muss ich noch etwas nachdenken.

Und … die Schätze entdecken?

Ja, wahrscheinlich gibt es tatsächlich keine Frage, über die nicht irgendein Mensch bereits irgendeinmal nachgedacht hat, über die nicht irgendein Mensch bereits irgendeinmal seine Gedanken dazu niedergeschrieben hat.

Man muss sie wohl nur finden.

Aber das Wichtigste scheint mir im Augenblick zu sein: Ein Glaube an Gott, an das Über-Natürliche, ist mit der modernen Wissenschaft … zumindest denkbar. Es bleibt allerdings noch die Frage offen nach der Evolutionstheorie.

»Offenbarung« kann als Machtinstrument missbraucht werden, das wurde auch klar.

Aber ohne Offenbarung kann der Mensch Gott gar nicht erkennen. Ohne Offenbarung ist die vernünftigste Position, die man in der Frage nach Gott einnehmen kann, der Agnostizismus. Man weiß es nicht und man kann es nicht wissen. Die Wissenschaft kann Gott mit ihren Methoden weder beweisen noch widerlegen und im Menschen gibt es nichts, das Gott mit Gewissheit ausmachen könnte.

Allerdings … der Eremit sprach bei meinem ersten Besuch doch von diesem »glimmenden Docht«.

»Das Feuer Gottes«, oder wie er das ausdrückte, das auf den »glimmenden Docht« fällt und diesen »entzündet«.

Wäre das nicht genau das, was »Offenbarung« bedeutet?

Mit anderen Worten: Es gibt eine »Antenne« im Menschen, die Gott empfangen kann, wenn er Signale aussendet, wenn er sich – offenbart?

»Offenbarung« müsste also wohl eher als ein inwendiges Geschehen, das dem Menschen eine inwendige Gewissheit schenkt, verstanden werden, und nicht als eine äußerliche, niedergeschriebene Lehre, nicht als »Dogmen«, so sehr man diese auch wertschätzen kann.

Ja … auch solche Lehren können »Nebel« sein. Sie können den Menschen gar von Gott entfernen.

Dreißig Jahre hat man sich gegenseitig abgeschlachtet, wegen solch »offenbarter Lehrsätze«. Und das war nur einer der unzähligen Religionskriege, die ja bis heute andauern.

Deshalb beabsichtigten einige Philosophen Gott als »jenseits der Welt« zu etablieren, Offenbarung als »Unmöglichkeit«, »Boten Gottes« als »Scharlatane«. Auf diese Weise kann niemand mehr »im Namen Gottes« reden, lehren und über andere Menschen Macht ausüben.

Nun bin ich an der Stelle angelangt, an der ich den Bach durchwaten muss. Ich setze mich auf einen der Steine und ziehe Schuhe und Socken aus.

Ein kühler Wind beginnt zu wehen.

Die ersten Blätter fallen von den Bäumen.

Ich werde meinen Rucksack und die Taschen im Dorfladen mit Vorräten füllen und dann so schnell wie möglich den Nachhauseweg unter die Füße nehmen.

Der Herbst scheint langsam ins Land zu ziehen.

HERBST

Mitten in der Nacht

Aus einem unruhigen Schlaf erwache ich und schrecke auf. Es ist mitten in der Nacht, stockdunkel und ... unheimlich!

Ein eigenartiges Gefühl überkommt mich. Als wenn jemand um mein Häuschen schleichen würde. Doch ich kann keinen Laut vernehmen.

Nur eine Eule höre ich rufen.

Der Wind beginnt leise um die Ecken zu wehen. Ein Fensterladen bewegt sich.

Starr bleibe ich liegen.

Auf einmal fällt in meinem Häuschen etwas zu Boden.

Lautlos schreie ich in mir: »Gott!«, »Christus!«, »Hilf mir!«

Irgendwann muss ich wieder eingeschlafen sein.

Als ich erwache, leuchtet die Sonne durch die Fenster.

Müde drehe ich mich auf die andere Seite.

Nach einer Weile fällt mein noch verschlafener Blick auf eine Kerze, die zerbrochen am Boden liegt.

Da erinnere ich mich wieder an diese merkwürdige Begebenheit in der Nacht.

Dieses unheimliche Gefühl beschleicht mich aufs Neue.

Einige Zeit bleibe ich still liegen, dann springe ich vom Bett hoch und gehe unruhig im Häuschen auf und ab.

Da es noch ziemlich kühl ist, ziehe ich Jacke und Mütze an, setze mich auf die Bank vor das Häuschen und starre vor mich hin über die Wiese.

Am seichten Ufer des Baches entdecke ich auf einmal einen Graureiher. Bewegungslos steht er im Wasser. Er scheint mich genauso wenig bemerkt zu haben, als ich aus meinem Häuschen gekommen bin, wie ich ihn.

Wie in Zeitlupe bewegt er seinen Kopf und stößt plötzlich blitz-schnell ins Wasser. Da zappelt tatsächlich ein Fisch an seinem Schnabel! Nun beginnt er mit seinen Flügeln zu schlagen und fliegt majestätisch davon.

Ein beeindruckender Vogel.

Der Herbst scheint tatsächlich ins Land gezogen zu sein. Fast über Nacht.

Was für ein Morgen!

Und doch …

Mir ist äußerst unwohl zumute.

Sollte es wirklich so etwas wie das Böse geben? Das frage ich mich, seit ich erwacht bin. Ja, bereits in der Nacht habe ich mir diese Frage gestellt.

Und die Hölle?

Noch schlimmer!

Eine große, dicke Spinne jagt vor mir über ihr Netz, welches sie während der Nacht gesponnen haben muss und das nun mit klei-nen Tautropfen bestickt in der Morgensonne glänzt.

Eine Spinne?

Das passt ja wunderbar zu meiner momentanen Stimmung!

Wenn man ihr ins Netz geht, dann sitzt man in der Falle!

Schrecklich!

Auch die Birnen sind reif geworden.

Da fällt gerade eine vom Baum.

Was soll ich bloß mit all diesen Birnen anfangen?

Tief seufze ich auf.

Ich wollte doch endlich in aller Ruhe die Bibel durchlesen. Jetzt, da ich mir die ganze Sache so gut zurechtgelegt habe … unvoreinge-nommen an das Buch heranzugehen, so als hätte ich noch nie etwas davon gehört.

Und Notizen wollte ich mir auch machen, zu allem was der Eremit betreffend Wissenschaft und all dem gesagt hat …

Aber nein … da bin ich wieder!

Es ist einfach nicht zu fassen …

Die nächste Krise!

Missmutig klopfe ich auf den Tisch, stehe auf und gehe unruhig um das Häuschen herum.

Ich könnte der Ladenbesitzerin und dem Eremiten ja von den Birnen bringen, denke ich plötzlich.

Ja … das ist einfach das Schreckliche an diesem Christentum! Diese Drohung mit der Hölle … und das Böse …

Allerdings … der Hirsch kenne den Weg zum Wasser des Lebens und mithilfe dieses Wassers könne er das Böse bezwingen, meinte der Eremit.

Zaghaft setze ich mich wieder auf die Bank.

Die Nonne hatte recht, ohne »geistlichen Begleiter« ist man aufgeschmissen.

Ich muss so schnell wie möglich zum Eremiten gehen und ihn fragen, was er zu der ganzen Sache nach dem Bösen, der Hölle usw. zu sagen hat. Ich hoffe, dass ich ihm nicht lästig werde …

Ob die Nonne mit dem »Etwas«, das einen womöglich aus der Stille herausreißen will, »böse Mächte« gemeint haben mag?

Ich hole meinen Rucksack und zwei Taschen heraus, fülle die beiden Taschen mit Birnen und mache mich auf den Weg.

*

Eigenartig! Nun habe ich bereits zweimal geklopft, doch niemand öffnet.

Alles ist still.

Bei meinen letzten Besuchen kam mir der Eremit jedes Mal entgegen.

Ob er schläft?

Oder … betet?

Sein Häuschen scheint auf der hinteren Seite noch ein zusätzliches Zimmer zu haben. Meines hat nur eines. Aber sonst sieht es genau gleich aus.

Plötzlich höre ich Geräusche, knackende Äste und Gesang!

Vorsichtig gehe ich einige Schritte um das Häuschen herum.

Da sehe ich den Eremiten vom Walde herunterkommen und höre ihn singen: »Ubi caritas et amor, ubi caritas Deus ibi est.«

Als er mich sieht, strahlt er.

Er trägt einen Mantel über seiner Kutte und einen Korb unter dem Arm.

»Frische Hagebutten und Pilze!«, sagt er freudig und zeigt mir seine Kostbarkeiten.

Dann bleibt er vor mir stehen, hält seine rechte Hand über mich und murmelt etwas, das ich aber nicht verstehen kann.

Wahrscheinlich … segnet er mich, denke ich mir.

Ich senke den Kopf. Es ist ein berührender Moment. Ich könnte gleich zu weinen beginnen.

»Amen«, sagt er.

Es war wahrscheinlich wirklich ein Segen.

Bewegt hebe ich meinen Kopf wieder.

Er gibt mir zu verstehen, dass wir uns an den Tisch vor das Häuschen setzen können.

Ich überreiche ihm eine der Taschen mit Birnen. Dankbar nimmt er sie entgegen und trägt alles in das Häuschen.

Ich warte draußen am Tisch.

Die Lärchen beginnen sich goldgelb zu färben, es ist kühler geworden, doch im Licht der Sonne ist es noch immer wunderbar warm.

Nach kurzer Zeit kommt er mit einem Krug Tee, zwei Tassen und einem Teller zurück, schneidet die Birnen auf und gießt von dem Tee in die beiden Tassen.

Wir schweigen beide.

Wie es mir gehe, unterbricht er nach einer Weile die Stille.

»Eigentlich gut«, erwidere ich, »aber ich habe eine eigenartige Nacht hinter mir. Es ist schwierig in Worte zu fassen, aber ich habe mich heute Morgen gefragt, ob es das Böse gibt und was es mit der Hölle, von der das Christentum doch spricht, auf sich hat.«

Er wird ganz still.

Nachdenklich schaue ich auf den Boden.

Eigenartig, denke ich plötzlich, ich habe die Frage nach Gott noch gar nicht geklärt, und jetzt komme ich bereits mit dem Bösen und der Hölle und weiß ich nicht mit was noch allem.

»Also …«, beginne ich wieder. »Eigentlich wollte ich die Frage nach Gott ja zuerst klären. Die ganze Sache mit der Evolutionstheorie beschäftigt mich auch noch …«

Ich versuche meine Gedanken zu sortieren.

»Ja … vielleicht kam die Frage nach dem Bösen und der Hölle und all dem hoch, weil ich mir Gedanken zum Theismus mache. Ich habe ja in diesem Buch ›Gotteslehre‹, welches ich in meinem Häuschen gefunden habe, verschiedene Positionen über Gott nachgelesen …«

Er nickt und hört mir aufmerksam zu.

»Also«, fahre ich fort »der Atheismus hat sich mir, spätestens nach meinem letzten Besuch hier, als ›Glaube‹, als ›Behauptung‹ herausgestellt. Man glaubt, dass es Gott nicht gibt. Doch beruht dieser ›Glaube‹ auf keinerlei Fakten. Nur wenn es bewiesen werden könnte, dass die Welt streng ›mechanisch‹ aufgebaut ist, und wenn es bewiesen werden könnte, dass es nichts über oder neben der Natur gibt, dann wäre der Atheismus haltbar. Aber so, wie ich das verstanden habe, kann man mit den Methoden der Wissenschaft gerade nicht sagen oder beweisen, ob es über oder neben der Natur nicht vielleicht doch noch eine andere Wirklichkeit gibt. Und die ›Mechanik‹ ist durch die Quantenphysik widerlegt worden.«

Ich denke einen Augenblick nach, dann fahre ich fort »Der Agnostizismus, wenn ich kurz weiterfahren darf …«

Er nickt mir zu.

»Gut ... der Agnostizismus ist, meines Erachtens, nur haltbar, wenn man davon ausgeht, dass Gott, falls es ihn geben sollte, sich dem Menschen nicht offenbaren kann oder will. Wenn Gott ganz fern ist, sich nicht offenbart, der Mensch ihn nicht erkennen kann und die Wissenschaft nichts Gesichertes über Gott aussagen kann, dann ist der Agnostizismus die vernünftigste Position, die man in der Frage nach Gott einnehmen kann. Aber auf irgendeine Weise denke ich mir dann doch immer wieder, dass ein Gott, von dem man nichts wissen kann, ein eigenartiger Gott sein muss. Und, wenn Gott nicht erkannt werden kann, dann frage ich mich auch, weshalb der Mensch dann die Sehnsucht nach Gott oder zumindest nach der Beantwortung der Frage nach Gott in sich trägt. Deshalb scheint mir der Agnostizismus letztlich dann doch vielleicht eher eine Art versteckter Atheismus zu sein. Da man weiß, dass der Atheismus eine reine Behauptung ist, gibt man sich als bescheidener Nicht-Wissender aus, lebt dann faktisch aber so, als wenn es Gott nicht gibt. Obwohl es ihn ja, wenn man es nicht weiß, auch geben könnte und man dann ja auch so leben könnte, als wenn es ihn geben würde.« Ich halte wieder inne. Der Eremit gibt mir wieder zu verstehen, dass ich weitersprechen soll.

»Also, dann ... auch der Pantheismus scheint mir lediglich ein ›Hüllwort für Atheismus‹ zu sein. Somit bleiben nur noch der Theismus und der Pan-entheismus übrig. Zum Pan-entheismus kann ich noch nicht viel sagen, aber diese Position ist mir irgendwie sympathisch. Beim Theismus scheint die Unterscheidung zwischen Gott und Welt größer gedacht zu sein als beim Pan-entheismus. Und dies bringt dann eben auch die Schwierigkeit mit sich, wie man zwischen dem Göttlichen und dem Weltlichen/Natürlichen unterscheiden kann. Die Gefahr besteht dann eben vor allem auch darin, dass man das eigene Menschliche als Göttliches, als göttliche Offenbarung ausgeben kann. Gut ... so habe ich mir also meine Gedanken zum Theismus und dann auch zum Christentum gemacht. Da das Christentum ja einen theistischen Glauben vertritt, so wie ich das verstehe, eventuell mit pan-entheistischen Anteilen. Aber im Christentum wird ja leider auch von dieser Hölle gesprochen. Und auch andere Dinge finde ich da unglaublich schwer nachvollziehbar. Wie beispielsweise die Kreuzigung, die ganze Rede über Erlösung und so weiter. Und zudem … muss ich leider gestehen … habe ich das Vertrauen in die Kirche … völlig verloren.«

Ich atme tief auf und lehne mich zurück, beginne dann jedoch gleich noch einmal:

»Es war aber auch diese eigenartige Erfahrung in der letzten Nacht … Ich wurde in Angst und Schrecken versetzt. Es ist schwierig in Worte zu fassen. Etwas Unheimliches ist geschehen …! Ja … auch deshalb habe ich mir diese Frage nach dem Bösen und all dem zu stellen begonnen. Und die Nonne …«

»Die Nonne?«, fragt er ganz erstaunt.

»Ja, ich habe eine Nonne getroffen in einer Kirche, auf dem Weg, als ich im Sommer hierhin kam. Sie sagte mir, dass ich unter Umständen davonlaufen wolle, wenn ich mich für eine solch lange Zeit in die Einsamkeit zurückziehen wolle. Ich müsse dann, wenn dies eintreffen sollte, die Ruhe bewahren und in aller Stille herauszufinden suchen, ob mich ›etwas wegziehen wolle‹ oder ob ich den Ort oder zumindest die Art, wie ich die Zeit verbringe, verändern müsse.«

Ich lehne mich wieder zurück, möchte aber gleich wieder zu sprechen beginnen, da ich nicht sicher bin, ob ich mich verständlich genug ausgedrückt habe, doch ich schweige vorerst.

Er trinkt von dem Tee und reicht mir von den Birnen.

»Die Fragen werden sich klären«, beginnt er mit ruhiger Stimme. »Es braucht Zeit. Alles hängt zusammen.«

Ich schaue ihn fragend an.

Er spricht nicht weiter, schaut nur wortlos über die Wiese.

»Es gibt einen Ausspruch der ersten Mönche, dieser ägyptischen Wüstenmönche«, sagt er nach einer Weile, »ein Bruder kommt zu einem Altvater und bittet ihn um ein Wort, dieser antwortet ihm: ›Geh in dein Kellion und setze dich nieder, und das Kellion wird dich alles lehren.‹«

Ich schaue ihn wieder fragend an.

»Ein ›Kellion‹, so nannte man die Häuschen, Wohnungen oder je nach Ort auch Höhlen der ersten Eremiten. Das Wort ›Klosterzelle‹ stammt von diesem griechischen Wort ›Kellion‹ ab. Der Rat der Nonne geht in genau diese Richtung«, sagt er nun. »Sich nicht ablenken oder gar wegziehen lassen, sondern still an dem Ort verharren, den man als Ort der Gottessuche erwählt hat. Im stillen Verharren klären sich die Fragen. Doch besonders am Anfang wird man einen schwierigen Weg des Unterscheidens zurücklegen müssen.«

»Des Unterscheidens zwischen dem, was göttlich ist, und dem, was menschlich ist?«, frage ich nach.

»Ja. Aber auch …« er macht eine Pause. »Erst im Gegenüber zum Heiligen kristallisiert sich auch das Unheilige heraus.«

»Also gibt es doch böse Mächte?«, frage ich betroffen.

Er antwortet nichts.

»Und die Hölle?«, frage ich nach einer Weile.

»Es gibt da eine Geschichte einer Religionslehrerin«, sagt er nachdenklich. »Im Unterricht erhielten die Kinder von ihr den Auftrag, ein Bild zum Thema ›Himmel‹ zu malen. Eines der Kinder zeigte ihr am Ende der Stunde das von ihm gemalte Bild. Da war ein Mann zu sehen, unten in der Ecke, der alleine dastand und vor sich hin auf den Boden starrte. Oben waren Menschen, die auf verschiedenen Wegen hinaufstiegen und von Männern in leuchtenden Gewändern geleitet wurden. Als die Lehrerin fragte, was das Kind da gemalt habe, antwortete dieses: ›Die Menschen, alle Menschen, werden von einem Engel abgeholt, der sie in den Himmel begleitet.

Doch hier, dieser Mensch hat den Engel abgewiesen. Alleine wird er den Weg dorthin niemals finden.‹ Die Lehrerin war sprachlos.«

»Er bleibt sozusagen im Nebel sitzen …«, sage ich betroffen.

»Und das soll dann die Hölle sein? Wenn man sozusagen ›sitzen bleibt‹«, frage ich plötzlich und füge gleich hinzu: »Kommt dieser Engel denn erst, nachdem man gestorben ist, um einen in den Himmel zu begleiten?«

»Ich denke nicht«, gibt er ruhig zurück. »Der Himmel bricht im Herzen des Menschen an, wenn man diesen Engel wahrnimmt und ihm zu folgen beginnt, diesem … Stern …«

»Und welche Stellung oder Aufgabe, oder wie man das sagen soll, hat Jesus Christus in dieser ganzen Sache?«, frage ich ganz vorsichtig.

»Er ist der ganz große ›Bote‹, der große Versöhner der Menschheit und des Alls … Er führt in den neuen Tag …« Der Eremit winkt ab und senkt den Kopf.

»Man sollte nicht zu viel darüber sprechen.«

Er sagt nichts mehr.

Auch ich bringe kein Wort mehr hervor.

Wenn ich weiter darüber nachdenken wolle, dann könne ich mir zu Hause ja noch die theologischen Positionen zu »Himmel und Hölle« durch den Kopf gehen lassen, meint er dann und kommt mit einem Buch heraus. »Eschatologie« steht da als Titel auf dem Buchdeckel. Und als Untertitel: »Die Lehre von den letzten Dingen«.

Kurz zusammengefasst würde es in der christlichen Theologie drei Positionen, drei Lehren oder »Ansichten« über das Leben nach dem Tod geben: den sogenannten »doppelten Ausgang«, die »Allversöhnungslehre« und die »Annihilation«.

Er legt eine Karte oben auf das Buch. »Das Gebet des Bruders Klaus«, sagt er mit einem Strahlen im Gesicht. Dann reicht er mir das Ganze zu.

Ich bedanke mich.

»Ubi caritas et amor, ubi caritas Deus ibi est«, singt er wieder leise. Dasselbe Lied, das er gesungen hat, als er vom Wald heruntergekommen ist.

»›Wo Güte ist und Liebe, da ist Gott‹, so heißen die lateinischen Worte dieses Liedes übersetzt! Diese einfachen Worte können beim ›Unterscheiden‹ bereits eine große Hilfe sein!«

Er steht nun auf, verabschiedet sich und geht zurück in sein Häuschen.

Diese Geschichte mit der Religionslehrerin geht mir noch durch den Kopf. Während ich mich abwende und über die Wiese in den Wald zurückgehe, überlege ich mir, ob man von diesem Engel, oder von Christus, womöglich in einer Art »abgeholt wird«, dass dies erst gar nicht so bewusst wahrgenommen wird …

Kamen die Mächte des Himmels mir nah, als ich damals, dort im Restaurant um die Ecke, über mein Leben nachgedacht, und letztlich den Entschluss gefasst habe, wegzugehen, in die Stille … um mich dieser, für mich, quälenden Frage nach Gott zu stellen? Vielleicht …

*

Seit Wochen regnet es. Doch das schreckliche Wetter kommt mir gerade recht.

Ich beschäftige mich nun eingehender mit dem Christentum, was mir nicht leichtfällt, da mir ständig irgendwelche negativen Bilder und Vorstellungen dazu durch den Kopf gehen. Ich bemühe mich dann darum, auch das Wort »Christentum« und das Wort »Kirche« zu »entleeren« und möglichst unvoreingenommen und vorurteilsfrei an die ganze Sache heranzugehen.

Aber dann stelle ich mir plötzlich wieder die Frage, weshalb ich mich nicht einfach mit der Position des Agnostizismus zufriedengebe. »Nicht zu viel grübeln … man weiß es ja doch nicht und man kann es nie wissen!« Damit hätte sich die Sache erledigt!

Aber … diese Haltung lässt mich nicht zur Ruhe kommen, genauso wenig, wie mich die Haltung des Atheismus zur Ruhe kommen ließe. Sollte man nicht auf alle Aspekte des Menschseins hören, wenn man sich mit dieser großen Frage nach Gott beschäftigt? Auf den Verstand, auf die wissenschaftlichen Erkenntnisse, auf das Gewissen, auf das Herz, auf die Intuition, auf die Erfahrungen des Lebens, auf die Erfahrungen anderer Menschen, auf die Geschichte, auf die Tradition?

Plötzlich habe ich den Gedanken, dass Gott, wenn es diesen Gott denn geben sollte, mit allen Teilen des Menschseins und des Lebens kompatibel sein müsste. Ja …, dass dies gar ein Gradmesser sein könnte, um herausfinden zu können, ob man sich auf dem rechten Weg befindet …

Andererseits …, wenn es diesen Gott nicht geben sollte, dann müsste doch auch diese Haltung mit allen Teilen des Menschseins und des Lebens kompatibel sein. Mit dem Verstand, mit dem Herzen, mit der Intuition, mit dem Gewissen, mit den Erfahrungen, mit der wissenschaftlichen Forschung, mit der Geschichte, mit der Tradition.

Muss man an etwas glauben, das einem keinen Sinn macht, das unvernünftig ist? Nein!

Aber … muss man an etwas glauben, das Herz und Gewissen nicht zur Ruhe kommen lässt, das gegen die Intuition verstößt?

Auch das kann doch nicht sein!

Also … beschäftige ich mich nun eingehender mit dem Christentum. In der Hoffnung, dass »hier in Waldes stiller Klause …« mein Verstand, mein Herz, mein Gewissen wie auch meine Intuition eines Tages zur Ruhe kommen werden.

Ich lese nun das Buch, das mir der Eremit mitgegeben hat: »Eschatologie. Die Lehre von den letzten Dingen«.

Da gibt es ein Kapitel über die »Hölle«. Obwohl mich die Rede über die Hölle erschaudern lässt, beginne ich mit diesem Kapitel.

Ich lehne mich auf dem Lehnstuhl etwas zurück und beginne dann ganz langsam und aufmerksam zu lesen:

Die Hölle

In den biblischen Schriften kommen verschiedene hebräische Worte vor, die in den deutschen Bibelübersetzungen mit »Hölle« übersetzt werden. Zuallererst das Wort »Scheol«. Dieses Wort mit »Hölle« zu übersetzen ist jedoch irreführend, weshalb einige deutsche Bibelübersetzungen das Wort auch im Deutschen mit »Scheol« wiedergeben. Das hebräische Wort »Scheol« bedeutet nichts anderes als das »Grab«, die »Unterwelt«, wie das griechische Äquivalent der »Hades«.

In der Bibel existieren, selbst im Alten Testament, Texte und »Textabschnitte« verschiedenen Alters, die eine »Entwicklung« in dieser Frage nach der Hölle und nach dem Leben nach dem Tod zeigen.

In ganz alten Texten wird von keiner Unterscheidung im Scheol – im Grab, im Totenreich – zwischen den Gerechten und den Ungerechten gesprochen. Alle Menschen steigen nach dem Tod in das Reich des Todes hinab, und dort sind alle gleich: der König liegt neben dem Bettler, der Gerechte neben dem Ungerechten, der Heilige neben dem Unheiligen.

Erst in jüngeren Texten wird von einer Trennung im Totenreich gesprochen, wie beispielsweise in einer Begebenheit aus dem »Lukasevangelium«, in der von »Lazarus« und dem »reichen Mann« berichtet wird. Im Reich des Todes ruht Lazarus »im Schoße Abrahams«, während »der reiche Mann« an einen Ort der Qualen verbannt ist. Zwischen den beiden gibt es eine Kluft, die von beiden Seiten nicht überschritten werden kann.

In ganz alten Texten sind die Toten zudem nicht nur von den Lebenden, sondern auch von Gott abgeschnitten. Erst in jüngeren Texten wird klar, dass Gott auch im Totenreich gegenwärtig sein kann, wie beispielsweise im Psalm 139 erwähnt wird.

Allmählich entwickelte sich die Hoffnung auf die Auferstehung. Alle Menschen werden eines Tages aus dem Reich des Todes auferstehen, die einen jedoch zum Gericht, die anderen zum ewigen Leben.

Im letzten Buch der Bibel, in der »Offenbarung«, wird dann berichtet, dass die Toten, die auferstehen, die jedoch nicht »im Buch des Lebens« gefunden werden, in den »Feuersee« geworfen werden. Dieser »Feuersee« ist nun eigentlich das, was gemeinhin unter »Hölle« verstanden wird: ein Ort der Qual *nach* dem Tod und *nach* der Auferstehung.

Neben diesem »Feuersee« gibt es im Neuen Testament jedoch noch ein anderes Wort, das mit »Hölle« übersetzt wird: die »Gehenna«. »Gehenna« steht für das »Tal Ben-Hinnom«, ein Tal vor den Stadtmauern Jerusalems, in dem zu früheren Zeiten Kinder dem Gott Moloch geopfert und auch andere Kulte, wie Fruchtbarkeitskulte, praktiziert worden sind, das zur Zeit Jesu jedoch als Müllhalde diente. Ein nie verlöschendes Feuer verbrannte dort Abfälle, Unrat und gar Kadaver, womit dieses Tal zu einem Bild für einen Ort der Götzen, des Unreinen und des Verworfenen wurde – ein Bild für einen Ort, an dem alles, was aus der Stadt hinausgeworfen wird, in einem nie verlöschenden Feuer brennt. Wenn Joseph von Arimathäa und Nikodemus nicht um den Leib Jesu gebeten und ihn begraben hätten, dann wäre unter Umständen auch Jesus, wie alle andere Gekreuzigte, nach seinem Tod in dieses Tal geworfen worden.

Das »Buch des Lebens«, das an verschiedenen Stellen der Bibel immer wieder erwähnt wird, stellt schließlich eine Art »Bürgerregister« dar, in dem alle »Bürger des Gottesvolkes« eingetragen sind. Wer in diesem Bürgerregister eingetragen ist, der hat auch »Wohnrecht« in der »Heiligen Stadt«. Im Buch der Offenbarung wird dann, fast am Ende des Buches, vom »himmlischen Jerusalem« gesprochen, dem ewigen »Haus im Himmel«, das vom Himmel auf die Erde kommen und Stätte sein wird, an der Himmel und Erde, Gott und Mensch, Völker und Sprachen der Welt, die ganze Schöpfung, das Sichtbare und das Unsichtbare, für immer vereint sein werden. Wer in diesem »Buch des Lebens«, in diesem »Bürgerregister« der ewigen Stadt, jedoch nicht gefunden wird, der wird abgewiesen werden.

Ich lege etwas Holz ins Feuer, nehme einige von den Birnenschnitzen und gehe gedankenversunken im Häuschen auf und ab.

Also ... die ganze Sache ist nicht einfach zu verstehen.

Ich muss mich nun irgendwie in diese Zeit und Vorstellungswelt zurückzuversetzen versuchen ...

Vielleicht könnte man die ganze Sache ja so sehen: Im Zentrum von Jerusalem stand, wie ich gelesen habe, der Tempel. In diesem Tempel wohnte, nach jüdischem Glauben, die Gegenwart Gottes. »Jerusalem«, als »Tempelstadt«, war also der Ort, an dem Gott unter den Menschen wohnte. Jerusalem wird auf diese Weise auch zu einem Bild für die Gemeinschaft zwischen Gott und Mensch, aber auch zu einem Bild für die Gemeinschaft der Menschen untereinander.

Die Toten werden aus der Stadt hinausgetragen. Der Tod zerstört also in diesem Sinne diese Gemeinschaft und reißt eine unüberbrückbare Kluft zwischen den Verstorbenen und den Lebenden, aber auch eine unüberbrückbare Kluft zwischen den Toten und Gott selbst.

Die Vorstellung, der Mensch würde, unabhängig davon, wie gerecht und fromm er gelebt hat, im Tode von Gott verlassen werden, weicht dann mehr und mehr einer Hoffnung, dass Gottes Gegenwart über Tempel und Stadt hinaus, selbst bis in das Reich des Todes hinausstrahlt und dass am Ende der Tage die Toten auferstehen werden.

Diese Auferstehung wird sich jedoch nur dadurch ereignen, dass die Mächte des Todes gebrochen, die Menschen wieder in das Leben zurückgeführt werden, und die Gemeinschaft der Verstorbenen und der Lebenden wie die Gemeinschaft zwischen Gott und Mensch wiederhergestellt wird.

Diese »Brechung der Mächte des Todes« scheint sich dadurch zu ereignen, dass alles, was sich dem Frieden, der Einheit, der Gemeinschaft und dem Leben widersetzt hat und noch immer widersetzt, in diesen »Feuersee«, in die »Gehenna«, geworfen wird: Teufel, Tod und auch die Unterwelt – das Totenreich –, wie auch jeder Mensch, dessen Name nicht im »Buch des Lebens« geschrieben steht. Wenn dies vollzogen ist, dann ist die Gemeinschaft erneuert und wiederhergestellt … im ewigen, »himmlischen Jerusalem«.

»Feuersee« und »Gehenna« scheinen dabei lediglich verschiedene Bilder für ein und dasselbe zu sein: einen Ort oder »Zustand«, den man als »Hölle« bezeichnet – außerhalb der Stadt, außerhalb der Gemeinschaft, für alle und alles, was das »Bürgerrecht Jerusalems« verwirkt hat. »Scheol« hingegen sollte nicht mit »Hölle«, sondern mit »Grab«, »Totenwelt« übersetzt werden, diese Totenwelt selber wird letztlich ihr Ende in der »Hölle« finden.

Nachdenklich gehe ich im Häuschen herum und blicke dann zum Fenster hinaus.

Wind und Regen peitschen über die Bäume und wehen die Blätter bis an mein Fenster heran.

Nun ist der Sommer endgültig vorbei!

Da bleibt ein nasses Blatt an der Fensterscheibe kleben.

Ob der bunte Herbst noch schöne Tage bringen wird?

Ich zünde einige Kerzen und die Petroleumlampe an und setze mich dann wieder auf meinen Lehnstuhl vor das Feuer.

Ich sollte unbedingt weitere Lebensmittel einkaufen gehen, um meinen Vorratsraum zu füllen …

Doch bei diesem Wetter?

Es bleibt zu hoffen, dass der Regen bald wieder nachlassen wird …

Jetzt folgen im Buch die Kapitel »Doppelter Ausgang«, »Allversöhnung« und »Annihilation«. Die Positionen, die der Eremit bereits erwähnt hat.

Ich lese weiter …

Doppelter Ausgang

Unter »Doppeltem Ausgang« versteht man, dass ein Teil der Menschheit in das »himmlische Jerusalem« gelangt, ein anderer Teil den Weg dorthin jedoch nicht findet oder ausgeschlossen wird.

Am Ende des menschlichen Lebens und der Geschichte der Welt, steht also ein »doppelter Ausgang«.

Was aber haben diejenigen Menschen getan oder nicht getan, die den »Ausgang« in diese »himmlische Stadt« gefunden haben?

Wie die Bewohner des »irdischen Jerusalem«, durch Berufung, durch Erlösung, durch Schöpfung, durch Geburt – was letztlich alles in eins fällt – zu Bürgern der

Heiligen Stadt geworden sind, so auch die Bürger des »himmlischen Jerusalems«.

Jesus Christus sagte zu Nikodemus, der des Nachts zu ihm kam:

»Wahrlich, wahrlich, ich sage dir: Wenn jemand nicht aus Wasser und Geist geboren wird, kann er nicht in das Reich Gottes hineingehen. Was aus dem Fleisch geboren ist, ist Fleisch, und was aus dem Geist geboren ist, ist Geist. Wundere dich nicht, dass ich dir sagte: Ihr müsst von Neuem geboren werden. Der Wind weht, wo er will, und du hörst sein Sausen, aber du weißt nicht, woher er kommt und wohin er geht; so ist jeder, der aus dem Geist geboren ist.«

Wer Christus auf seinem Weg vertrauensvoll folgt, in die Wahrheit, in das Leben, durch das Nadelöhr hindurch, durch das Ablegen des alten Egos, des alten Selbst, der wird neu geboren und zu einem Bürger der ewigen Stadt werden.

Durch Christus, den großen Christus, der direkt, unvermittelt, jedoch auch durch die Schöpfung, durch Engel, durch Menschen, durch Kirchen wie auch durch andere Religionen die Menschen berühren und in die »himmlische Stadt« führen kann und möchte. Wobei nicht einmal notwendigerweise nur diejenigen diesem Christus auch wirklich gefolgt sind, die diesen Namen ständig auf ihren Lippen getragen haben, sondern all diejenigen, die sich diesem Christus und durch ihn dem großen Ganzen, Gott, dem Leben, dem Universum, dem alles vereinigenden Prinzip aller Wirklichkeit, auch wirklich hingegeben haben. Christus, der »Logos«, wie ihn das

Johannesevangelium zeichnet, die »Logik hinter allem«, »der Sinn in allem«, das »ewige Gesetz des Universums«. Dieser Christus ist derjenige, der in die ewige Stadt führt. Wer sich ihm anvertraut, der wird nicht nur das Leben, sondern auch Gott finden, da die »Logik hinter allem«, der »Sinn in allem«, darin besteht, Gott zu finden, zu dem der Logos, das Leben, die Schöpfung, »der bestirnte Himmel über uns und das moralische Gesetz in uns«, wie Kant es ausdrückte, hinführt.

Diejenigen Menschen jedoch, die sich Christus, diesem Weg, diesem »Gesetz des Universums« widersetzen, sind dann leider diejenigen, die die »himmlische Stadt«, das Leben, das ewige Leben, nicht finden.

Der Ort oder Zustand außerhalb der Stadt wird schließlich als »Hölle« bezeichnet. Wobei unterschiedliche Vorstellungen bestehen, wie diese »Hölle« aussehen könnte und weshalb sie brennt. Das Feuer könnte die eigene, brennende Seele des Menschen sein, die sich in Ewigkeit in sich selber verdreht und verbrennt, oder das Feuer könnte gar Gott selbst sein, der für diejenigen Menschen, die ihm vertraut haben, zum Himmel, für diejenigen Menschen jedoch, die ihn verworfen haben, zum schmerzhaften, quälenden Feuer wurde.

Ich lese gleich weiter. Es folgt nun die »Annihilation«.

Annihilation

Bei der »Annihilation« geht man davon aus, dass das Böse wie auch die Menschen, die den Himmel verworfen haben, nicht in Ewigkeit in der Hölle brennen, sondern »aufgelöst« werden, sozusagen »in das Nichts zurückfallen«.

Das Wort »Annihilation« bedeutet genau dies: »aufgelöst werden«, »in das Nichts zurückfallen«. Die einen kommen also in die »himmlische Stadt«, die anderen zerfallen in das Nichts. Eine ewige Hölle gibt es bei der Position der »Annihilation« nicht.

Dann folgt noch die dritte Position.

Allversöhnungslehre
Bei der »Allversöhnungslehre« wird davon ausgegangen, dass alle Menschen, je nach Variante der Lehre auch die ganze Schöpfung, zum Teil sogar die bösen Mächte, erlöst und Einlass in die »himmlische Stadt« finden. Diese Lehre tauchte in der Christentumsgeschichte immer wieder auf, zuallererst bei Clemens von Alexandrien und vor allem dann bei Origenes im 3. Jahrhundert n. Chr.
Die »Allversöhnungslehre« sollte jedoch nicht als »Dogma« gelehrt werden – »Allversöhnung« kann man nur hoffen. Man darf und soll hoffen, dass alle Menschen und die ganze Schöpfung erlöst werden. Wenn »Allversöhnung« jedoch als Lehre festgesetzt wird – »so wird es sein!« –, dann wird die Freiheit des Menschen zerstört. Der Mensch hätte dann keine Wahl mehr, sich für oder gegen Gott entscheiden zu können. Er würde sozusagen »genötigt«, die Ewigkeit mit Gott verbringen zu müssen. Das Gegenargument lautet jedoch: Wenn Gott nicht alle und alles erlöst – wenn sich nicht alle erlösen lassen –, dann wird das Böse letztlich stärker sein, als der Wille des guten Gottes.

Seufzend stehe ich auf, gehe etwas im Häuschen umher und schaue dann wieder zum Fenster in das windige Herbstwetter hinaus.

Die Thematik ist wirklich alles andere als erheiternd!
Wenn man Atheist ist, muss man sich nicht mit all diesen Fragen beschäftigen. Im Atheismus gibt es nur eine Position in der »Lehre über die letzten Dinge«: Annihilation. Mit dem Tod fällt alles ins Nichts – egal, wie gerecht oder ungerecht ein Mensch gelebt hat.
Und im Agnostizismus ... da weiß man es nicht!

Aber ..., wenn ich mir die ganze Sache so durch den Kopf gehen lasse ... die Frage nach dem Tod und danach, ob es nach dem Tod etwas gibt, hängt im Christentum gewiss auch mit dem Glauben an einen »ewigen Gott« zusammen ...
Ja ..., wenn man an einen ewigen Gott glaubt, dann wird die Vorstellung, dass dieser ewige Gott den Menschen beim Tod in das ewige Nichts fallen lässt, nicht sehr beglückend sein.
Wenn man an eine ewige Wirklichkeit neben oder über der natürlichen Welt, an einen ewigen Gott glaubt, dann liegt es nahe, dass man hofft, von diesem ewigen Gott in das ewige Leben hineingenommen zu werden. Und es liegt nahe, dass man sich Gedanken darüber macht, wie diese »himmlische Wirklichkeit« aussehen wird.

Andererseits ... Vielleicht entspringen all diese Vorstellungen von Gericht, Himmel und Hölle ja ganz einfach auch dem menschlichen Sehnen und dem Wunsch nach Gerechtigkeit.
Es kann doch nicht sein, dass niemals Gerechtigkeit hergestellt wird, dass Gewalttäter niemals zur Rechenschaft gezogen werden, dass die Menschen, egal wie sie gelebt haben, entweder allesamt ins Nichts fallengelassen werden, oder allesamt im Himmel enden.
Dieses Sehnen und dieser Wunsch nach Gerechtigkeit haben in der Bibel ja unter Umständen auch zu einer Entwicklung in der Vorstellung von einem Leben nach dem Tode geführt. Zuerst waren im Tode alle gleich, dann gab es eine Unterscheidung im Totenreich und zuletzt auch im ewigen Schicksal.

Ob man bei der Bibel auch »unterscheiden« muss, was »göttlich« und was »menschlich« ist?

In kirchlichen Kreisen wird die Bibel als »Gottes Wort«, fast als »gottgleich« betrachtet, wie ich das immer verstanden habe. In diesem Buch über »Eschatologie« wird jedoch der Eindruck erweckt, dass die Bibel sehr »menschengemacht« ist.

Ich werde den Eremiten fragen, was er zu der Bibel zu sagen hat.

Der Regen scheint nun nachzulassen.

Vielleicht werde ich heute doch noch den Weg ins Dorf unter die Füße nehmen können.

Es ist ja erst ungefähr gegen Mittag.

Ich setze mich wieder auf den Lehnstuhl vor das Feuer.

Warten wir mal ab … Hier oben kann das Wetter ja schnell wechseln …

Also … die Allversöhnungslehre sagt, wenn nicht alle erlöst werden, dann ist das Böse letztlich stärker als der gute Gott. Und Gott wäre, wenn er die Menschen, die nichts mit ihm zu tun haben wollen, ihrem Eigenwillen überließe, unbarmherzig oder eben noch schlimmer: nicht in der Lage, das Böse besiegen zu können.

Aber wenn Gott alle erlöst, dann wird ihm vorgeworfen, dass er die Freiheit und Würde des Menschen nicht achtet. Das heißt, diejenigen Menschen, die mit Gott nichts zu tun haben wollen, würden dann erlöst, ob sie das wollen oder nicht.

Wenn Gott aber das Böse nicht zur Rechenschaft zieht, bestraft und die Guten vor dem Bösen beschützt, dann wird ihm unterstellt, nicht durchgreifen zu können.

Und wenn er die ganze Schöpfung ins Nichts zurückfallen lässt, dann wirft man ihm vor, eigensüchtig am »ewigen Leben« festhalten zu wollen.

Also …, wenn diese vielen, scheinbar unlösbaren Widersprüche in der Tat jemals gelöst werden müssen, dann wird nur Gott dies tun können!

Aber … das wurde in diesem Buch ja gar nicht erwähnt … Was wäre denn überhaupt mit den menschlichen Opfern und Tätern, wenn alle erlöst würden?
Bei einer Allversöhnung würde es ja nicht nur um die Versöhnung zwischen Gott und Mensch, sondern auch um die Versöhnung der Menschen untereinander gehen. Das heißt, die Opfer müssten sich mit den Tätern versöhnen und die Täter mit den Opfern.
Bei irgendwelchen kleineren Streitigkeiten mag dies ja noch vorstellbar sein, doch bei massiven Verbrechen? Wenn Menschen von anderen Menschen schwer traumatisiert oder gar bestialisch umgebracht worden sind? Beide Seiten müssten eine solche Versöhnung wollen. Was nicht unvorstellbar ist, doch was, wenn sich eine der beiden Seiten einer solchen Versöhnung verweigert? Ein Opfer wäre dann gezwungen, die Ewigkeit mit seinem Peiniger verbringen zu müssen, und der Täter wäre in Ewigkeit mit seiner Tat konfrontiert, die er nicht bereuen will. Für beide Seiten alles andere als ein »himmlischer« Gedanke!
Und ob Gott auf Versöhnung unter den Menschen pocht?
Der Eremit zeichnete bei meinem ersten Besuch diesen Weg auf dem Tisch auf, dem Stern nach. Ein kleines Kind in einer Krippe, unscheinbar, schwach, niedrig. Keine weitere Gewaltherrschaft, die eine andere Gewaltherrschaft in die Knie zwingen will, sondern die Geburt von etwas Neuem. Ja, »der Himmel« muss doch eine vollständig neue Form von »Herrschaft« sein! Eine Herrschaft des Friedens kann doch nicht mit den Mitteln der Gewalt aufgerichtet werden, und Versöhnung kann doch nicht mit den Waffen der Unversöhnlichkeit und Parteilichkeit erzwungen werden.

So kann doch auch Gott nicht durch Gewalt Frieden und wahre Versöhnung schaffen. Nein, Gott kann kein »Gewaltherrscher« sein und auch kein Täter, der Menschen zu Opfern macht. Im Himmel muss diese Art der Unterscheidung von Opfern und Tätern an ein Ende gekommen sein!

Der einzige Weg zu einem wahren Friedensreich wäre meiner Meinung nach, wie der Eremit in Bezug auf die Erkenntnis Gottes gesagt hat, durch die Liebe, durch die Liebe Gottes.

Ob man sich dieser verweigern kann?

Nachdenklich erhebe ich mich wieder und gehe ziellos im Häuschen auf und ab. Nun bricht tatsächlich die Sonne durch die Wolken hindurch. In Kürze werde ich ins Dorf gehen können.

Aber da kommt mir noch dieses Argument in den Sinn: Es heißt doch immer: wie man sich im Himmel denn überhaupt freuen könnte, wenn man wüsste, dass andere Menschen in der Hölle schmoren würden.

Doch, gesetzt den Fall, jemand widersetzt sich vorsätzlich und bewusst und anhaltend und böswillig dem Himmel, und gesetzt den Fall, Gott lässt diesen Menschen irgendeinmal gewähren, gesetzt den Fall also, »dieser Engel lässt sich irgendeinmal abweisen« und kommt nicht mehr, um diesen Menschen in den Himmel zu begleiten … sollte dann wegen eines solchen Menschen kein anderer Mensch sich noch wagen dürfen, den Himmel zu begehren?

Dies käme ja schlicht und einfach einer Erpressung gleich!

Die ganze Menschheit, der ganze Himmel, müsste in die Hölle folgen, nur weil es nicht anginge, so egoistisch, unbarmherzig und kaltherzig zu sein, weiterhin im Himmel verweilen zu wollen?

Wenn ich mir das so recht überlege, dann ist das wahrscheinlich genau das, was die Bibel als »satanisch« bezeichnen würde!

Man kann wohl wirklich nur hoffen, dass eine solche große Versöhnung zwischen allen und allem irgendwie möglich sein wird.

Doch vielleicht gibt es halt in der Tat eine Grenze. Eine Grenze, die überschritten werden kann und nach der ein Zurück in die Versöhnung nicht mehr möglich wird!

Eine Grenze, nach der das Vertrauen endgültig und für immer zerstört ist. Zwischen den Menschen, so wie vielleicht auch zwischen dem Menschen und Gott.

Eine Grenze, durch deren Überschreitung man den Status als Freund unwiderruflich und für immer verloren hat.

Dann wäre die »Hölle« keine Drohung, sondern zuallererst ein Mahnmal!

Ein Mahnmal, dass man die Gemeinschaft zum Mitmenschen wie auch die Gemeinschaft zu Gott verscherzen kann!

Ein Mahnmal, dass man andere Menschen nicht absichtlich und vorsätzlich zu Opfern machen kann, ohne früher oder später selbst massiven Schaden zu erleiden!

Ein Mahnmal auch, und vielleicht zuallererst, dass man sich selbst verlieren kann, dass man sich selbst zu einem solchen Maß korrumpieren kann, dass eine Rückkehr in das wahre Selbst, in die Ganzheit als Mensch nicht mehr möglich wird.

Und für die Opfer der Geschichte wäre das »himmlische Jerusalem« zuallererst Hoffnung und Trost!

Hoffnung und Trost, dass das Böse eines Tages für immer ausgeschlossen und verbannt sein wird.

Hoffnung und Trost, dass in Ewigkeit ein Ort hinter hohen und schützenden Mauern bereitsteht, an dem es keinen Missbrauch, keinen Mord, keine Vergewaltigung, keine Folter, keinen Zwang, keine Unterdrückung, keinen Verrat, keine Falschheit, keine Verleumdung, keine Eifersucht, keinen Neid, keine Missgunst, keine Tränen und keinen Schmerz mehr geben wird.

Hoffnung und Trost … eines Tages für immer nach Hause gefunden zu haben.

Wenn aber diese ganze Rede über »Himmel« und »Hölle« in der Tat Hoffnung, Trost und Mahnmal sein soll, dann scheint mir der wohl weiseste Umgang damit zu sein, sich auf den Himmel vorzubereiten! Sich dorthin leiten zu lassen. Nicht in den Widerstand zu gehen. Diesem »großen Christus«, wie dies in diesem Buch formuliert wird, und durch ihn Gott, dem Leben, dem Fluss des Universums zu vertrauen. Und so weit von einem selbst abhängt: mit allen Menschen versöhnt zu leben.

Und selbst … gesetzt den Fall … nach dem Tod wäre doch alles vorbei, und selbst … gesetzt den Fall … Gott gäbe es doch nicht … so ließe sich mit einer Haltung des Vertrauens, des Respekts, der Ehrfurcht dem Leben, dem Menschen und dem Universum gegenüber, auf lange Sicht gewiss ein friedlicheres und besseres Leben hier auf Erden leben als mit einer Haltung des puren Eigennutzes, der Sorgen und Ängste, der Arroganz und der Rücksichtslosigkeit.

Ich seufze auf …

Jetzt blinkt die Sonne durch die Fenster.

Genug für den Augenblick von dieser ganzen Thematik …

Ich werde mich aufmachen und in den Dorfladen gehen. Mein Vorratsraum muss weiter mit Vorräten gefüllt werden.

*

Als ich beim Dorfladen angekommen bin, finde ich einen Zettel an der Ladentüre angeheftet: »Bin gleich zurück.« So setze ich mich auf die Bank unter der Linde, stelle die Taschen neben mir ab und warte.

Außer den Ästen des prächtigen Lindenbaums, die sich sanft im Winde hin und her bewegen, regt sich für lange Zeit nichts. Das Dorf scheint wie ausgestorben zu sein.

Ich schnitt in seine Rinde so manches liebe Wort.
Es zog in Freud und Leide zu ihm mich immer fort ...

Ich musst auch heute wandern vorbei in tiefer Nacht,
da hab ich noch im Dunkeln die Augen zugemacht.
Und seine Zweige rauschten, als riefen sie mir zu:
Komm her zu mir, Geselle, hier findst du deine Ruh,
hier findst du deine Ruh ...

Hier findst du deine Ruh?

Ja, die Ruhe ... das ist ja genau die Verheißung.

Ein schönes Lied.

Zu Hause, beim alten Lindenbaum ... dort, wo man als Kind gespielt hat ... dort findet man wieder die Ruhe ...

Und das Vertrauen alleine führt dorthin.

In das ewige Haus im Himmel ...

Leise rauschen die Zweige des Lindenbaumes im Wind.

Alles ist still.

»Am Brunnen vor dem Tore ...«

Hm ... wie beginnt noch mal die dritte Strophe dieses Liedes?

Da sehe ich plötzlich jemanden die Straße hochkommen und auf den Dorfladen zugehen.

Tatsächlich!

Es ist der Mann mit dem Gebiss!

Nachdem er den Zettel an der Ladentüre bemerkt, jedoch trotzdem noch heftig an der Türe gerüttelt hat, sieht er mich auf der Bank sitzen und kommt zu mir herüber.

Während ich noch darüber nachdenke, wie die dritte Strophe des Liedes beginnt, grüßt der Mann mich freudig. »Darf ich mich zu ihnen setzen?«, fragt er ganz höflich, während er umständlich seine Plastiktüte zusammenfaltet und in der Jackentasche verstaut.

»Ja, gewiss«, gebe ich ebenso höflich zurück.

Da sehe ich das Buch, das er wiederum unter dem Arm trägt. »Ah, das Buch!«, sage ich neugierig. »Sie wollten mir doch davon erzählen.«

»Ja, das Buch«, sagt er ganz leise, setzt sich dann vorsichtig hin und legt es auf seinen Schoß. »Es ist eine ›Erzählung einer Gottessuche‹.« Dann sagt er nichts mehr.

»Und …?«, frage ich gespannt weiter.

»Ja, es ist nicht so einfach in Worte zu fassen.«

»Aha!«, sage ich nur.

»Wissen Sie, junger Mann, ich habe mir vorgenommen, jetzt, da ich alt geworden bin, mich nochmals mit dieser großen Frage nach Gott zu beschäftigen«, sagt er etwas unsicher.

Ich nicke … Doch bevor ich etwas erwidern kann, fährt er fort: »Das Buch habe ich seit Ewigkeiten in meinem Haus liegen. Jetzt habe ich es endlich zu lesen begonnen. Und … es ist wirklich nicht einfach zu verstehen. Nein … es ist nicht einfach zu verstehen.« Er schüttelt den Kopf und seufzt auf. »Also … im Augenblick bin ich gerade im ›Universum Viktoria‹ gelandet.«

»Im Universum Viktoria?«, frage ich erstaunt.

»Ach, jetzt erinnere ich mich!« platze ich heraus.

»Sie erinnern sich …?«, fragt er ganz verblüfft.

»Ja, an die dritte Strophe … ›Die kalten Winde bliesen mir grad ins Angesicht …‹«

»Der Hut flog mir vom Kopfe, ich wendete mich nicht«, gibt er begeistert zurück. Dann beginnen wir gemeinsam zu singen:

Nun bin ich manche Stunde entfernt von jenem Ort,
und immer hör ich's rauschen: Du fändest Ruhe dort.
Du fändest Ruhe dort.

»Ja, ein schönes Lied«, sagt er und seufzt auf.

»Ja, wirklich ein schönes Lied!«, sage ich ebenfalls.

Weshalb habe ich nur immer diese Volkslieder so runtergemacht, frage ich mich wieder. Na ja … das muss man wahrscheinlich, wenn man jung ist. Sich abgrenzen …?

Wir schweigen beide.

Die Zweige des Lindenbaumes rauschen wieder leise im Wind.

»Ah, das Buch …!«, sage ich plötzlich.

»Ah ja, das Buch!« Er räuspert sich.

»Also … wie gesagt … es geht da um eine ›Gottessuche‹ … und … ja, im Augenblick bin ich gerade beim ›Universum Viktoria‹ gelandet …«

»Ah genau, um was geht es denn da?«, frage ich wieder.

Er blättert im Buch herum und sagt dann mit verhaltener Stimme:

»Es geht da irgendwie um Himmel und Hölle, doch …«

»Oh nein, schon wieder!«, falle ich ihm ins Wort.

Eigentlich habe ich für heute genug von dieser Thematik, denke ich mir, doch dann entschuldige ich mich gleich.

»Nein, die ganze Sache interessiert mich, es ist nur …«

»Ah, gut!«, meint er entschlossen. »Da wir beide ja auf die Ladenbesitzerin warten müssen, könnte ich Ihnen währenddessen kurz etwas daraus vorlesen.«

Er schaut mich fragend an.

»Gerne!« sage ich begeistert.

Er räuspert sich einige Male und beginnt dann im Feuereifer zu lesen:

Das Universum »Viktoria«

Nach Jahrhunderten von Beschwerden und Reklamationen konnte Gott endlich dazu bewogen werden, ein Universum zu schaffen, in dem die Menschen, die den Himmel nicht wollen, die auch nicht in das ewige Nichts fallengelassen werden möchten und die man aus ethischen Gründen auch nicht einfach in die

Hölle werfen kann, ihre Ewigkeit ohne Gott, doch mit allen Annehmlichkeiten des Himmels verbringen können. Das Universum heißt »Viktoria« und wurde bis ins kleinste Detail nach den Wünschen und Vorstellungen der dort lebenden Menschen gestaltet. »Viktoria« besteht aus verschiedenen »Inseln«, die, verglichen mit unserem Sonnensystem, Planeten gleichkommen, wobei ein Vergleich äußerst schwer zu ziehen ist, da man sich etwas Innovatives wünschte, ohne ganz auf Altbewährtes verzichten zu wollen.

Hauptinsel ist die Insel »Karla«. Hier gibt es riesige Villen, Paläste und mit allem erdenklichen Luxus ausgestattete Loft-Wohnungen, Parks, Vergnügungsanlagen und alles, was das Herz begehrt, wie, um nur ein Beispiel zu nennen, den in blauen Saphirplatten erstrahlenden Kamelmilchsee in der Mitte der Insel. Jeder nur vorstellbare Wunsch wird den Bewohnern von den Lippen gelesen und augenblicklich von den Heiligen des Himmels ausgeführt. Bei Beanstandungen werden die Klagen unverzüglich vor Gott gebracht. Selbstverständlich kann man Gott aber jederzeit auch direkt anrufen.

Im Himmel ist es eigentlich ganz nett, doch oft geht es dort leider auch recht hektisch zu, da die Heiligen sich jeweils sehr schnell auf die zum Teil sehr außergewöhnlichen Wünsche der Bewohner von »Viktoria« einstellen und alles sofort so ausführen müssen, wie dies von ihnen gefordert wird. Aber Gott tröstet die Heiligen dann immer wieder und versichert ihnen, dass dies nun mal das Los der Heiligen sei. Er selbst würde sich ja ab und zu auch wünschen, nicht andauernd einem solchen Stress ausgesetzt zu sein, doch da könne man eben nicht viel machen. Seine Ratgeber hätten ja gewiss recht: Man müsse den

Bedürfnissen und Wünschen der Menschen gerecht werden, wenn man überhaupt noch als Gott von ihnen anerkannt werden wolle.

Eines Tages entschloss sich eine Gruppe von Heiligen nichtsdestotrotz vor Gott zu treten, nachdem sie auf einer der Inseln Tage damit zugebracht hatten, fein säuberlich den Müll wegzuräumen, der nach einer der zahllosen Festlichkeiten dort zurückgelassen worden war. Eigentlich beabsichtigten sie, Gott zu fragen, ob es nicht doch irgendeine Möglichkeit geben könnte, zumindest in gewissen Abständen einen freien Tag einzuschalten, da sie sich ja eigentlich für den Himmel entschieden hätten in der Hoffnung, etwas zur Ruhe zu kommen.

Als diese Heiligen jedoch in den Thronsaal eintraten, sahen sie Gott am Boden sitzen und behelfsmäßig mit einigen Lappen den aufgerissenen, staubigen Boden um sich herum bedecken. Was denn, um alles in der Welt, vorgefallen sei, wollten die Heiligen voller Bestürzung wissen. Ja, zuerst sei ein Anruf eines Bewohners von »Karla« reingekommen – gab Gott etwas verlegen zurück –, der sich beschwert hätte, dass der goldene Lehnstuhl im Wohnzimmer zwar recht hübsch aussehe, dass er jedoch auf der Stelle den Thron Gottes eingebaut haben wolle. Worauf selbstverständlich augenblicklich zwei Heilige ausgesandt worden seien, die sich mit einer Schachtel Pralinen und einer Flasche Sekt bei dem Herrn vorerst in aller Form entschuldigt und ihm dann versichert hätten, dass der Thron innerhalb weniger Stunden bei ihm eingebaut werden würde. Was dann jedoch einer Nachbarin aufgefallen sein müsse, die kurze Zeit später ebenfalls angerufen und empört über eine derartige Ungerechtigkeit und Parteilichkeit gefordert hätte, dass, falls kein anderer Thron mehr zu haben sei, zumindest die Fliesen aus dem Thronsaal Gottes herausgerissen und in ihrer Eingangshalle eingebaut würden.

Während die Arbeiter damit beschäftigt waren, die kostbaren Bodenplatten herauszureißen und abzutransportieren, fragte einer der Heiligen Gott, ob er denn nicht wieder einen Thron und Bodenplatten einbauen wolle? Ja, er hätte sich das schon überlegt, gab Gott nach einer Weile zurück. Da schrie einer der Arbeiter den Heiligen an, er solle doch gefälligst aus dem Weg gehen. Es sei doch einfach unmöglich, dass er hier dumm herumstehe, während die Dame in »Karla« verzweifelt auf ihre Bodenplatten warte.

Da man in dem Lärm und Staub kaum noch etwas verstehen konnte, warteten die Heiligen, bis alle Platten abtransportiert waren. Dann wagte sich einer von ihnen nochmals, Gott zu fragen, ob er denn nicht einen neuen Thron errichten wolle.

Ja, wie gesagt, gab Gott wieder zurück, während er nun krampfhaft damit beschäftigt war, eine gewisse Ordnung in die am Boden herumliegenden Dokumente und Papiere zu bringen. Er hätte sich das schon überlegt, doch da leider die Gefahr bestehen würde, dass, wenn er einen neuen Thron aufrichten würde, ein anderer diesen wieder haben wollte, sei er zum Schluss gekommen, dass es wahrscheinlich am Besten sei, wenn er einfach am Boden sitzen bliebe.

Ja, aber dann werde man doch sicherlich mit demjenigen, der infolgedessen den einzigen Thron Gottes besitze, einen Krieg vom Zaun brechen, entgegneten die Heiligen aufgebracht. Und dann werde ganz »Viktoria« letztlich wieder ihn, Gott, dafür verantwortlich machen. Ja, das sei dann halt einfach so, gab Gott zurück. Man hätte ja inzwischen auch Übung darin, den Menschen bei der Kriegsführung beizustehen. Selbstverständlich würde auch hier wiederum allen Wünschen und Begehren nachgekommen – falls dieser Fall denn wirklich wieder eintreffen sollte. Waffen und Munition würden geliefert, dazu selbstverständlich auch die besten Strategien und natürlich auch die verlangten Kriegserfolge. Und selbstverständlich würde am Schluss auch alles wieder tipptopp schön aufgeräumt werden, die Opfer getröstet und wiederhergestellt, die Täter gelobt und mit allen Ehren überschüttet.

Da erhielt Gott erneut einen Anruf. Man wolle sich heute Abend auf der Hauptinsel vergnügen. Er wisse ja schon, was bereitzustellen sei. Falls jedoch wieder einmal nicht genügend Kaviar vorhanden sein sollte, würde man sich wohl gezwungen sehen … Ja, es sei schon in Ordnung, entgegnete Gott, es würde selbstverständlich alles genau nach Wunsch ausgeführt werden. Und ja, es würde auch ein wunderschöner Sonnenuntergang mit einer kühlen, aber nicht zu kühlen Brise vom Meer her geboten werden.

Kaum hatte Gott den Hörer aufgelegt, kam gleich nochmals ein Anruf rein. Diesmal von der Insel »Sankta«. Auf »Sankta« leben die Bewohner, die sich für etwas ganz Einzigartiges halten, da sie nicht, wie die Bewohner der Hauptinsel, »nur den Lüsten frönen«, wie sie zu sagen pflegen, sondern ihren Alltag mit religiösen Zeremonien umrahmen. Auch auf »Sankta« wird natürlich jedem Wunsch entsprochen. Vor allem, was hier ganz besonders wichtig ist: Die Bewohner müssen mit einem Wink eine religiöse Zeremonie einschalten, mit einem Wink jedoch auch wieder ausschalten können, da es ja nicht angeht, dass man von etwas Religiösem sozusagen überrumpelt wird. Neben dem Bereitstellen dieser Zeremonien aller erdenklichen Art, selbstverständlich auf Wunsch auch mit allen möglichen »himmlischen« Effekten, gilt es hier vor allem Vorträge und Tagungen zu organisieren. Die Bewohner schätzen gute Vorträge und Diskussionen über die Ewigkeit, über den Himmel und natürlich auch über Gott. Aber selbstverständlich hat man auch hier jederzeit ein Vergnügungsprogramm in Griffweite zu haben, jedoch, das versteht sich von selbst, in einer Version, die den Menschen auf »Sankta« zwar Vergnügen bereitet, ihnen jedoch auf keinen Fall den Eindruck vermitteln darf, dass sie sich nun vergnügten, wie etwa die Bewohner von »Karla«.

Einer dieser Bewohner von »Sankta« rief nun also an, um sich lauthals zu beschweren. Er hätte inzwischen alle auf der Insel vorzufindende Literatur verschlungen, das Niveau sei jedoch so erbärmlich, so beschämend, ja so lächerlich tief, dass ihm jetzt einfach der Kragen geplatzt sei. Falls er nicht innerhalb von drei Tagen eine Abschrift einer vollständigen theologischen Abhandlung über Gott, Himmel und Welt erhalte, werde er seinem Glauben abschwören und auf die Hauptinsel ziehen. Wenn Gott also nicht zusehen wolle, wie wieder einer frustriert das Handtuch werfe, dann solle er gefälligst mal sein gesamtes Wissen runterreichen, aber in einer klaren, strukturierten und vortragstauglichen Sprache. Er hätte keine Lust, die ganze Geschichte dann auch noch überarbeiten zu müssen. Selbstverständlich wurden augenblicklich zwei Heilige damit beauftragt, alles Wissen des Himmels vollständig und einfach verständlich, aber nicht zu einfach verständlich, da es ja nicht den Eindruck von

»Trivialität« erwecken sollte, dem Mann zur Verfügung zu stellen. Einige Tage später wurde dann auch eine Tagung organisiert, zu der Bewohner fast aller Inseln anreisten. Diese Tagung war ein überaus großer Erfolg. Allerdings gingen am Tag danach etliche Reklamationen ein. Einige Bewohner »Sanktas« fanden es zwar ganz nett, dass Gott sich nun endlich dazu entschlossen hätte, sein Wissen preiszugeben. Dass er dieses ganze Wissen jedoch ausgerechnet diesem einen Herrn aus dem Palmenviertel anvertraut und sie damit sozusagen genötigt hätte, alle diese Erkenntnisse aus seiner Hand empfangen zu müssen, das sei einfach eine absolute Frechheit gewesen, ja, eine Unverschämtheit! Falls man nicht in Wochenfrist jedem Bewohner »Sanktas« ein Original dieser Schrift aushändige, werde man es bevorzugen, der Insel, wie der Religion, für immer den Rücken zu kehren.

Obwohl die Heiligen des Himmels den Bewohnern des »Universums Viktoria« im Großen und Ganzen sehr gerne zu Diensten stehen, gibt es doch einige Heilige, die sich besonders mit den »Sanktianern« ab und zu wirklich schwertun. Der ganze Himmel wisse doch, dass die Menschen auf »Sankta« von Gott nichts wissen wollten und dass alle ihre religiösen Rituale und theologischen Forschungen nur ihrem eigenen Ego dienten. Dass sie sich mit all dem jedoch noch über alle anderen Bewohner Viktorias erhöben, ja zum Teil gar noch behaupteten, »Sankta« sei der »Himmel auf Viktoria«, das sei manchmal einfach wirklich nur schwer zu ertragen. Nach Möglichkeit bevorzugen diese Heiligen es deshalb, im Dienste für »Modesta« eingeteilt zu werden.

»Modesta« ist eine der vielen anderen Inseln »Viktorias«. Die Leute dieser Insel interessieren sich weder für

Festlichkeiten noch für großen Reichtum oder irgendwelche religiösen Dinge, sondern wünschen sich nur, eine einfache und friedliche Ewigkeit verbringen zu können. Mit einer Tüte voller Einkäufe pro Woche, einem Hausreinigungs- und Wäscheservice sowie einem unterhaltsamen Fernsehprogramm am Abend ist dort eigentlich jeder zufrieden.

Als kürzlich einer der Heiligen eine Ladung Lebensmittel bei einem der Häuser auf »Modesta« ablieferte, fragte er die Frau, die die Türe öffnete, ob sie eigentlich wisse, wo sie sich befinde. Ganz verwundert gab sie zur Antwort, dass sie doch auf der Insel »Modesta« wohne, ob er denn das nicht wisse. Doch, gab der Heilige zurück, aber ob sie wisse, in welchem Universum sie sich befinde, fragte er nochmals etwas genauer. Nein, sie hätte keine Ahnung, meinte die Frau daraufhin. Obwohl, wenn sie sich recht erinnern würde, hätte sie da mal vor Jahren eine Karte auf der Post erhalten, auf der man hätte ankreuzen müssen, ob man die Ewigkeit im Himmel verbringen möchte, mit dem Risiko, in die Hölle geworfen zu werden, ob man ins ewige Nichts fallengelassen werden möchte oder ob man eine Bleibe im neu kreierten Universum »Viktoria« bevorzuge. Wenn sie sich recht erinnere, hätte sie damals »Universum Viktoria« angekreuzt. Aber sie wisse es jetzt nicht mehr so genau und es sei ihr, ehrlich gesagt, auch völlig egal. Damit trat sie einen Schritt zurück, bedankte sich für die Lebensmittel und ließ die Türe ins Schloss fallen.

Ja, so oder ähnlich würden wohl fast alle Bewohner von »Modesta« auf die Frage des Heiligen antworten. Man ist auf »Modesta« eben bescheiden, auch in Bezug auf das Wissen.

Das Einzige, was auf »Modesta« besonders beachtet werden muss, ist der Wind. Unter gar keinen Umständen darf ein Wind von der Hauptinsel nach »Modesta« herüberwehen, da dieser auch den Partylärm mittragen könnte. Darauf reagieren die Bewohner »Modestas« äußerst empfindlich.

Die Schwierigkeit besteht dann oft darin, dass die Bewohner der Hauptinsel in gewissen Abständen einen Sturm verlangen, dass dieser Sturm jedoch ausschließlich auf »Karla« und auf keinen Fall auch noch auf einer der anderen Inseln toben darf. Ja, das mit dem Sturm ist im Himmel manchmal wirklich nur schwer nachzuvollziehen. Es sei halt schön, wenn man aus dem Fenster blicken und beobachten könne, wie der Sturm die Palmen zu Boden drücke und die Autos in die Luft wirble, wird dann oft gesagt, wenn eine solche »Aufforderung zum Sturm« eintrifft. Am nächsten Morgen muss dann aber selbstverständlich alles wieder in schönster Ordnung erstrahlen.

Nun bricht mein »Vorleser« plötzlich ab, legt das Buch aufgeschlagen auf die Bank, holt ein großes Taschentuch aus seiner Hosentasche hervor und schnäuzt sich nach alter Väter Sitte die Nase. Das Geröhre reißt mich in grotesker Weise aus der Geschichte heraus, sodass ich einen Moment lang nicht recht weiß, ob ich nun lachen oder weinen soll.

»Also ...«, sagt der alte Herr, während er sein Taschentuch fein säuberlich wieder in die Hosentasche steckt. »Die Erzählung über ›Viktoria‹ geht hier noch weiter, danach kommt eine sehr spannende Passage ...«

Da öffnet sich die Ladentüre und die Besitzerin rollt ein Gestell mit Postkarten vor die Türe.

Als sie uns unter dem Lindenbaum sitzen sieht, winkt sie uns freudig zu.

Augenblicklich erhebt sich der Mann. Er würde mir beim nächsten Mal weiter vorlesen, doch nun müsse er, er hätte es fast schon vergessen, dringend, er hält den rechten Zeigefinger in die Höhe: »Ein Ei und Hefe!«, einkaufen gehen. Seine Frau sei am Backen!

Er klemmt das Buch unter den Arm, geht schnurstracks über den Platz davon und verschwindet zusammen mit der Ladenbesitzerin schwatzend im Laden.

Lange Zeit bleibe ich verdutzt sitzen.

Erst als der Mann den Laden wieder verlässt, mir zuwinkt und ein Zeichen gibt, dass er so schnell wie möglich nach Hause gehen müsse, gehe auch ich auf den Laden zu.

Nachdem ich meine Einkäufe erledigt habe, mache ich mich schwer bepackt wieder auf den Nachhauseweg.

*

An der Stelle, an der sich einst die Brücke befand, stelle ich meine Taschen nieder und setze mich auf die Felsplatte.

Ein eigenartiger Zufall, denke ich mir, dass ich gerade heute den Mann mit dem Gebiss wieder getroffen habe und er gerade heute aus diesem Buch diese Stelle aus dem »Universum Viktoria« vorgelesen hat!

Ich schüttle lachend den Kopf.

Der Mann ist einfach amüsant …

Schade, ich hätte gerne zumindest noch das Ende dieses Kapitels gehört.

Mit einem dürren Zweig rolle ich Kastanien herum, die auf dem Felsen verstreut herumliegen, und versuche einige davon an das andere Ufer des Baches zu werfen.

Die Bewohner dieser religiösen Insel! Ich fühlte mich geradewegs … wie soll ich sagen … getroffen!

Ha … diese Kastanie hat's geschafft!

Ja, das Wissen! Man will Wissen über Gott, aber man will Gott nicht! Man will Gewissheit über die Ewigkeit … aber man will den Ewigen – Gott nicht.

Aber wie ein Begriff, ein Wort, ein Name ohne den wahren Inhalt inhaltslos, unbedeutend, ja gar irreführend werden kann, so auch Wissen über Gott ohne Gott. Die Menschen dieser religiösen Insel hatten letztlich ja, trotz all ihres »Wissens über Gott«, ganz offensichtlich keine Ahnung von Gott, da sie ihn ja genauso, wenn nicht noch schlimmer behandelten, als alle übrigen Bewohner »Viktorias«. Nein … Wissen über Gott, ohne Gott, wird zu Unwissen, zu menschlichen Fantastereien, zu Nebel, zu Irrlicht …

Wahrscheinlich wollte der Autor dieses »Universums Viktoria« genau dies aufzeigen, indem er die ganze Sache ad absurdum führte. Den Himmel ohne Gott zu begehren, verkehrt sich früher oder später in das genau Gegenteil, wie auch jeder Versuch, das Paradies auf Erden ohne Gott aufrichten zu wollen.

Gedankenversunken bleibe ich sitzen.

Die Bewohner »Viktorias« erkannten vermutlich gar nicht, dass sie in Wahrheit keine Ahnung von Gott, vom Leben, von der Welt … und auch von sich selbst hatten … sie wähnten sich als die großen Wissenden, Bescheidenen, gar … Vollkommenen … und erkannten nicht, wie arrogant, dumm und beschränkt sie in Wahrheit waren.

Nachdenklich kritzle ich mit einem Stein Linien und Kreise auf den Felsen vor mir.

Wenn ich mir diese letzten Wochen hier oben, nun ja bereits Monate, so durch den Kopf gehen lasse, dann beschleicht mich das vage Gefühl, dass auch ich eine etwas arrogante und auch etwas naive Vorstellung von der ganzen Sache gehabt habe.

Da dachte ich mir doch tatsächlich, dass ich mich zurückziehen und durch Lesen und Nachdenken die geniale Erklärung für Gott finden kann. Oder dass mir Gott gar unvermittelt »erscheinen«

wird und ich ihn dann, sozusagen als unbeteiligter Betrachter, wie ein Objekt, sehen, beobachten und … beurteilen kann.

Ja! Und dann hätte ich nach Hause zurückkehren und den Menschen erzählen können, dass ich »Gott« gesehen habe! Tatsächlich! Und ich hätte erklären und beschreiben und die ganze Welt darüber belehren können, wie und was und wer Gott ist. Und alle hätten mir sprachlos zugehört.

Oder … genau das Gegenteil: wenn ich klar und unmissverständlich erkannt hätte, dass es Gott nicht gibt … auch dann hätte ich als der »große Wissende« nach Hause zurückkehren und allen Menschen die große Wahrheit über das Universum mitteilen können.

Aber anstelle dessen kam eine Krise nach der anderen, und ein ungeheurer Schmerz kam hoch …

Schmerz über mein Leben, über meine Familie, über die Geschichte, über die Menschheit, über die Welt. Schmerz auch darüber, dass diese Frage nach Gott so herausfordernd … so schwer zu beantworten ist!

Aber … mehr und mehr gelange ich zu der Überzeugung, dass dies wahrscheinlich der einzige Weg ist.

Ja, vielleicht müsste man sagen: Es gibt kein Wissen über Gott, getrennt von Gott. Aber auf eigenartige Weise auch: Es gibt kein Wissen über Gott, getrennt von mir selbst als ganzen Menschen! Es gibt keine Wahrheit über Gott, ohne Wahrheit über mich, über mein Leben, über die Welt, wie sie ist!

Ja … erst in der Hingabe an diese Wahrheit, erst in der Liebe, wie der Eremit gesagt hat, kann wahrhaftes Wissen, wahrhafte Erkenntnis über Gott, über mich, über die Welt entstehen.

Und so kann auch nur in dieser Hingabe, in dieser Liebe, eine innere Gewissheit, ein Friede über Zeit und Ewigkeit entstehen.

Lange blicke ich still in das schäumende und tosende Wasser unter mir.

Wenn dem aber in der Tat so sein sollte ... dann wäre die Frage nicht, ob es Gott gibt, sondern, wie ich mich hingeben kann, wie ich mit diesem Gott eins werden kann.

Da kommt mir dieses alte Kirchenlied in den Sinn:

Wie soll ich dich empfangen, und wie begegn ich dir, o aller Welt Verlangen, o meiner Seele Zier?

Ja ... wie soll man Gott empfangen?

Wahrscheinlich kann man an einem gewissen Punkt nichts anderes mehr tun, als einen Schritt ins Ungewisse wagen ... als glauben, dass Gott ist, auch wenn man diese Gewissheit noch gar nicht hat.

Ja ... glauben ... und dann in diesem Glauben beten, dass man ihn, das »Verlangen aller Welt«, empfangen möge.

Aber ... da kommt doch dieser alte Einwand wieder: Wie soll ich zu Gott beten können, wenn ich nicht weiß, zu wem oder zu was ich beten soll?

Doch ..., wenn ich diesen Schritt wage und glaube, dass Gott ist, auch wenn ich dessen noch gar nicht gewiss bin, dann weiß ich vielleicht ja auch, zu wem oder zu was ich beten soll: zu dem, der ist, von Anfang an.

*

Kaum, dass ich mein Häuschen erreicht habe, da beginnt der Regen auch schon wieder einzusetzen.

Nachdem ich meine Vorräte verstaut und etwas gegessen habe, setze ich mich auf den Lehnstuhl vor das Feuer.

Bereits beim Aufstieg wurde mir bewusst, dass ich innerlich hin- und hergerissen bin.

Ja, ich bin hier in die Abgeschiedenheit gekommen, weil ich mir eine Antwort auf die Frage nach Gott gewünscht habe. Und wenn ich diese Antwort erhalten hätte, dann hätte mir das sicherlich auch gereicht. Ich hätte friedlich wieder nach Hause zurückkehren und mein Leben weiterleben können.

Doch jetzt werde ich auf einmal, wegen diesem beängstigenden nächtlichen Vorfall, mit dieser ganzen Sache von wegen Himmel und Hölle konfrontiert, was wirklich alles andere als erheiternd ist.

Und plötzlich sollte ich gar noch einen Sprung machen ... und einfach glauben, dass Gott ist, bevor ich auch nur irgendeinen »Beweis« seiner Existenz habe ...

Ich seufze tief auf ...

Wie bin ich bloß wieder an einen solchen Punkt gekommen?

Alles scheint miteinander verknüpft zu sein ... und mit der Frage nach Gott hängen auf einmal alle möglichen anderen Fragen zusammen: Tod, Geschichte, Wissenschaft, Philosophie, Kirche, Religion, Psychologie, Kultur und weiß ich noch nicht was alles.

Allerdings ... positiv formuliert hieße das ja auch: Wenn man die Frage nach Gott geklärt hat, dann hat man damit alles geklärt!

Aber dorthin scheint es nur einen Weg zu geben: zu glauben, zu vertrauen, sich hinzugeben ...

Auch wenn mir vom Verstand her durchaus einleuchtet, dass man an einem gewissen Punkt nur auf diese Weise weiterkommen kann ... Uff! Nein, einfach ist das nicht ...

Die Leute werden doch sagen, dass ich verrückt geworden sei.

Ich stemme mich vom Lehnstuhl hoch und lege etwas Holz in den Kamin.

Nach einer Weile setze ich mich wieder hin und beobachte lange Zeit das knisternde Feuer vor mir.

Andererseits ... was die Leute sagen und denken, ist im Grunde genommen ja unwichtig.

Und ... weshalb eigentlich sollte Gott sich mir beweisen müssen, bevor ich an ihn glauben kann? Müsste nicht, wenn überhaupt, ich mich ihm beweisen? Oder wäre es gar möglich, dass keiner sich dem anderen beweisen muss?

Irgendeinmal kommt man wahrscheinlich nicht darum herum, seine Haltung zu ändern, wenn man in dieser Frage nach Gott weiterkommen will.

Ja, bescheiden werden!

Der Eremit sagte doch bei einem meiner Besuche, dass erst, wenn der Mensch an diesem »neuralgischen Punkt der Ohnmacht Gott gegenüber« angelangt sei, lerne, dass es einen anderen Weg gebe, Gott erkennen zu können … oder so irgendwie formulierte er es.

Der »neuralgische Punkt« wäre eben, dass wir Gott nicht erfassen, nicht benennen, nicht begreifen können, sondern … dass wir nur in der Liebe, im Glauben, in der Hingabe, Gott jemals erkennen können.

Entschlossen klopfe ich auf das Tischchen vor mir und stehe auf.

Ich will auf jeden Fall diesen Weg weitergehen, koste es, was es wolle.

Und … nein, eine simple Antwort auf die Frage nach Gott hätte mir nicht gereicht. Was würde es denn helfen, zu wissen, dass es Gott gibt, wenn man weiterhin sein Leben ohne Gott fristen müsste?

Nein, wenn, dann wünsche ich mir eine Begegnung!

Einige Zeit gehe ich nachdenklich im Häuschen auf und ab, dann lege ich etwas Holz ins Feuer und setze mich schließlich wieder auf den Lehnstuhl.

Nach einer Weile nehme ich die Karte zur Hand, die der Eremit mir mit dem Buch über Eschatologie mitgegeben hat.

»Gebet des Bruders Klaus« steht da als Überschrift.

Langsam beginne ich zu lesen.

Mein Herr und mein Gott, nimm alles von mir, was mich hindert zu dir.

Mein Herr und mein Gott, gib alles mir, was mich führet zu dir.

Mein Herr und mein Gott, o nimm mich mir und gib mich ganz zu eigen dir.

Das ist … ein wunderschönes Gebet!
Alles soll weggenommen werden, was mich hindert zu Gott?
Ja, was sich doch da immer wieder alles in den Weg stellen will.
Es ist einfach unfassbar. Zweifel, Ängste, Misstrauen … Worte,
Lehren, Vorstellungen, vorgefasste Meinungen … usw.
Ja, all das soll weggenommen werden!
Alles soll mir geschenkt werden, was mich führet zu Gott?
Ja … Christus!
Himmlische Mächte.
Aber auch Menschen, die den Weg weisen können …
Ich bin so dankbar für den Eremiten, für Bücher, die weiterhelfen,
für alle, die mir vorausgegangen sind …
Auch die Schöpfung, die Natur …
Ja … all das, was mich führet zu Gott, soll mir gegeben werden!
Und … »nimm mich mir und gib mich ganz zu eigen dir.«
Das ist doch genau, was ich bereits den ganzen Tag gedacht habe!
Dieser ›neuralgische Punkt‹, dass ich Gott nur in der Liebe, nur in
der Hingabe, nur in der Vereinigung mit ihm erkennen kann. Nur,
indem ich »mir genommen und ganz ihm zu eigen gegeben werde«!
Ich bleibe still sitzen …
Das ist mein Gebet!
Ja, das wünsche ich mir …

Nimm mich mir, und gib mich ganz zu eigen dir!

Was es auch immer kosten mag, was die Leute auch immer sagen
und denken mögen … In all meiner Schwachheit und meinem
ständigen Hin- und Hergerissensein … Ja, ich will glauben, dass
Gott ist, und ich will mich ihm hingeben …
Ja … »nimm mich mir, und gib mich ganz zu eigen dir!«
Müde lehne ich mich nach hinten und schließe die Augen.
Leise höre ich den Regen auf das Dach fallen.

Das Feuer knistert still vor sich hin und gibt eine wohlige Wärme ab.

Alles ist ruhig.

Es ist nun … mitten in der Nacht …

Da klopft es auf einmal an der Tür.

Erschrocken zucke ich zusammen.

Hat nun tatsächlich jemand an der Türe geklopft, oder hat nur das Feuer so laut geknackt?

Bewegungslos bleibe ich sitzen.

Da klopft es noch einmal.

Aber … es ist mitten in der Nacht, und es regnet!

Kein Mensch kann doch hierhin finden. Schon gar nicht zu dieser Zeit!

Ich beginne innerlich zu zittern.

Vom ersten Tag an, als ich in dieses Häuschen gekommen bin, habe ich befürchtet, dass so etwas geschehen könnte.

Ja, ich möchte Gott begegnen, doch …

Da klopft es noch einmal.

Im Bestreben, zu einer gewissen Nüchternheit zurückzufinden, denke ich mir plötzlich, dass das Klopfen doch gewiss nicht das Klopfen eines Menschen und schon gar nicht das irgendeines himmlischen Wesens sein kann, sondern ohne Zweifel irgendeine andere Ursache haben muss, wie, beispielsweise, ein Ast, der vom Wind bewegt gegen das Häuschen schlägt.

Als ich mich erhebe, erkenne ich durch das hintere kleine Fenster jedoch in der Tat einen Schatten. Jemand muss also tatsächlich vor der Türe stehen!

Mit zitternder Stimme rufe ich nach einer Weile in Richtung Eingangstüre, ob jemand da sei.

»Ja«, tönt es von draußen her.

Ich rufe noch einmal, wer er denn sei.

Er hätte sich verirrt und wäre froh, wenn er die Nacht nicht im Regen verbringen müsste, höre ich eine tiefe Männerstimme von draußen sagen.

Unschlüssig darüber, was ich tun soll, öffne ich nach einer Weile einen Spalt weit die Tür. Da sehe ich im düsteren Mondenschein einen Mann in dunkler Jacke vor der Türe stehen, den Kopf unter einer großen Kapuze verborgen, das Gesicht kaum erkennbar.

Tausend Gedanken schießen mir durch den Kopf. Er hätte sich verirrt und wäre froh, wenn er die Nacht nicht im Regen verbringen müsste? Was soll ich bloß sagen? In meinem Häuschen gibt es doch auch kaum Platz.

Als wenn er meine Gedanken hätte lesen können, tritt er einen Schritt zurück und dreht sich leicht von mir ab. Es sei schon in Ordnung, er wolle mir keine Umstände machen, er würde den Weg zurück bestimmt wieder finden.

Einen Augenblick scheinen wir beide zu zögern. Dann wendet er sich jedoch ganz von mir ab, geht um die Ecke herum und verschwindet. Durch das vordere Fenster hindurch kann ich sehen, wie er über die Wiese zum Bach hinuntergeht. Da denke ich auf einmal, dass ich doch einfach ein feiger Angsthase bin. Wenn sich der Mann in der Tat lediglich auf mysteriöse Art und Weise verirrt haben sollte, dann wäre es doch wirklich unfreundlich von mir, ihn wieder in die finstere und regnerische Nacht zurückkehren zu lassen.

Zögerlich öffne ich das Fenster und rufe ihm mit stockender Stimme zu, dass er doch zurückkommen solle.

Da wendet er sich um und kommt langsamen Schrittes wieder auf mein Häuschen zu.

Im dunklen Eingangsbereich kann ich kaum etwas von ihm erkennen, und drinnen ist es leider nicht viel weniger dunkel, da nur der Schein des Feuers, die Petroleumlampe auf dem Tisch und eine Kerze den Raum etwas erhellen.

Umständlich biete ich ihm meinen Lehnstuhl am Kamin an, nachdem er höflich abgelehnt hat, seine Jacke auszuziehen.

Wortlos sitzt er nun da und blickt in das knisternde Feuer. Nach einiger Zeit kauere ich in sicherer Distanz zu ihm auf einem der Stapel Bücher an der Wand nieder. Von der Seite kann ich kaum etwas von dem Gesicht des Mannes erkennen, da er seinen Kopf noch immer unter der Kapuze verborgen hält.

Keiner von uns spricht ein Wort.

Da erinnere ich mich an meine erste Begegnung beim Eremiten. Nach einer Weile frage ich meinen ungewöhnlichen Gast, ob ich ihm etwas Essen anbieten dürfe ... wie der Eremit es mir gegenüber auch getan hat.

Dankend nimmt er an.

Kurze Zeit später sitze ich auf dem Stuhl, den ich vom Tisch zum Kamin hinübergerückt habe, und beobachte schweigend den Dampf, der aus unseren kleinen Suppenschalen und Tassen nach oben züngelt.

Wer um alles in der Welt ist dieser Mann? denke ich ständig.

Doch genau wie beim Eremiten kann ich kein Wort hervorbringen. Während ich so dasitze, beginnt mich auf einmal ein eigenartiges Gefühl zu beschleichen. Als wenn ein Tropfen Wasser in einen stillen See fallen würde, der Kreise zieht, so scheint es plötzlich, als wenn ein »Tropfen« auf mein Häuschen fallen würde, der, wie in Zeitlupe von der Decke her, Kreise um mich zu ziehen beginnt. Wobei dieser »Tropfen« weniger wie Wasser, sondern eher wie Licht, wie eine Art Flamme einer Kerze zu sein scheint, die sanfte Wellen um mich windet und alles in mir und um mich herum auf die Seite schafft, bis ich schließlich entblößt und alleine in dieser Art Leerraum vor meinem nächtlichen Besucher und dem Kaminfeuer zurückbleibe!

Plötzlich befällt mich ein Zittern. Doch kurz bevor ich aufstehen und davonrennen will, erinnere ich mich an den Traum, den ich in der ersten Nacht hatte, als ich in dieses Häuschen gekommen bin. Das Licht, das wie ein Stern aus der Finsternis hervorgebrochen ist und das näher und näher an mich herangekommen ist, bis mich in einer Art Todesangst ein Zittern befiel, sodass ich davonrennen wollte. Es schien dann dieses eigenartige Szenario abzulaufen, dass dieses weiß lodernde Licht kurz vor mir stehen zu bleiben schien und erst dann näherkam, als ich die innere Bereitschaft bekundete, mich davon berühren zu lassen. Erst dann kam dieses Licht näher, berührte mein Gesicht und hüllte mich schließlich ganz ein. Dabei kann ich weder sagen, dass ich mich entschieden hätte, mich von dem Licht berühren zu lassen, noch dass das Licht mich in irgendeiner Weise dazu gedrängt hätte. Es schien sich eher in einer Art gegenseitiger Übereinkunft abzuspielen.

Da reißt der Mann mich plötzlich aus meinen Gedanken heraus. Er richtet sich etwas auf, nimmt seine Kapuze vom Kopf, und während er ein bisschen umständlich aus seiner Jacke schlüpft, sehe ich sein Gesicht. Er hat dunkle Haare, einen dunklen Bart und etwas verschrobene Gesichtszüge, so als hätte er einmal seine Nase oder sonst noch irgendeinen Gesichtsknochen gebrochen. Aber dann schäme ich mich im selben Augenblick, dass ich das Aussehen dieses Mannes beurteile. Es ist doch völlig unwichtig, wie er aussieht. Nachdem er die Suppenschale auf seinen Schoß genommen, das Brot in zwei Stücke gebrochen und mir die eine Hälfte gereicht hat, essen wir beide.

Auf einmal fällt mein Blick auf seine Hände. Sie tragen tiefe Narben! Da kann ich nicht mehr länger an mich halten. Ich stelle meine Suppenschale auf das Tischchen, lege mein Gesicht in meine Hände und beginne zu weinen.

Nach einer Weile falle ich auf meine Knie und verberge meinen Kopf in meinen Armen. In Gedanken sehe ich den Hirsch wieder am Boden liegen. Sein Blut tropft auf den Weg.

Ein unfassbarer Schmerz kommt wieder über mich, bis ich fürchte, meine Seele würde zerrissen werden.

Gerade als ich vor Schmerz aufschreien will, werde ich gewahr, wie ein Licht mein Häuschen erhellt!

Verwundert hebe ich meinen Kopf.

Da sehe ich, wie das Gesicht des Mannes zu leuchten beginnt, bis sein ganzer Körper wie brennend weißes Feuer strahlt, sodass alles um mich herum in gleißendes Licht getaucht wird.

Voller Furcht werfe ich mich in die hintere Ecke des Häuschens und verberge meinen Kopf in meinen Armen.

Da kracht ein ohrenbetäubender Donner los und ich höre den Regen wieder auf das Dach meines Häuschens prasseln.

Als ich meine Augen öffne und den Kopf hebe, sehe ich nur die Kerze vor mir flackern.

Das Feuer im Kamin ist erloschen, auch die Petroleumlampe brennt nicht mehr, und der Lehnstuhl ist … leer.

Mit einem Schrecken schieße ich hoch!

»Nein!«, rufe ich laut.

»Habe ich … geträumt?«

Fassungslos bleibe ich stehen.

Da werde ich gewahr, wie auf einmal dasselbe Licht wie zuvor im Traum wieder mein Häuschen erfüllt. Eine leuchtende, strahlende Gegenwart, wie Feuer brennend … und doch nicht wahrnehmbar für die natürlichen Augen …

Voll Ehrfurcht falle ich, zum ersten Mal in meinem Leben, auf meine Knie und senke den Kopf: »Hier bin ich! Ziehe ein! Ich will auf ewig … dein eigen sein!«

Der Platz vor dem Tisch

Spät am Morgen erwache ich. Erschöpft und gerädert. Als ob ich einen zwanzigstündigen Interkontinental-Flug hinter mir hätte. Durch die feucht beschlagenen Fensterscheiben glitzert schwach die Sonne in mein Häuschen hinein.
Der Regen hat nachgelassen. Alles ist still.
Nach einer Weile stehe ich auf, ziehe warme Kleider an, öffne alle Fenster und setze mich auf die Bank vor das Häuschen.
Noch ist es kühl, doch durch die Bäume funkelt bereits die Sonne und vertreibt mit ihren Strahlen allmählich die morgendliche Frische. Die Lärchen glänzen wie pures Gold, die Laubbäume leuchten in den schönsten Farben, und der Himmel strahlt in einem solch tiefklaren Blau, wie gewiss kein Saphir auf Erden jemals gestrahlt haben mag.
Sprachlos betrachte ich die vergoldete Welt vor mir.
Für lange Zeit.
Dann schüttle ich seufzend den Kopf.
Nun ist etwas mit mir geschehen.
Etwas, das ich vor mir selbst niemals mehr werde leugnen können.
Und wenn, dann würde ich mich selbst betrügen, dann würde ich mich selbst zerstören.
Licht … Freude … Gewissheit!
Aber wie soll ich das alles nur verstehen?
Christus … und Gott …
Ich lege meinen Kopf in die Hände und schließe die Augen …
Nach einer Weile betrachte ich wieder still die Welt vor mir.
Ich werde mich aufmachen und zum Eremiten gehen.
Ich bin völlig erschöpft, aber ich möchte ihm mitteilen, was geschehen ist …

Dann kann ich ihm auch gleich noch das Buch über die Eschatologie zurückbringen.

Und anschließend gehe ich noch in den Dorfladen. Noch einige wenige Vorräte und mein Vorratsraum wird mit Nahrungsmitteln gefüllt sein.

Ob bald schon der erste Schnee fallen wird?

Vielleicht …

Doch … eigenartig: Obwohl der Winter naht und die ganze Natur am Zerfallen ist, fühle ich mich, als ob der Frühling bereits gekommen wäre. Als ob jedes Herbstblatt auf ein Schneeglöckchen fallen würde. Als ob das neue Leben dem Tode zuvorgekommen wäre.

*

Bedächtig schlendere ich durch das Herbstlaub am Bach entlang, bis ich mich dem Wald nähere und mehr und mehr wieder in den Nebel komme.

Soll ich wirklich wieder in diesen Nebel hineingehen? frage ich mich verzweifelt. Dann setze ich mich auf einen Baumstamm am Wegrand und stelle den Rucksack neben mir ab.

Merkwürdig, denke ich auf einmal. Diese Momente wie letzte Nacht: so mächtig, so überwältigend, so absolut gewaltig, und doch … so unscheinbar, so unaufdringlich, so leicht übersehbar!

Ohne Weiteres könnte ich jetzt all das Geschehene auch einfach als »Träumerei« oder gar als »Spinnerei« abtun.

Nachdenklich bleibe ich sitzen und beobachte, wie der Nebel mehr und mehr vom Tal her durch den Wald hinaufdringt, die Bäume am Bach umweht und sanft und leise über den Weg hinaufschleicht.

Vielleicht ist dies ja die Art, wie Gott überhaupt erfahrbar wird in dieser Welt. Mächtig, überwältigend, erhaben, und doch auch vollkommen unscheinbar, unaufdringlich, leicht übersehbar.

Wie das Kind in der Krippe! Erst wenn man den Hinweis zu deuten vermag … erst dann erscheint das Unaufdringliche,

Leicht-Übersehbare und Unscheinbare, als überwältigend groß und mächtig.

Genau deshalb will ich zum Eremiten gehen!

Deuten … unterscheiden lernen … genau darauf kommt es letztlich doch an.

Er kann mir bestimmt weiterhelfen …

Dieser Traum … und alles was geschieht …

Es übersteigt mein Verstehen.

Ja … deuten …

»Alle, die Deine Welt zu deuten wissen, vereinen sich, Dein Lob zu singen.«, schrieb doch Gregor von Nazianz in seinem Gebet.

Aber … das hieße ja … dass auch der Glaube, die Gläubigen, die Kirche, vor der Welt als unscheinbar, unaufdringlich, leicht übersehbar erschienen … und erst, wenn man »zu deuten vermöchte«, das Unscheinbare, Unaufdringliche und Leicht-Übersehbare auf einmal als überwältigend groß und mächtig offenbar würde.

*

Als ich durch den dichten Nebel endlich die Anhöhe erreiche, glitzert die Sonne wieder durch die herbstlichen Bäume. Nur ein leichter weißer Dunst liegt noch über der Wiese, aus dem in der Ferne, wie ein kleiner Leuchtturm, das Häuschen des Eremiten ragt.

Langsam schreite ich darauf zu und klopfe an die Tür.

Nach einer Weile sehe ich den Eremiten hinter dem Fenster vorbeigehen. Dann öffnet er die Tür und bittet mich wortlos hereinzukommen, als wenn er mich erwartet hätte.

Zum ersten Mal bin ich nun in seinem Häuschen, bis dahin waren wir immer draußen am Tisch.

Es ist wohlig warm. Im Kamin brennt ein Feuer. Davor steht ein niedriger, aus massivem Holz gezimmerter Tisch. Rechts und links davon gibt es je eine Art Holzsofa, mit Schaffellen und Decken bezogen. Vor dem großen Fenster steht, wie auch in meinem Häuschen, ein Schreibtisch, und in der Ecke vor dem kleineren Fenster liegt eine dicke Decke am Boden, mit einem kleinen Kreuz an der Wand und einem niedrigen Schemel davor.

Ob das seine Gebetsecke ist? frage ich mich, während ich darüber nachsinne, wie ich eine ähnliche Ecke in meinem Häuschen einrichten könnte.

Da reißt er mich aus meinen Gedanken. Ich solle mich doch setzen, er würde währenddessen etwas Tee kochen.

Auf den Decken und Schaffellen sitzt es sich ausgesprochen bequem. Ehrfürchtig schaue ich mich um.

Alles ist voller Bücher – an den Wänden, auf den Tischen und selbst am Boden.

Ein Bild über dem Kamin fällt mir nun auf. Wahrscheinlich ist es eine Ikone.

Ikonen sind mir fremd. In meiner kirchlichen Tradition wurden und werden sie oft bis heute noch verteufelt.

Ob ich die ganze Sache trotzdem betrachten soll?

Drei Männer – oder Frauen? – sind darauf abgebildet. Sie sitzen um einen Tisch herum. Ein Kelch steht auf dem Tisch.

Wobei, nein … das sind wahrscheinlich Engel. Alle drei tragen goldene Flügel, und jeder hält einen dünnen, langen Stab in seiner Hand. Oder ob das »Zepter« sind?

Zwei von den drei Männern, oder Engeln, klopfen mit ihren Fingern auf den Tisch, oder zeigen nach unten?

Da kommt der Eremit mit einer Kanne Tee, zwei Tassen und einem Teller mit Keksen zurück.

Ich nehme das Buch über die Eschatologie aus dem Rucksack und gebe es ihm dankend zurück.

Er sagt nichts, gießt still den Tee in die beiden Tassen und setzt sich dann nieder.

Was dieses Bild über dem Kamin bedeute, frage ich nach einer Weile.

»Das ist die ›Dreifaltigkeitsikone‹ von Andrej Rubljow, die wohl bekannteste Ikone überhaupt«, sagt er mit sichtlicher Begeisterung.

Die Dreifaltigkeit? denke ich mir.

Ja … diese Frage beschäftigt mich eigentlich. Christus … und Gott … wie stehen sie in Beziehung zueinander …

Aber … deshalb hat die protestantische Tradition diese Ikonen doch verworfen! »Wie sollte man denn Gott Vater und Christus und so malen können?«, sage ich plötzlich verwirrt. »Darf man Gott überhaupt darstellen?«

Er schweigt lange.

»Die Dreifaltigkeit oder Trinität, wie man diese ja auch nennt, wird hier nicht direkt abgebildet, sondern mittels einer Geschichte«, beginnt er nun. »Die Geschichte steht im ersten Buch Mose, im 18. Kapitel. Drei Männer besuchen Abraham und Sara. Abraham bewirtet sie gastfreundlich, danach, nach dem Mahl, kündigen die Männer Abraham die Geburt eines Sohnes an.«

»Und was haben diese drei Männer mit der ›Dreifaltigkeit‹ … mit der …«

»Trinität«, hilft er mir netterweise weiter.

»Ja, mit der Trinität zu tun?«, frage ich verunsichert.

»Da in der Geschichte zwar von drei Männern, die in einem späteren Vers dann auch als ›Engel‹ bezeichnet werden, berichtet wird, Abraham sie jedoch im Singular als ›Herr‹ anspricht, hat das Christentum diese Begebenheit bereits sehr früh in der Geschichte als ›Besuch des dreieinigen Gottes‹ gedeutet.«

Wir schweigen beide.

»Ich habe immer etwas Mühe mit dieser Dreifaltigkeit gehabt«, sage ich stockend. »Aber vielleicht hängt das auch damit zusammen, dass sich so viele Leute immer wieder darüber lustig machen. Eigentlich verstehe ich ja überhaupt nicht, was diese Lehre zu bedeuten hat … und ich verstehe vor allem nicht, wie Christus und Gott miteinander in Beziehung stehen ...« Ich möchte eigentlich noch mehr darüber sagen, aber ich weiß nicht, wie ich es in Worte fassen soll ...

»Ja, das ist alles nicht einfach zu verstehen«, sagt er nach einer Weile und hält dann inne ...

»Die Beziehung zwischen Gott dem Vater, Jesus dem Sohn und dem Heiligen Geist ist für den Menschen, zumindest mit dem Verstand und mit Begriffen, letztlich nicht fassbar.«

Nun richtet er sich etwas auf und beginnt ganz vorsichtig von dem heißen Tee zu trinken.

Nachdenklich klopft er mit den Fingern auf den Tisch. »Christus ... es beginnt dort ... wenn man so sagen will. Christus, das ist bereits das große Geheimnis! Die ganzen trinitätstheologischen Fragen haben sich nur ergeben, weil man Jesus Christus, wie er lebte, was er lehrte und was er bewirkte, nicht mehr ausschließlich in den Kategorien des ›Menschlichen‹ fassen konnte.« Er blickt mich an. »Wir haben ja bereits darüber gesprochen, als wir über die von den Kaisern einberufenen Konzilien in der frühen Christentumsgeschichte sprachen.« Ich nicke.

Jetzt lehnt er sich etwas zurück und bleibt gedankenversunken sitzen.

»Ja, im Islam wird Mohammed als Prophet, als ›bloßer Mensch‹ geglaubt«, fährt er nun fort. »Nach muslimischem Glauben diktierte ihm der Engel Gabriel den Koran. Hier erübrigt sich die Frage, wie Mohammed mit Gott in Beziehung steht. Doch im Christentum ...«

»... ist die Frage, ob Christus Gott ist oder nicht ...«, falle ich ihm unfreundlicherweise ins Wort.

Er sagt nichts.

»Und wenn Christus Gott ist, dann wäre die Frage, wie er mit dem ... ›anderen‹ Gott ... in Beziehung steht, ohne dass man auf einmal zwei Götter hat ...«, fahre ich vorsichtig weiter.

»Ja, über genau diese Frage wurde bereits in diesen ersten Konzilien gestritten und debattiert.«

»Und zu welchen Schlussfolgerungen ist man gekommen?«, frage ich neugierig.

»Man einigte sich zuerst in der Frage nach Christus auf diese sogenannte Zwei-Naturen-Lehre: Jesus Christus ist ganz Mensch und ganz Gott. Damit sagte man auch, dass Christus nicht ›nur‹ Mensch ist und nicht ›nur‹ Gott. Man lehnte also, sagen wir, die beiden ›Extrempositionen‹ ab.«

Ich denke lange über diese Aussage nach.

»Aber, heißt das …«, frage ich dann, »wenn Christus ganz Mensch und ganz Gott ist, dass, sozusagen, der ›ganze Gott‹ im ›ganzen Menschen‹ gegenwärtig geworden ist?«

»Ja, genau hier liegt die Krux …«, sagt er ruhig.

»Jesus hat doch auch zu Gott, dem Vater, gebetet … also kann ja nicht der ›ganze‹ Gott in Christus gegenwärtig geworden sein«, murmle ich nachdenklich vor mich hin. »Auf welche Schlüsse hat man sich denn in dieser Frage geeinigt?«

»Kurz zusammengefasst: dass Christus in einer Person zwei Naturen vereint, eine göttliche und eine menschliche – die ›Zwei-Naturen-Lehre‹, und dass Gott eine Natur ist in drei Personen – die ›Trinitätslehre‹.«

»Uff, das klingt aber wirklich sehr kompliziert«, sage ich seufzend.

»Ja, wie gesagt … mit dem Verstand und mit Begriffen ist es letztlich nicht fassbar. Gregor von Nazianz sagte ja einmal: ›Die Begriffe machen Götzen aus Gott, allein die höchste Bewunderung begreift.‹«

»Ja, ich erinnere mich an das Zitat …«, sage ich gedankenversunken.

»Man kann sich in diesen Fragen auch in uferlosen Spekulationen verlieren, die jedoch kaum weiterführen und die im schlimmsten Fall nur zu Rechthaberei und Gewalttat führen.

Beim Trinitätsdogma geht es letztlich um die große Frage nach der Einheit und der Vielheit in Gott und auch um die Frage, wie Gott und die Welt in Beziehung zueinander stehen.«

»Nach der Vielheit in Gott?«, frage ich ganz erstaunt. »Geht man im Christentum denn nicht davon aus, dass Gott … einer … ist?«

»Ja …«, seufzt er auf, »diese Einheit darf man sich nicht in einer, sagen wir, zu einfältigen Weise vorstellen. Gott ist wahrscheinlich vieldimensionaler, als man häufig denkt, auch wenn man an einen Gott glaubt und nicht an viele Götter, wie im Polytheismus.«

Wir schweigen beide.

»Das heißt, Christus und der Heilige Geist sind ›ganz Gott‹ und ›ganz eins‹, unterscheiden sich jedoch trotzdem voneinander, weil sie … vielleicht unterschiedliche Aufgaben wahrnehmen … oder vom Menschen unterschiedlich wahrgenommen werden?«

»Ja, das ist ein ganz wichtiger Punkt«, sagt er entschieden. »Mit den verschiedenen ›Personen‹ in der Trinitätslehre wird vor allem auch das unterschiedliche Einwirken des einen Gottes in die Schöpfung zu umschreiben versucht.«

Dann blickt er wieder aufmerksam auf die Ikone. »Die Ikone kann weiterhelfen. Ein Gott, der im ›Sohn‹ und im ›Heiligen Geist‹ vom ›Vater‹ getrennte Entitäten, Personen, aufweist, die jedoch trotz der Unterschiedlichkeit in sich vollkommen eins sind. Das heißt: Die Einheit und die Unterschiedlichkeit fallen in Gott in eins.«

Ich stehe auf und betrachte das Bild von Nahem.

In der Tat. Wenn man genau hinschaut, fällt auf, dass die Gesichter der drei Personen völlig identisch gemalt worden sind, die Gewänder sich jedoch voneinander unterschieden.

»Aber was sollen denn diese dünnen Stäbe oder Zepter bedeuten?«, frage ich etwas unsicher.

»Dies drückt aus, dass jede Person dieselbe Autorität und Würde besitzt. Und die Tatsache, dass die Stäbe dünn sind, könnte darauf hinweisen, dass Gottes Macht keine erschlagende Gewalt, sondern eine sanfte und aufrichtende Kraft ist.«

Nun steht auch er auf und deutet mit dem Finger auf ein kleines Rechteck auf der Vorderseite des Tisches hin.

»Hier, so sagt man, war beim Original mit größter Wahrscheinlichkeit ein kleiner Spiegel aufgeklebt.«

»Ein Spiegel?«, frage ich ganz erstaunt.

Er antwortet nichts, geht nur etwas zur Seite.

Zögerlich stelle ich mich direkt vor das Bild. »Ah! Jetzt verstehe ich!«, sage ich auf einmal. »Wenn ich mich im Spiegel sehe, dann bin ich Teil des Bildes, Teil dieser Gemeinschaft geworden.«

Er nickt.

»Der Platz vor dem Tisch ist für den Betrachter, für die Menschheit, für die Schöpfung reserviert. Diese Art der Gemeinschaft, vollendete Einheit in vollendeter Unterschiedlichkeit, diese Art der Gemeinschaft möchte Gott durch Christus und durch den Heiligen Geist mit der Menschheit und mit der ganzen Welt teilen.«

Wir setzen uns wieder.

»Das heißt aber auch …«, sage ich etwas stockend, »nur wenn man in diese Tischgemeinschaft mit hineingenommen wird, kann man das Geheimnis dieser Einheit und Vielheit, das Geheimnis der Gottheit überhaupt auch erst erkennen und verstehen.«

Er sagt nichts. Senkt nur den Kopf.

»Bedeutet dies«, frage ich wieder, »dass derjenige, der diesen Platz vor dem Tisch eingenommen hat, auch einen solchen Stab erhält?«

Er schaut nur wortlos vor sich hin.

Verunsichert esse ich von den Keksen, nehme die noch immer heiße Teetasse in meine Hände und trinke vorsichtig einen Schluck von dem Tee.

»Dann würde es, wie ich kürzlich einmal gedacht habe, im Himmel keine Machtausübung und keine Gewalt mehr geben«, beginne ich nach einer Weile wieder, »keine Täter und keine Opfer, sondern nur noch Persönlichkeiten! Persönlichkeiten, die untereinander in vollkommener Harmonie verbunden sind, die jedoch gleichzeitig jede ihre eigene Autorität und Würde besitzt. Und das würde bedeuten: Wenn man in diese Tischgemeinschaft mithineingenommen wird,

dann wird man nicht beherrscht, sondern dann wird man zu der einzigartigen Persönlichkeit ermächtigt, die man in Wahrheit ist.«
»Ja«, er nickt, »so könnte man es vielleicht sagen. Gott schafft eine Art von Einheit, die zum Eigenen freisetzt! Einheit, Sicherheit, die wahre Freiheit bewirkt. Der Schöpfungsbericht stellt dies ja bildlich dar. Gott schafft, indem er die Chaoswasser zurückdrängt, einen Paradiesgarten, um dort seiner Schöpfung die Sicherheit zu gewähren, sich gemäß ihrer jeweiligen Eigenart frei entfalten zu können.«
»Wie das himmlische Jerusalem!«, sage ich erstaunt. »Das Paradies konnte erst entstehen, nachdem die Chaoswasser zurückgedrängt worden sind? Und das ›himmlische Jerusalem‹ kann erst entstehen, wenn ›das Böse‹ im Feuersee, im ›brennenden Chaoswasser‹ ein Ende gefunden hat.«
»Ja! Die Tischgemeinschaft, der Paradiesgarten, die heilige Tempel-Stadt Jerusalem – alles verschiedene poetische Bilder, die jedoch alle dasselbe zum Ausdruck bringen wollen: diese Art von Gemeinschaft zwischen Gott und der Schöpfung!«
»Aber sind der Paradiesgarten, die Stadt und der Tisch denn alles nur Bilder? Zumindest Jerusalem, die Tempelstadt, hat doch wirklich einmal als ›heilige Tempelstadt‹ existiert?«
»Nur Bilder? Sowohl als auch!«, sagt er mit Überzeugung. »Die Unterscheidung zwischen Sichtbarem und Unsichtbarem, die Trennung löst sich irgendeinmal auf.«
Ich schaue erstaunt vor mich hin. »Darüber muss ich noch nachdenken.«
Die Tischgemeinschaft, der Paradiesgarten, das himmlische Jerusalem, alles dasselbe? überlege ich lange. Und … die Unterscheidung zwischen Sichtbarem und Unsichtbarem »löst sich irgendeinmal auf«?
»Dann tritt man in den Garten des Paradieses ein, wenn man den Platz vor dem Tisch einnimmt!«, sage ich ganz überrascht. »Und …

man ist damit auch in die heilige, ewige ›Stadt im Himmel‹ eingetreten!«

Ich schaue wieder zu der Ikone.

Abraham bereitete den Männern, oder Engeln, ein Mahl. Er nahm Gott auf!

Und da steht dieser Kelch auf dem Tisch vor den drei Engeln. Das ist gewiss nicht nur ein Bild für dieses Mahl, das Abraham bereitete, sondern auch ein Bild für das Abendmahl, die Eucharistie.

Das Brot, das gebrochen und geteilt wird.

Wie im Traum!

Der Mann reichte mir von dem Brot.

Wir aßen zusammen.

Ich hatte ihn zuvor aufgenommen …

Jetzt scheint es auf einmal, als wenn der Traum der letzten Nacht mit diesem Augenblick hier beim Eremiten in eins fallen würde. Erschrocken halte ich meine Hand vor den Mund …

»Ja«, sagt er nun, als wenn er meine Gedanken hätte lesen können. »In der ›Gemeinschaft der Heiligen‹, wie das Glaubensbekenntnis die ›Kirche‹ nennt, fallen Gegenwart, Vergangenheit und Zukunft in eins. Die Trennung wird aufgelöst, auch die Trennung zwischen dem Sichtbaren und dem Unsichtbaren. ›Wo zwei oder drei versammelt sind in meinem Namen, da bin ich mitten unter ihnen.‹ So steht es im Matthäusevangelium geschrieben. ›Mitten unter ihnen‹«, betont er nochmals ganz langsam. »Christus, der zur Rechten Gottes sitzt …«

Jetzt begreife ich, denke ich auf einmal, weshalb diese Ikone hier hängt. Wer immer mit dem Eremiten zusammen an diesem Tisch sitzt, der wird durch ihn auch in diese Tischgemeinschaft mit Gott hineingenommen.

»Dann nimmt jeder Mensch, der in dieser Tischgemeinschaft Gottes lebt, andere Menschen, die mit ihm Gemeinschaft haben, mit hinein …?«, frage ich unsicher.

»Aber das ist ja ein gefährlicher Gedanke«, füge ich gleich hinzu und stütze meinen Kopf nachdenklich auf meine Hände. »Das kann doch leicht in etwas Ungutes, ja Sektiererisches abgleiten. Und es kann auch Menschen oder christliche Gruppierungen in einer unguten Weise an die Stelle rücken, die nur Gott zukommt.«

»Ja«, gibt er gleich zurück, »doch das Christentum kann genauso gut auch in etwas Ungutes abgleiten, wenn man es auf ein bloß rationales Lehrgebäude, auf ›Moral‹ oder auf einige ›christliche Werte‹ reduziert. Der heilige Franz von Assisi sprach davon, ein ›alter Christus‹, auf Deutsch ein ›anderer Christus‹ zu werden ...«

Er hält inne, nimmt die Bibel zur Hand und blättert darin herum. »Im 1. Johannesbrief steht geschrieben ...«, sagt er nun und beginnt zu lesen:

... was wir gesehen und gehört haben, das verkündigen wir auch euch, damit auch ihr mit uns Gemeinschaft habt; und unsere Gemeinschaft ist mit dem Vater und mit seinem Sohn Jesus Christus.

Ich weiß gar nicht, was ich sagen soll.

»Das heißt«, frage ich nach einer Weile, »es ist nicht genug, wenn das Christentum Christus bloß verkündet, wenn es bloß von ihm spricht und seine Geschichten weitererzählt, das Christentum ist dazu berufen, ein ›anderer Christus‹ für die Welt zu werden ... und dadurch die Menschen in diese Gemeinschaft mit Gott hineinzunehmen?«

»Ja ... *in* Christus, ein anderer Christus für die Welt werden«, sagt er nun behutsam. »Es ist eine sehr schmale Gratwanderung. Man kann in der Tat nicht nur auf Christus verweisen. Das ist nicht nur ›nicht genug‹, es wird sogar verurteilend. Man predigt dann die Worte Christi, aber die Kraft Christi, die Kraft der Erlösung, ist nicht vorhanden ... Man kann sich aber auch nicht zu einem neuen Christus heraufstilisieren.«

Er blickt nachdenklich auf die Bibel.

»Vielleicht könnte man es auf diese Weise verstehen«, sagt er dann plötzlich. »Wenn ein Mensch in einem finsteren Raum ein Licht empfängt, dann ist er für diesen Raum zum Licht geworden, obwohl zwischen ihm und dem Licht noch immer eine Differenz besteht. Ja, in Christus, Christus für die Welt sein, das ist die hohe Berufung, das ist der Sinn der Nachfolge! Beim christlichen Glauben geht es nicht darum, sich eine Lehre, einen ›ausformulierten Glauben‹ anzueignen, sondern es geht um einen Weg der Transformation, um eine neue Geburt in eine neue Existenz. Christus hat letztlich ja auch keine Schriften hinterlassen … sondern Nachfolger. Seine Nachfolger, die Jüngergemeinde, das ist im Grunde genommen ›seine Lehre‹, sein ›ausformulierter Glaube‹, seine ›Schrift an die Welt‹.«

Er schließt die Augen.

Wahrscheinlich ist er müde.

Christus hat keine Schriften hinterlassen, sondern Jünger …? Eine Transformation in eine neue Existenz? In Christus, Christus sein für die Welt …?

Das ist fast unfassbar … aber ja, wahrscheinlich ist dies in der Tat, was Nachfolge, was Jüngerschaft bedeutet!

Über Christus reden, ohne Christus … das wird doch zu Nebel, zu einem Irrlicht, wie »Wissen über Gott, ohne Gott«.

Ich gähne.

Auch ich bin müde.

Wenn ich die Augen schließen würde, würde ich auf den warmen Schaffellen und Decken vor dem Feuer bestimmt gleich einschlafen. Als hätte ich ein üppiges Mahl gegessen und einen alten, schweren Wein getrunken! Dabei habe ich doch nur einige Kekse gegessen, und von Weintrinken kann ja gar keine Rede sein.

»Es ist ein Geschenk«, sagt er plötzlich und erhebt sich. »Man kann es sich nur schenken lassen.«

Jetzt beginnt er in seinen Büchern zu suchen. Nachdem er das Gesuchte anscheinend gefunden hat, reicht er es mir: ein Buch mit dem Titel »Schöpfung, Erlösung und Berufung«.

Ich bedanke mich und packe meine Sachen zusammen.

Er hält seine rechte Hand wieder über mich und murmelt etwas, was ich leider auch diesmal nicht verstehen kann. Wahrscheinlich segnet er mich wieder.

Dann sagt er noch etwas wie, dass der Schnee hoffentlich nicht schon bald fallen werde ...

Ich nicke etwas umständlich, verabschiede mich dann und gehe über die noch immer im Nebel verhangene Wiese zurück, den Weg in den Wald hinunter.

WINTER

An den Strömen Babels, da saßen wir und weinten

Als ich heute früh das Fenster öffne, traue ich meinen Augen kaum. Seit zwei Tagen hat es unaufhörlich geregnet und gestürmt, doch in der letzten Nacht ist nun tatsächlich der erste Schnee gefallen. Nur ein leichter Puder liegt über der Wiese und den Bäumen, doch die Berge in der Ferne sind mit einer dicken weißen Schneedecke bedeckt. Durch die Nebelschwaden hindurch blinken jedoch bereits die Sonnenstrahlen. Wahrscheinlich wird dieser erste Schnee bald wieder schmelzen.

Nach meinem letzten Besuch beim Eremiten habe ich mein ganzes Häuschen herausgeputzt, meine Bücher und Notizen geordnet, und mir dann eine ähnliche Gebetsecke eingerichtet, wie ich sie beim Eremiten gesehen habe. Mit einigen Decken am Boden und einem Kreuz an der Wand, das ich mir aus zwei kleinen, verknorzten Ästen zusammengebunden habe.

Nun beginne ich meine Tage mit einem Gebet und schließe sie am Abend wieder mit einem Gebet ab. Ich sitze oder knie mich dazu hin und bete mit dem Gebet des Bruders Klaus … dass Gott alles von mir wegnehmen möge, was mich hindert zu ihm, dass er alles mir schenken möge, was mich führet zu ihm, und dass er mir die Kraft, den Mut und die Freude gewähren möge, mich und mein ganzes Leben vollumfänglich ihm zu eigen zu geben.

Und dann … werde ich still … und manchmal muss ich zu weinen beginnen. Und alles, was mir durch den Kopf geht und was mich zum Weinen bringt, bringe ich vor Gott …

Und dann warte ich, bis ich alles gesagt habe und bis ich wieder ganz ruhig werde. Und oftmals bleibe ich noch sitzen oder knien, manchmal für lange Zeit, und zuweilen lege ich mich hin … auf den Bauch.

Und nach einer Weile erhebe ich mich wieder und setze mich auf meinen Lehnstuhl am Feuer oder an den Tisch vor dem Fenster … Und wenn mir während des Gebets etwas in den Sinn gekommen ist, dann schreibe ich es in mein Notizbüchlein und mache mir Gedanken dazu.

Und danach lese ich in der Bibel.

Ganz am Anfang habe ich nun begonnen, und ich habe mir vorgenommen, im zügigen Tempo die ganze Bibel durchzulesen, um möglichst auch den großen Bogen erfassen zu können.

Und das Buch, das mir der Eremit mitgegeben hat, auch das habe ich zu lesen begonnen: »Schöpfung, Erlösung und Berufung«.

Es ist ein sehr spannendes Buch, doch ich komme nur äußerst langsam voran. Das Geschriebene ist voller Geheimnisse.

Es beginnt im Exil, an den Strömen Babels, und zwar mit den ersten Versen aus Psalm 137:

> *An den Strömen Babels, da saßen wir und weinten, wenn wir an Zion dachten.*
> *An die Pappeln dort hängten wir unsere Zithern.*
> *Denn die uns gefangen hielten, forderten dort von uns die Worte eines Liedes, und die uns wehklagen machten, forderten Freude: »Singt uns eines der Zionslieder!«*
> *Wie sollten wir des HERRN Lied singen auf fremder Erde …*

Nach diesen einleitenden Versen beginnt der Autor mit seinen Ausführungen:

Zion, die poetische Umschreibung für Jerusalem, die Tempel-Stadt, ist um 580 v. Chr. unter dem babylonischen

König Nebukadnezar dem Boden gleichgemacht, der Tempel zerstört und der Großteil des Volkes, die Priester, die kriegstüchtigen Männer, die Schmiede und Schlosser, in drei Deportationen in das große Exil nach Babylon verschleppt worden.

Die Zerstörung Jerusalems, die Zerstörung des großen Tempels, der einst unter König Salomon erbaut worden war, und die Verschleppung des Volkes in die Gefangenschaft nach Babylon bildeten die größte Katastrophe in der Geschichte des alten Israels. Das Ende einer langen Abfolge von Ereignissen, die mit Abraham, Isaak, Jakob und Joseph begonnen hatte, die mit Mose, dem großen Befreier, in eine neue Ära eingetreten war und die unter den Propheten und Königen Israels schließlich zu einer Glanzzeit gefunden hatte.

Doch jetzt ... war alles zu Ende!

Die Geräte des Tempels ruhten, von Decken verhüllt, in den Schatzkammern Babylons. Auch der große siebenarmige Leuchter, die Menorah, das Licht, das im Heiligtum brannte, stand in einer der Ecken. Gehüllt in einen Teil des zerrissenen Vorhangs, der einst das Allerheiligste verdeckt hatte, von blauem und rotem Purpur.

Verloren war der Tempel, verloren war die Stadt, verloren war ... der Glaube!

Und Gott hatte doch verheißen, dass er für immer im Tempel wohnen werde, dass das Reiche Davids kein Ende nehmen würde!

Doch jetzt war ... alles zu Ende!

Und das Volk saß an den Strömen Babels und weinte!

Nach diesem ersten Teil »im Exil« wird erläutert, weshalb das Buch mit dem babylonischen Exil beginnt und nicht etwa mit der Schöpfung im Anfang der Zeiten, wie der Titel des Buches »Schöpfung, Erlösung und Berufung« suggerieren könnte.

> Weil in diesem einen Volk, das an den »Strömen Babels sitzt und weint«, die ganze Menschheit, ja, jeder einzelne Mensch abgebildet ist und weil jede geistliche Reise dort, im Exil, in der Fremde beginnt: Mit dem Erwachen an den Strömen Babels, mit dem Bewusstwerden der eigenen Heimatlosigkeit, der eigenen Unfreiheit, der eigenen Fremdbestimmtheit. Mit dem Bewusstwerden, dass das Licht, die Orientierung, der Sinn des Daseins verdeckt, dass die Erkenntnis Gottes, der Glaube verloren gegangen ist.
> Dort an den Strömen Babels, dort im Exil, dort in der Fremde ... dort beginnt jede geistliche Reise, und dort beginnt die neue Schöpfung!

Ich lege das Buch nieder, stehe auf, lege etwas Holz ins Feuer und schaue dann nachdenklich zum Fenster hinaus. Nun fallen große, dicke Schneeflocken leise vom Himmel. Dieser erste Schnee scheint also doch nicht wieder schmelzen zu wollen, im Gegenteil, die Welt um mich herum versinkt endgültig unter einer dicken weißen Decke.

Das könnte ein langer Winter werden!

»Dort im Exil, dort beginnt jede geistliche Reise? Dort an den Strömen Babels, dort beginnt die neue Schöpfung?« Wie soll man denn eine solch geheimnisvolle Aussage verstehen können?

Ich wünschte mir, ich könnte zum Eremiten gehen und die ganze Sache mit ihm besprechen.

Alles ist nun anders geworden in meinem Leben. Meine Zweifel, betreffend Gott und Glauben, sind einer tiefen inneren Gewissheit gewichen. Aber mein Verstand scheint noch hinterher zu hinken. Ich habe noch tausend Fragen!

Doch wenn ich jetzt zum Eremiten gehe, dann bleibe ich unter Umständen im Schnee stecken. Wer weiß denn, wie viel Schnee noch fallen wird.

Er konnte die Dinge immer so gut auf den Punkt bringen.

»Das Kellion wird dich alles lehren«, hätten die ersten Mönche gesagt.

Das hoffe ich!

Ja, still werden!

Beten.

»Es sich schenken lassen!«

Ob die Bibel das ›Wort Gottes‹ ist, oder ganz allgemein: Wie man die Bibel verstehen und interpretieren soll

So lautet der nächste Abschnitt des Buches.

Ich lehne mich nach hinten und beginne aufmerksam zu lesen.

Im Streit gegen das Papsttum, das neben der Schrift auch am Prinzip der Tradition festgehalten hat, erhob Martin Luther die Bibel zur obersten Lehr-Autorität der Kirche, zur Quelle allen Glaubens, ja zu Gott selbst. Da die Schrift göttlichen Ursprungs sei, sei sie in all ihren Teilen irrtumslos und frei von jeglichen Widersprüchen, so der Reformator. Zudem würde sich die Bibel auch ohne die Autorität des kirchlichen Lehramtes selbst auslegen. Im Kampf gegen die andere Front, gegen die Luther ankämpfte und die er diffamierend als »Schwärmer« bezeichnete, band er den Heiligen Geist an das geschriebene Wort, an die Bibel. Die Bibel wurde damit zum unfehlbaren und einzigen Wort Gottes erhoben, und jegliche Offenbarung außerhalb der Bibel, ob durch Tradition oder durch »schwärmerisches Geistwirken«, kategorisch abgelehnt.

In der sich in der Folge herausbildenden »altprotestantischen Dogmatik« wurden diese Aussagen Luthers dann noch zusätzlich verschärft, was in der »Formula Consensus Ecclesiarum Helveticarum Reformatorum« von 1536 ihren Höhepunkt fand. Jedes Wort der Bibel, jedes Zeichen und selbst jede Zeichensetzung wurden nun als »Diktat Gottes« definiert, womit auch gesagt wurde, dass der eigentliche Autor der Bibel Gott selbst, die menschlichen »Autoren« lediglich Gottes »Sekretäre« sind. Die Theologie bezeichnete diese Lehre später als »Verbalinspiration«, was eben besagt, dass die Schreiber der Bibel bis in den genauen Wortlaut und die Zeichensetzung hinein von Gott inspiriert worden sind.

In der weiteren Geschichte hat diese Lehre im 19. und 20. Jahrhundert, im Kampf gegen die Aufklärung und die aufkommenden Naturwissenschaften, zu Veröffentlichungen wie »The Fundamentals«, und dem »Chicago Statement on Biblical Inerrancy« von 1978 geführt. In vielen Kirchen und christlichen Gemeinschaften, die aus der Reformation hervorgegangen sind, wird diese Lehre der »Irrtumslosigkeit der Schrift« noch bis heute mit großem Nachdruck gelehrt und vertreten.

Luther erhob jedoch nicht nur das geschriebene Wort zum Absoluten, er schränkte mit seinen Aussagen über die Bibel deren Interpretation auch auf den »Literalsinn«, die »wörtliche Auslegung« ein, was in vorangehenden Jahrhunderten lediglich eine von verschiedenen Weisen war, die Bibel auszulegen.

Im »dreifachen Schriftsinn« beispielsweise ging man an die Bibel heran wie an einen Organismus aus Leib, Seele und Geist. Nachdem man zuerst den »Leib« erforscht hatte, die »wörtliche Auslegung«, schritt man zu der »Seele« der Schrift weiter, zur »seelischen oder psychischen Auslegung«, um dann möglichst durch Gebet, schweigende Betrachtung und die Gnade Gottes auch den »geistlichen Sinn« noch erfassen zu können.

Neben dieser »dreifachen Weise« wurde später von einer »vierfachen«, zum Teil gar bis zu einer »achtfachen Weise« der Bibelauslegung gesprochen. Die wörtliche Auslegung betrachtete man dabei lediglich als die erste Stufe, den Novizen vorbehalten, die noch klare Vorgaben und Strukturen benötigen, um geistlich wachsen zu können.

Nachdenklich lege ich das Buch nieder und beobachte am Fenster das Schneegestöber.

Es war mir gar nicht bewusst, dass die Reformation die Bibel in einer solchen Art in die Sphäre Gottes erhoben hat. Auf diese Weise wird sie ja auch unhinterfragbar. Und wenn man es wagen sollte, sie zu hinterfragen, hinterfragt man Gott! Dann muss man jedes Wort der Bibel glauben, und man muss jedes Wort wörtlich nehmen. Oder man glaubt Gott nicht und nimmt ihn nicht beim Wort!

Nach einer Weile setze ich mich wieder auf den Lehnstuhl vor das Feuer.

Aber weshalb schränkte Luther die Auslegung der Bibel überhaupt auf diesen »Literalsinn« ein? Und weshalb beharrte er so unnachgiebig darauf, dass die Bibel irrtumslos, widerspruchsfrei und vollständig sei, das heißt, dass es »außerhalb der Bibel« kein Wort Gottes, kein Reden, keine Offenbarung Gottes gibt?

Wahrscheinlich, weil er mit einer Autorität, die noch über dem Papst steht, Papst und Kirche in die Schranken weisen wollte!

Ja, gewiss! Er war vom Christentum seiner Zeit angewidert. Von dem Prunk, von der Art, wie das einfache Volk ausgebeutet wurde, von den ganzen Widersprüchen. Aber wahrscheinlich waren ihm auch all die »persönlichen Gottesoffenbarungen«, die von verschiedenen Leuten vorgetragen wurden und die sich zum Teil bestimmt auch gegenseitig widersprachen, ein Dorn im Auge.

Er wollte das absolute, unhinterfragbare, für alle Zeiten und alle Menschen geltende »Wort Gottes«, dem alle, auch der Papst, sich ein für alle Mal unterzuordnen haben.

So sehr ich Luthers Anliegen auch nachvollziehen und so sehr ich ihm auch Respekt für seinen Mut zollen kann: Die Frage ist, ob die Bibel diese Vorgaben überhaupt erfüllen kann, ob sie wirklich vollkommen und irrtumslos ist. Und falls dem in der Tat so sein sollte, dann müsste man sich ja spätestens beim Schöpfungsbericht entweder für die Bibel – und damit für Gott – oder für die Evolutionstheorie entscheiden. Ein Glaube an Gott, selbst ein Glaube an Christus, an Wunder und sogar an die Auferstehung, scheint mit der Wissenschaft durch die Theorien der Quantenphysik zumindest vorstellbar zu sein. Doch ein vollkommener, irrtumsloser, unhinterfragbarer Schöpfungsbericht und eine wissenschaftlich bewiesene Evolutionstheorie vertragen sich nicht mehr miteinander. Das hieße, man müsste sich spätestens an diesem Punkt entweder für das Christentum oder für die Naturwissenschaften entscheiden. Genau deshalb wollte ich den Eremiten fragen, was er zu der Evolutionstheorie und zu der Interpretation der Bibel zu sagen hat!

»Begriffe machen Götzen aus Gott«, diese Worte von Gregor von Nazianz hat er einmal zitiert. Und beim letzten Besuch sagte er in einem Nebensatz diese unfassbaren Worte: »Jesus hat keine Schriften hinterlassen, sondern Jünger.« Christentum dürfe man deshalb nicht als eine Lehre, einen »ausformulierten Glauben«, den man sich aneignen müsse, verstehen, sondern als einen Weg der Transformation, als eine neue Geburt in eine neue Existenz.

Aber was er genau von der Interpretation der Bibel denken mag? Na ja ... ich werde erst mal in diesem Buch da weiterlesen.

Bei der Lehre der »Irrtumslosigkeit der Schrift« beruft man sich vor allem auf einen Vers aus dem 2. Brief an Timotheus (2Tim 3,16). Wobei in diesem Vers streng genommen gerade nichts von »Irrtumslosigkeit« oder dergleichen steht. Die von Gott »eingehauchte Schrift« ist lediglich »nützlich zur Lehre, zur Überführung, zur Zurechtweisung, zur Unterweisung in der Gerechtigkeit«. Wenn man die Bibel strikt wörtlich interpretiert, weist sie leider durchaus Widersprüche auf, wie beispielsweise bei den sogenannten »Kindheitsevangelien« – den Geschichten über die Kindheit Jesu im Matthäus- und Lukasevangelium – sichtbar wird, die sich in Einzelheiten nicht zu einem widerspruchsfreien Bild zusammenfügen lassen, bei den beiden Schöpfungsberichten in Genesis 1 und 2, sowie an zahllosen Stellen in den Büchern Könige und Chroniken, wie auch in den Evangelien. Vor allem wird man jedoch bei einer streng »wörtlichen« Interpretation der Bibel vieles gerade nicht verstehen, wie beispielsweise die Aussage Jesu: »Ich bin die Tür.«
Im »Johannesprolog«, den ersten Versen des Johannesevangeliums, wird ersichtlich, dass dieses »Wort Gottes«, das im Anfang bei Gott war und das selbst Gott war, gerade nicht eine Art »Ur-Bibel« ist, die vor Gott lag und die den Schreibern der Bibel durch den Geist diktiert und sozusagen auf die Erde heruntergeladen worden ist. Nein, dieses »Wort Gottes«, wie es häufig übersetzt wird, ist der »Logos«, der in Jesus Christus Fleisch geworden ist. Der »Logos«, der Mittler, die »Verbindung«, die »Kommunikation« zwischen dem transzendenten Gott

und der Welt, zwischen dem Schöpfer und der Schöpfung. Die Bibel kann höchstens »Zeugnis dieses ewigen Wortes«, dieses »Logos« sein, wie dies in Johannes 5,39 dann auch gesagt wird.

Selbst wenn die Bibel jedoch das irrtumslose, widerspruchsfreie und unhinterfragbare Wort Gottes sein sollte, so liefert die Geschichte des Islam eine gute Illustration, wie selbst eine als vollkommen geglaubte Offenbarung Gottes das Problem des Machtmissbrauchs und der Spaltungen und Trennungen innerhalb einer Religion nicht lösen kann, da gleich nach dem Tode Mohammeds seine Anhänger, die doch davon überzeugt gewesen waren, mit dem Koran die »letzte und vollkommene Offenbarung Gottes« in den Händen zu halten, sich um deren Auslegung zu streiten begannen: sie spalteten sich in Sunniten und Schiiten auf.

Die biblischen Schriften sind von Gottes Geist inspiriert, sie wurden jedoch von Menschen geschrieben. »Gottes Wort in Menschenwort«, das ist eine weise Herangehensweise im Umgang mit der Bibel.

Ich lege das Buch nieder.

»Gottes Wort in Menschenwort?«

Das hieße, die Schreiber der Bibel haben das »Wort Gottes« empfangen, haben es jedoch in ihren eigenen Worten, die kultur- und zeitgebunden sind, niedergeschrieben?

Aber geht es hier letztlich nicht einfach wieder um dieses Wissen über oder von Gott, ohne Gott?

Das irrtumslose, unhinterfragbare Wort Gottes besitzen? Oder die irrtumslose, unhinterfragbare, vollkommene Lehre, mit der man alle Christen einen kann, auch ohne Gott?

Was für eine Lächerlichkeit, wenn man die Sache recht bedenkt.

Ha!

Ja, das würde ihnen so passen!

Und dann könnten sie sich, ohne Gott, mit dem vollkommenen Wort Gottes auf den Thron Gottes setzen und die Menschheit und die Welt beherrschen!

Auch das ist doch, wenn ich es mir so recht überlege, genau, was die Bibel als »satanisch« bezeichnen würde.

Nein, Wissen über Gott, ohne Gott, wird zu Unwissen, zu Nebel, zu Irrlicht …

Die Bibel kann nur »Wort Gottes« sein, wenn sie in Beziehung zu Gott gesetzt wird, wenn sie aus der Verbindung mit Gott heraus, in einem Geist der Hingabe an Gott gelesen, interpretiert und angewendet wird.

Eine Lehre, Dogmen, auch sie können nur »Offenbarung Gottes« sein, wenn sie in Beziehung zu Gott gesetzt, aus der Verbindung mit Gott heraus interpretiert und angewendet werden.

Wie Musiknoten erst dann zu Musik werden, wenn sie gespielt werden, wenn die Musik, die einst erklungen und die vom Komponisten in Notenschrift niedergeschrieben worden ist, wieder zu lebendiger Musik geworden ist.

Nun … ich lese vorerst mal weiter in dem Buch.

Der Schöpfungsbericht und die beiden Bäume im Paradies

Die beiden Bäume im Paradies – der »Baum der Erkenntnis des Guten und Bösen« und der »Baum des Lebens« – können als zwei Weisen des Erkennens verstanden werden und damit zusammenhängend als zwei »Wege«, die man beschreiten kann:

Der eine Baum, der »Baum des Lebens«, steht für ein Erkennen durch Teilhabe, ein Erkennen, das ins Leben führt und Leben hervorbringt.

Der andere Baum, der »Baum der Erkenntnis des Guten und Bösen« steht für ein Wissen, das rein äußerlich bleibt, mit dem Inneren jedoch nicht verbunden ist. Für eine äußere Religion ohne wahre »Herzens-Religion«, ohne Herzensumkehr. Für ein abstraktes Wissen ohne Bezug zum Leben, ohne Lebens-Weisheit. Für eine Erkenntnis ohne Erfahrung und ohne Charakter. Für ein Wissen ohne Liebe. Für Macht ohne Verantwortung. Für ein Urteilen und Richten nach dem rein Äußerlichen, Sichtbaren und Beweisbaren. Für eine Offenbarung über Gott und die Welt ohne Gott und ohne Hingabe an Gott.

Die beiden Bäume am Beginn der ganzen Bibel liefern auf diese Weise auch eine Art verborgenen Schlüssel zur Interpretation der ganzen Bibel: »Bei allem, was du in der Folge lesen wirst, versuche nicht, ohne Gott und ohne Hingabe an Gott Erkenntnis zu erlangen. Strebe nur danach, den ›Baum des Lebens‹ zu finden!«

So endet dieser Abschnitt. Nach diesen Erklärungen zur Interpretation der Bibel und zu den »zwei Bäumen im Paradies« folgt, wahrscheinlich als eine Art Illustration, eine kurze Erzählung. Ein junger Mann wird in den Garten des Paradieses geführt …
Und so geht die Erzählung weiter:

Als wir endlich auf der Anhöhe des Gartens angekommen sind, stehen wir vor einem großen und mächtigen Baum. Breit ausladende Äste, an denen tiefgrüne, wundersam geformte Blätter und herrlich saftige Früchte in der Sonne glänzen, überschatten die gesamte Ebene. Höher ragt er empor und imposanter steht er da als all die Bäume des Gartens. »Der Baum sieht in der Tat begehrenswert aus!«, sage ich nach einer Weile zu dem Mann, der mich durch den Garten führt, »aber wo steht denn eigentlich der »Baum des Lebens«?«, frage ich verwundert.

Auf einem schmalen Pfad durch dichtes Gebüsch werde ich zu einer Stelle geführt, an welcher der Weg zuerst in eine tiefe Felsenschlucht hinabführt. Unter einem Wasserfall hindurch, der meterhoch vom Felsen hinabstürzt, gelangen wir an einen Bach, an dem der Mann mir zu verstehen gibt, dass ich meine Schuhe und mein Gepäck ablegen muss, wenn ich weiterkommen will. Nachdem wir das Wasser durchwatet haben, finden wir über einen steilen Weg schließlich auf die andere Seite der Anhöhe. Viele wundersame Pflanzen, hohe Farne, die sich wie kleine Palmen zur Sonne hinstrecken, und eigenartige Blattgewächse wachsen hier entlang des Wassers. Nach einer kurzen Zeit erreichen wir die Anhöhe und eine Quelle, aus der Wasser, klar wie Kristall, über amethystfarbene Steine in die Ebene herunterfließt.

Verwirrt schaue ich mich um. »Aber wo steht denn der ›Baum des Lebens‹?«, frage ich erneut.

Der Mann antwortet nichts, geht etwas zur Seite und bleibt wortlos stehen.

Nach einer Weile setze ich mich neben der Quelle nieder und blicke über die einzigartigen Bäume und Pflanzen hinweg in das Tal hinunter. Tief atme ich ein. »Dieser Ort ist wirklich ... das Paradies!«

Da fällt mein Blick auf ein unscheinbares Gewächs, das neben der Wasserquelle hervorgesprossen ist. Da denke ich plötzlich: »das kann doch nicht etwa der ›Baum des Lebens‹ sein« ...?

Nun ist der Mann verschwunden.

Erschrocken stehe ich auf. Ich habe ihn gar nicht weggehen sehen! Verunsichert schaue ich in alle Richtungen und dann wieder auf diese eigenartige Pflanze.
Jetzt könnte ich plötzlich zu weinen beginnen.
Ja ... ein kleiner Baum!
Ein dünner Stamm und feine Ästchen mit unscheinbaren, kleinen Blättern und aschgrauen, winzigen Früchten, wie Beeren.
Nun beginnt das ganze Bäumchen auf einmal wie Silber und Gold in der Sonne zu glänzen!
Ich kann nicht näher hinzutreten, falle ehrfürchtig auf meine Knie ... und da höre ich eine Stimme, die spricht: »Der Mensch sieht auf das, was vor Augen ist, Gott aber sieht auf das Herz. Lerne zu sehen ... mit deinem Herzen!«

Betroffen erhebe ich mich und gehe nachdenklich im Häuschen auf und ab.

Lerne zu sehen ... mit deinem Herzen?
Lerne zu sehen mit deinem Herzen!

Ja ... dann offenbart sich das Unaufdringliche, Leicht-Übersehbare und Unscheinbare, plötzlich als überwältigend groß, mächtig und schön!
Und so gingen Adam und Eva Tag für Tag am »Baume des Lebens« vorbei, weil sie den vor den Augen großen Baum bewunderten, den Mächtigen, dessen Aussehen über alles erhaben war ... dessen Früchte jedoch, wenn man davon aß, zum Untergang führten. Doch den »Baum des Lebens« ließ man unbeachtet, weil er dem Menschen nicht schmeichelte, weil seine Kraft und seine Schönheit verborgen waren.

Nachdenklich setzte ich mich wieder auf den Lehnstuhl und lese dann weiter.

Wer verfasste den Schöpfungsbericht?

Es stehen sich in dieser Frage zwei große Lager mit einigen kleineren Splittergruppen gegenüber.

Von der einen Seite her wird behauptet, die fünf Bücher Mose wären vom ersten bis zum letzten Vers von Mose selbst verfasst worden. Auf dem Berge Sinai hätte der große Mann Gottes innerhalb von vierzig Tagen und Nächten all die Worte direkt von Gott empfangen und treulich niedergeschrieben. Während die andere Seite ebenso überzeugt davon spricht, die fünf Bücher Mose, auch »Tora« oder »Pentateuch« genannt, wären in Teilen zwar von Mose verfasst worden, die Bücher hätten jedoch eine längere Entstehungsgeschichte durchlaufen und wären erst um ca. 500 v. Chr. in ihrer endgültigen Form zusammengestellt worden.

Auf den Beginn der Bibel bezogen, bedeutet dies konkret, dass die eine Seite davon ausgeht, dass diese Kapitel über die Schöpfung und die Ereignisse danach von Mose selbst verfasst worden sind, während die andere Seite die These vertritt, diese Kapitel seien erst während oder kurz nach dem »babylonischen Exil« von einem oder mehreren unbekannten Priestern oder von einem Propheten niedergeschrieben und in einer Endredaktion schließlich an den Anfang der ganzen »Tora« gestellt worden.

Unabhängig davon, ob Mose selbst oder ein Verfasser während oder kurz nach dem Exil diese ersten Kapitel der Bibel verfasst hat, steht jedoch fest, dass die Entstehung der Welt vor dem Hintergrund des damaligen naturkundlichen Wissens und Weltbildes berichtet wird. Erst wenn man sich in dieses Weltbild hineinversetzt hat, beginnt der ganze Schöpfungsbericht auch Sinn zu machen. Allerdings wird man eine solche Aussage und Sichtweise natürlich nicht akzeptieren, wenn man die Bibel als eine irrtumslose, absolute und über allen Zeiten und Kulturen stehende Schrift versteht, die frei von allem Menschlichen, ausschließlich das »göttliche Wort« übermittelt.

In Ägypten, in Babylon wie im Alten Israel ist man damals ganz selbstverständlich von einer flachen Erde ausgegangen, über die sich, wie ein Baldachin, der Himmel spannt und unter der sich das Reich des Todes, der Scheol, befindet. Über dem Himmelsgewölbe glaubte man Wasser, das durch die »Fenster des Himmels« bei Regen auf die Erde fällt. Dieses Weltbild war zu jener Zeit, was man heute als »wissenschaftlich bewiesenes Wissen« bezeichnen würde. Fernrohre, Flugzeuge, Schiffe, die fremde Kontinente entdecken, und all die Geräte, welche die Entdeckungen der modernen Naturwissenschaften überhaupt erst ermöglichten, existierten zu jener Zeit allesamt noch nicht. Man nahm die Welt mit den Sinnen wahr, so wie sie sich einem zeigte. Und noch heute erfasst man die Welt, wenn man sie lediglich mit den Sinnen betrachtet, in genau derselben Art und Weise. Man kann das »antike Weltbild« deshalb auch nicht unbedingt als »falsch« bezeichnen, es ist lediglich unvollständig. Ein Ausschnitt aus der gesamten Wirklichkeit.

Vor dem Hintergrund dieses damaligen Weltbildes gelang dem Schreiber, durch das Bekenntnis Israels an den einen Schöpfer-Gott, jedoch ein revolutionärer, ja geradezu aufklärerischer Bericht über die Welt, was für heutige Leser jedoch kaum noch nachvollziehbar ist. *Ein* Gott hat alles erschaffen, nicht nur Israel, sondern alle Völker der Welt, alle Tiere und selbst die Gestirne, die ganze Welt. Aufgrund dessen ist alles, was existiert, Mit-Mensch,

Mit-Geschöpf, nicht Gott, weder zu fürchten und zu verehren, noch zu verachten.

Wie wurde dieser Bericht dem Schreiber offenbart?

Wer auch immer diese ersten Verse der Bibel verfasst hat, die Entstehung der ganzen Welt und vor allem des Menschen wurde dem Schreiber durch eine eigene Erfahrung der Begegnung mit Gott, der Berufung, der Erlösung und der »Schaffung« geoffenbart.

Im Falle von Mose als Autor könnte man sich dies vielleicht folgendermaßen vorstellen:

Durch eine eigene Erfahrung der Berufung, der Erlösung aus Ägypten, und der »Schaffung des Volkes Israel« in der Wüste, empfing Mose eine Offenbarung der Entstehung aller Völker und der ganzen Welt. Und so wie Israel als Volk aus dem Meer der Völker der Welt durch die Berufung und Erlösung heraufgestiegen ist, so sind alle Völker und die ganze Erde am Anfang der Zeit aus dem Wasser heraufgestiegen. Die Schlange würde in diesem Zusammenhang ohne Zweifel für ägyptische Magie und Götzendienst stehen, wie auch der »Baum der Erkenntnis des Guten und Bösen«. Durch Zauberei, durch Götzendienst, namentlich durch das Goldene Kalb wurde die »Frau Israel«, in Eva versinnbildlicht, verführt und hat so den Bund mit Gott gebrochen. Und Aaron, der Hohepriester Israels, in »Adam« versinnbildlicht, wehrte nicht, sondern »aß gar noch mit«.

Wenn Gott nach dem Bundesbruch Israels am Sinai nicht eingreifen und etwas Neues schaffen würde, dann würde der Bruch des Bundes das Ende des Volkes bedeuten.

Dann würde das Wasser die junge Erde wieder bedecken, das neu erschaffene Volk würde wieder untergehen.

Obwohl diese Version – Mose als Autor – als möglich erscheint, ist die Wahrscheinlichkeit doch größer, dass ein unbekannter Schreiber während oder kurz nach dem Exil den Schöpfungsbericht verfasst hat. Vor allem deshalb, weil der ummauerte Paradiesgarten ein uraltes Bild für Jerusalem ist, die ummauerte Tempel-Stadt.

Der König Salomon, König von Jerusalem und ganz Israel, ließ sich von den Frauen zum Götzendienst verführen, weil er Erkenntnis und Macht begehrte. Dabei brach er den Bund mit Gott, und ganz Israel musste den Garten des Paradieses verlassen. Babylon zog einige Könige später gegen Jerusalem heran und verschleppte das Volk ins Exil.

Auch hier würde die Schlange und der »Baum der Erkenntnis des Guten und Bösen« ohne Zweifel für Magie stehen, wofür Babel berühmt war.

Der Schöpfungsbericht ist in diesem Sinne auch Herrscherkritik. Die Könige und Priester, die Väter Israels, haben sich, im Bestreben nach Erkenntnis und Macht, verführen lassen und den Bund mit Gott gebrochen. Und ganz Israel musste das Land der Väter, das Land, in dem Milch und Honig fließt, den Garten des Paradieses verlassen.

Wer jedoch auch immer als Verfasser in Frage kommen könnte, zusammenfassend kann man sagen, dass sich auf dieselbe Weise, wie Israel als Volk berufen, erlöst und erschaffen worden ist, auf dieselbe Weise, wie Israel im Exil neu berufen, erlöst und erschaffen worden ist, die Schöpfung am Anfang der Zeiten ereignet hat.

Und auf dieselbe Weise wird sich wiederum jede Neu-Schöpfung ereignen: durch die Erfahrung des Exils – des Tohuwabohus –, durch eine neue Berufung und durch eine neue Erlösung.

Wahrscheinlich wiederum als eine Art Illustration, wie man sich ein solches »Empfangen der Offenbarung« vorzustellen hat, wird wieder eine kurze Erzählung eingeschoben.
Die Handlung spielt im Exil in Babylon, Protagonist ist ein gewisser Benajah, einer der durch die Babylonier in die Gefangenschaft verschleppten Priester.
Und so geht die Erzählung weiter:

> Nach einer langen Zeit der Trauer, der Klage und der Anklage, wurde es im Exil mehr und mehr still.
> Benajah, einer der jungen Priester, die in die Gefangenschaft deportiert worden waren, saß in dem luftigen großen Raum im Obergeschoss eines Hauses, den man unter den Exilierten zu einer Art Versammlungsort, Studierstube und Gebetszimmer umfunktioniert hatte, und las, in sich gekehrt, wie seit Monaten schon, aus den Schriften der Väter.
> Langsam brach der Abend an. Die anderen Männer verließen, einer nach dem andern, wortlos den Raum, bis Benajah schließlich alleine zurückblieb.
> Nach einiger Zeit erhob er sich, trat an die große offene Luke an der Vorderseite des Raumes und blickte gedankenversunken über die Stadt hinweg. Aus einigen Häusern schienen Lichter, und fern am Horizont leuchtete rot noch die untergehende Sonne.

»Babylon, die schönste Stadt des Erdkreises, so wird sie gepriesen! Doch für mich bist du ...«, er schüttelte nur den Kopf, »ein Grauen!«

Und dann blickte Benajah weit über die Häuser hinweg.

»Dort! Weit in der Ferne, dort muss die in Wahrheit schönste Stadt der Welt einst gestanden haben!

Jerusalem!

Jerusalem!

Wie bist du gefallen!

Obgleich du warst, wie der Garten des Paradieses, und Gott selbst wandelte in deiner Mitte.

Israel, wie David von den Schafen berufen und zum König gesalbt ... vollkommen warst du!

Aus den Wassern der Völker heraufgestiegen, wurdest du zum herrlichen Land.

Und alles an dir war vollkommen!

Doch die Götter der Völker streckten wie eine Schlange ihre Hand nach dir aus, dem Diadem des Allmächtigen. Und durch die Frauen verführt, beugte sich der König vor den Götzen. Weil er Erkenntnis und Macht begehrte. Doch sie haben ihn zu Fall gebracht! Salomon!

Und mit dir ist gefallen ganz Israel. Und verlassen musste es die herrliche Stadt ... den Garten des Paradieses!«

Benajah hielt inne. Nun ward es fast dunkel geworden. Nur ein schwacher roter Streifen leuchtete noch am Nachthimmel.

Und dann blickte er noch weiter in die Ferne, bis an den Horizont. Und auf einmal sah er, wie sich dieselbe Geschichte, vor langer, langer Zeit bereits ereignet hatte. Ganz ... am Anfang!

Und wie David von den Schafen berufen und zum König gesalbt, wie Israel aus den Wassern der Völker gezogen und zum herrlichen Land, so wurde am Anfang der Zeit die ganze Menschheit und die ganze Welt erschaffen.

Nach einer langen Zeit setzte sich der junge Priester auf ein Polster am Boden nieder, zündete einige Kerzen an, schob sie am Boden etwas neben sich ... und begann zu weinen.

»Gott hatte verheißen, dass seine Gegenwart für immer im Tempel wohnen, dass die Herrschaft Davids kein Ende nehmen werde!

Doch nun ist alles wie ein Glas, das zertreten wurde ... zerbrochen!

Aber nicht nur den König Salomon trifft die Schuld und nicht nur all die anderen Könige.

Auch die Väter und die Ältesten haben gesündigt und die Propheten, die Lüge weissagten.

Aber auch nicht nur die Väter, die Ältesten, die Propheten und die Könige haben gesündigt und ... auch nicht nur das Volk, sondern auch wir, die Priester! Und ... auch ... ich!

Und die Wasser brachen wieder über uns herein!

Babylon die zerstörende Urflut!

Und nun ... nun ist alles verloren.«

Benajah legte sich mit dem Gesicht auf den Boden und blieb bewegungslos liegen.

»Im Tempel Gottes lag ich, Nacht für Nacht, inmitten der goldenen Leuchter, und spielte Harfe ...

Und meine Klänge wurden gleich Weihrauch im Scheine des ewigen Lichts.

Doch nun hängt meine Harfe an einer Pappel am Flusse, und nur der Wind entlockt den Saiten noch die Klänge der Herrlichkeit.

Gefallen ist Jerusalem!

Wie eine Zeder auf dem Libanon.

Gefallen ist Israel!
Gefallen ... bin ich!
Der Bund ist gebrochen. Das Tor ist verschlossen. Kein Weg führt mehr zurück.«
Doch ... auf einmal, während er so dalag, erinnerte sich Benajah eines Textes, den er vor einigen wenigen Tagen in der Rolle des Propheten Jesaja gelesen hatte.
Sorgfältig holte er die Schriftrolle hervor und legte sie auf den Tisch vor sich hin. Nach einigem Suchen fand er schließlich die Stelle und las den Abschnitt still vor.

»Der Geist des Herrn, HERRN, ist auf mir; denn der HERR hat mich gesalbt. Er hat mich gesandt, den Elenden frohe Botschaft zu bringen, zu verbinden, die gebrochenen Herzens sind, Freilassung auszurufen den Gefangenen, und Öffnung des Kerkers den Gebundenen; auszurufen das Gnadenjahr des HERRN.« (Jesaja 61,1f)

Der du meinen Namen kennst, dir weih' ich mein Sein

Heute morgen, als ich die Fensterläden öffne, leuchtet die Sonne bereits durch die schneebehangenen Bäume und Sträucher hindurch, sodass die ganze Welt vor mir wie eine Schatzkammer aus Gold und funkelnden Edelsteinen glitzert. Seit dem gestrigen Schneefall lebe ich in einem Winterwunderland von unbeschreiblicher, atemberaubender Schönheit.

Alles ist zudem vollkommen still geworden! Der Bach ist zugefroren. Man hört keinen Laut mehr.

Nach meinem frühmorgendlichen Gebet – das nun immer länger dauert, da ich jeweils noch lange Zeit einfach still dasitze oder knie –, und nach dem Frühstück, ziehe ich mich warm an und gehe einige Schritte um das Häuschen herum.

Mit der Schneeschaufel, die ich im Keller gefunden habe, habe ich gestern gegen Abend um mein Häuschen herum einen Weg freigeschaufelt. Es ist, wie ich jetzt feststelle, etwa 50 cm Schnee gefallen, und ich werde gewahr, dass ich darauf stehen kann, ohne einzusinken.

Nachdem ich einige Schritte bis zum Bach hinunter gegangen bin, entscheide ich mich kurzerhand, meinen Rucksack mit Lebensmitteln zu füllen und den Eremiten besuchen zu gehen.

Der steile Weg durch den Wald hindurch ist außerordentlich schwierig zu gehen, da der Schnee an einigen Stellen vereist ist und man vorsichtig sein muss, den Boden unter den Füßen nicht zu verlieren. Auch der restliche Weg wird streckenweise zu einer Herausforderung. Oftmals sinkt man doch ziemlich tief in den Schnee ein und an einigen Stellen hat der Wind hohe Schneeverwehungen gebildet.

Als ich nichts desto trotz nach langer Zeit die Anhöhe erreiche und über die verschneite Wiese zum Häuschen des Eremiten blicke, höre ich dumpfe Schläge.

Ich halte inne.

Der Eremit spaltet wahrscheinlich Holz, denke ich plötzlich.

Hinter dem Häuschen finde ich ihn schließlich.

Er trägt eine Arbeitsjacke und eine Mütze und ist in der Tat dabei, Holz zu spalten.

Da er mich nicht hat kommen hören, rufe ich ihm einen Gruß zu.

Nun hebt er die Mütze etwas, legt das Beil nieder und kommt auf mich zu.

Er strahlt und nickt freundlich.

Ich hätte ihm einige Lebensmittel mitgebracht und ... ja, ich würde ihm gerne beim Holzspalten helfen, murmle ich spontan hervor.

Er nimmt meine Hilfe dankend an.

Und dann ärgere ich mich über mich selbst, dass mir nicht schon viel früher eingefallen ist, ihm meine Hilfe anzubieten.

»Doch zuerst ... Tee!«, sagt er entschlossen und wischt sich dabei den Schweiß von der Stirne.

Ich stimme zu, da ich froh bin, wenn ich mich zuerst etwas aufwärmen kann.

Wir gehen in das Häuschen und ich staple die Lebensmittel auf dem Tisch auf. Ich hätte mehr als genug Vorräte für mich eingekauft, sage ich mit Überzeugung. Ich würde ihm gerne etwas davon abgeben.

Er bedankt sich und trägt dann alles in die Küche.

Nach einer Weile kommt er mit heißem Tee und einer Schale Nüsse zurück.

Ich bin so dankbar, dass ich den Weg durch den Schnee hierhin geschafft habe! denke ich vor mich hin, während ich meine nassen Schuhe ausziehe und mich auf den Decken und Schaffellen vor dem Feuer niedersetze. Als gestern der erste Schnee gefallen ist, befürchtete ich bereits, dass ich bis in den Frühling hinein von der restlichen Welt abgeschnitten sein werde. Wenn nicht noch mehr Schnee fallen wird, dann kann ich ja auch während der Wintermonate ab und zu hier vorbeikommen.

Er legt nun etwas Holz ins Feuer und setzt sich dann hin.

Tief atmet er durch.

Wie alt dieser Mann wohl ist, denke ich wieder. Unglaublich, wie kräftig er noch ist.

Wir schweigen beide.

Er trinkt von dem Tee und isst von den Nüssen.

Auch ich nehme einige von den Nüssen und trinke von dem wunderbar warmen Pfefferminztee.

Wo soll ich überhaupt beginnen?

»Ehm … ich habe das Buch über ›Schöpfung, Erlösung und Berufung‹ fast schon durchgelesen, und die Bibel lese ich nun auch«, sage ich etwas unsicher.

Er hört aufmerksam zu.

»Ja, das mit der Interpretation der Bibel … und die beiden Bäume im Paradies … und die ganze Sache mit dem Schöpfungsbericht …, als ich das alles so gelesen habe, da hat mir das eigentlich noch eingeleuchtet, aber ich frage mich nun trotzdem, wie man denn überhaupt wissen soll, was an dieser Bibel … sozusagen ›wahr‹ und was ›menschlich‹, ›zeitgebunden‹ sein soll.«

»Da wären wir wieder bei der ›Unterscheidung‹«, sagt er mit ruhiger Stimme. »Die Bibel hat nur einen Auftrag: den Menschen zu Gott zu führen. Sie kann Gott und die Hingabe an Gott, die Nachfolge, jedoch nicht ersetzen. Wenn man Gott selber erkannt hat, wird man auch das Wort Gottes in den Zeugnissen anderer Menschen erkennen. Es gibt keinen anderen Weg.«

»Es gibt keinen Ersatz für Gott und für die Hingabe an Gott. Selbst die Bibel kann dies nicht ersetzen?«, denke ich laut vor mich hin.

»Ja, die Bibel kann die Hingabe, die Nachfolge nicht ersetzen … aber das bedeutet ja nicht, dass man die Bibel deswegen verwerfen muss. Im Gegenteil! Es kommt lediglich sehr auf die Empfänglichkeit des Lesers an … In einem ›Geist der Empfänglichkeit‹, in einem ›Geist der Hingabe‹ kann die Bibel zum wahren Himmelsfenster werden.«

»Das heißt«, sage ich nach einer Weile, »die Bibel ist eine niedergeschriebene Gottes-Erfahrung. Niedergeschrieben in der sprachlichen Eigenart der jeweiligen Schreiber und vor dem Hintergrund des damaligen Wissens über die Welt. Eine Gottes-Erfahrung, die jedoch wiederum zu einer solchen eigenen Erfahrung führen soll? Und aus dieser eigenen Erfahrung heraus, soll man die Bibel dann wieder lesen und interpretieren …? Ja … die Versuchung scheint wahrscheinlich immer wieder darin zu bestehen, dass man Wissen von Gott … über Gott möchte, ohne Gott jedoch.«

»Ja«, sagt er ruhig, »ein solches ›Wissen‹ wird dann aber sehr schnell sehr eng.«

»Und auch eine Bibel, die man ohne Gott verstehen will, kann sehr schnell sehr eng werden«, füge ich hinzu.

»Ja, die Gefahr des sogenannten ›Moralismus‹ hat stets gelauert im Christentum.«

»Was bedeutet das?«, frage ich.

»Moralismus bedeutet, dass man aus dem Evangelium ein Moralgesetz macht und das christliche Leben auf ein ›ich darf nicht‹ und ein ›ich muss‹ reduziert. Es geht jedoch letztlich nicht darum, aus der Bibel ableiten zu wollen, was man tun soll und was man nicht tun darf, sondern es geht um Beziehung, um das ›Leben in Gott‹, um diese ›neue Existenz‹ … wie ich ja bereits einmal gesagt habe. Die Ethik, das Handeln, folgt aus diesem ›Leben in Gott‹. Aber ein Moralgesetz dem Menschen überstülpen zu wollen, ohne ihn in dieses ›Leben in Gott‹ zu führen, bringt auf lange Sicht nur religiöse Heuchler hervor.«

Er nimmt die Bibel hervor und sucht, wie es scheint, eine Stelle.

»Hier steht dieser wunderbare Vers, im Buch Jesaja, Kapitel 11«, sagt er nun mit leuchtenden Augen und beginnt zu lesen:

Man wird weder Bosheit noch Schaden tun auf meinem ganzen heiligen Berge; denn das Land ist voll Erkenntnis des HERRN, wie Wasser das Meer bedeckt.

»Man wird weder Bosheit noch Schaden tun … weil das Land voll von der Erkenntnis Gottes sein wird? Das ist in der Tat ein wunderbarer Vers«, sage ich begeistert.

»Das heißt … wenn man so ›voll ist‹, von dieser Erkenntnis Gottes … dann wird man, sozusagen, ›wie von selbst‹ nichts Böses mehr tun, und keinen Schaden mehr anrichten?«

»Ja … doch das ist ein Weg«, sagt er mit verhaltener Stimme. »Die Gefahr besteht, dass man sich selbst betrügt und mit dem Vorwand ›ich bin voll der Erkenntnis Gottes‹ alles, was man sagt und tut, rechtfertigt.«

»Sollte man sein Handeln also von verschiedenen … wie soll man sagen … Kriterien leiten lassen?«, frage ich wieder.

»Ja …« Er seufzt auf, »also, die Erkenntnis Gottes und damit zusammenhängend die Erkenntnis seiner Selbst, die Liebe, die Vereinigung mit Gott, diese neue Existenz in Gott, das ist das Endziel des christlichen Weges. Durch Befragen der biblischen Schriften, durch Gebet und Stille, durch Hingabe an Gott, durch das Hinhören auf das eigene Gewissen, auf die Intuition, auf den Verstand und die Gefühle, durch das Hören auf Lebenserfahrungen, die Tradition und Geschichte wird man dorthin gelangen. Aber es ist ein Weg, ein, manchmal, sehr langer Weg. Aber letztlich … ist es ein Weg der Heimkehr. Gott und das Leben in Gott ist ein *Wieder-Erkennen*, weil Gott, und die Einheit mit ihm, uns zu tiefst im Herzen vertraut ist!«

Ich bleibe ergriffen sitzen.

Vor Kurzem habe ich doch etwas Ähnliches gedacht … dass Gott mit dem ganzen Menschen kompatibel sein muss und man auf alle Teile des Menschseins hören sollte, wenn man sich mit dieser Frage nach Gott beschäftigt. Aber der Eremit bringt es natürlich noch viel besser auf den Punkt.

»Gott ist dem Menschen, dem ganzen Menschen, in all seinen ›Teilen‹, wenn man so sagen will, zu tiefst vertraut … und … der christliche Weg ist ein Weg der Heimkehr …«, sage ich nach einer Weile nachdenklich. »Aber … weshalb scheint es dann, dass der Mensch oftmals lieber in der Fremde sitzen bleibt, sich dort vielleicht noch eine Erleichterung des Himmels wünscht, sich aber nicht aufmacht … in die ›alte Heimat‹?«

»Der Mensch scheut sich vor der Hingabe«, gibt der Eremit unumwunden zurück.

»Warum?«, frage ich wieder.

»Also … ›Hingabe‹ könnte man ja folgendermaßen definieren: ›Seine eigenen Vorstellungen von Gott, vom Leben und von sich selbst ablegen und sich auf Gott und auf das Leben einlassen.‹ Doch … wenn man Gott, dem Leben und sich selbst misstraut, dann wird man sich niemals hingeben! Und … zum Teil ist es auch schlicht und einfach Bequemlichkeit.«

»Misstrauen und Bequemlichkeit, auf sicherer Distanz bleiben, eine einfache ›Instant-Lösung‹, mit der das Leben dann doch irgendwie gelingen kann. Aber eine solche ›Instant-Lösung‹ bringt letztlich dann doch keinen anhaltenden ›Erfolg‹, wohingegen der Weg der Hingabe anfangs wirklich herausfordernd sein kann, am Ende jedoch … tatsächlich einen Schmetterling hervorbringt.«

Er entgegnet nichts.

Wir schweigen beide.

Ich nippe nachdenklich an der Tasse und nehme einige von den Nüssen.

»Darf ich noch etwas fragen zu diesem Schöpfungsbericht?«, frage ich nach einiger Zeit.

Er nickt.

»Also, so wie ich das verstanden habe, sagt der Autor dieses Buches, dass der Schöpfungsbericht demjenigen, der ihn verfasst hat, durch eine eigene Erfahrung der Berufung, der Erlösung und der ›Erschaffung‹ offenbart worden ist.«

»Ja, da geht es auch um die grundsätzliche Frage, wie der Mensch eine Offenbarung von Gott empfängt. Das versteht man häufig ja auch viel zu einfach. Wie: Gott spricht und der Mensch hört und schreibt auf. Obwohl das in seltenen Fällen durchaus auch so geschehen kann. Doch Offenbarung vollzieht sich meist auf andere Weise. Edward Schillebeechx, ein belgischer Theologe, sagte einmal, dass sich Offenbarung in einem Prozess von Ereignissen, Erfahrungen und Interpretationen vollzieht. Das heißt, man ist aufgefordert, Gott und sein Mitteilen in den Ereignissen und Erfahrungen des Lebens zu erkennen und zu verstehen.«

Ich überlege einen Augenblick.

»Das würde also bedeuten, der Schreiber des Schöpfungsberichtes hat in den Ereignissen seines Lebens … und seines Volkes Israel … und den gemachten Erfahrungen, Gottes Wirken erkannt. Und dieses Wirken verstand er sodann als ein allgemeines ›Muster, wie Gott schafft‹. Dadurch konnte er schließlich den Schöpfungsbericht verfassen. Kann man das so sagen?«

Er sagt nichts darauf, gibt mir aber zu verstehen, dass ich weitersprechen soll.

»Also … etwas verwirrt mich an der ganzen Sache … Ich dachte immer, die ›Schöpfung‹ sei nach christlichem Glauben das Geschehen am Anfang der Zeit, als Gott die Welt und alles in und auf ihr erschuf.«

»In der Theologie hat man neben einer ›Creatio prima‹, einer ›ersten Schöpfung‹, immer auch von einer ›Creatio continua‹, einer

›kontinuierlichen Schöpfung‹ gesprochen«, sagt er nun, setzt sich etwas nach vorne und trinkt vorsichtig von dem Tee. »Mit ›Creatio contiuna‹ meint man ein fortwährendes schöpferisches Tätigsein Gottes in der Welt«, fügt er noch hinzu.

»Aber … spricht denn der Schöpfungsbericht nicht von der Erschaffung der Welt am Anfang der Zeiten?«, frage ich wieder.

»Ja, die These des Verfassers dieses Buches ist ja, wie gesagt, dass der Schreiber des Schöpfungsberichts diese ›erste Schöpfung‹, durch eine eigene Erfahrung der ›Schöpfung‹, durch eine ›kontinuierliche Schöpfung‹ empfangen hat.«

Er lehnt sich wieder zurück.

Wir schweigen beide.

»Die biblischen Schriften haben eine große Tiefe, sie sind nicht eindimensional«, meint er nach einer Zeit des Schweigens, »das ist ja auch das Geheimnisvolle und Faszinierende daran. Aufgrund dessen hat man die Bibel häufig auch auf ›mehrfache Weise‹ ausgelegt. Wie beispielsweise im ›dreifachen Schriftsinn‹. Der Schöpfungsbericht stellt einerseits in poetischer Weise die Erschaffung des Volkes Israels dar, Aufstieg zum Königtum und Fall, und man sollte diesen Bericht zuallererst auch auf diese Weise und vor dem Hintergrund des damaligen Weltbildes lesen und interpretieren. Adam steht somit einerseits für den ersten Israeliten, der von Gott aus dem Meer der Völker herausgerufen worden ist. Für Israel als Volk, das vom Sklavenvolk in Ägypten, vom Nomadenvolk, das Schafe weidete, wie König David, zum Königtum erhoben und in den Garten des Paradieses, in die ummauerte Tempelstadt Jerusalem, versetzt worden war. Adam steht für den Priester – Aaron, für den König – Salomon. Adam, der Mensch, der als ›Bild Gottes‹ Gott vor der Schöpfung als König, die Schöpfung vor Gott als Priester repräsentieren soll. Eva steht für das Volk, das sich zum Götzendienst verführen ließ. Der ›Sündenfall‹, wie man immer wieder sagt, ist der Bruch des Bundes, den Israel mit Gott eingegangen war.

Salomon, der große König, hat sich erhoben und ist gefallen, weil er Erkenntnis und Größe begehrte. Die Frauen haben ihn verführt mit ihren fremden Göttern, wie in den Königsbüchern und den Chronikbüchern zu lesen ist. Und so musste ganz Israel aus der ummauerten Tempelstadt, aus dem Garten des Paradieses wegziehen. Babylon zieht heran und verschleppt Israel in das Exil. Nun steht diese Geschichte aber auch, und wie es im Text intendiert ist, wie als ein Urbild für die Geschichte der ganzen Menschheit. In einer Art ›rückgewandten Prophetie‹ wird gezeigt, dass dieselbe Geschichte sich bereits am Anfang der Menschheitsgeschichte zugetragen hat, dass sie sich aber auch im Leben eines jeden Einzelnen zuträgt. Adam, die Menschheit, der Mensch, der sich verführen lässt, obwohl er gewarnt wird. Der sich verführen lässt von dem, was vor Augen ist, von dem, was schnellen Erfolg und Ansehen vor der Welt verspricht, von dem, was … schmeichelt. Und die Warnung schlägt er in den Wind. Die Warnung, dass er, wenn er ›davon isst‹, wenn er die Lüge – sich selbst erhöhen und wie Gott sein zu können – einverleibt, sich selbst zerstören wird. Doch diese Warnung verwirft er mit Lachen, die Erkenntnis Gottes, die Einheit mit dem Heiligen, verachtet er, und so fällt der Mensch und wird ins Exil verschleppt, in die Fremde. Er verliert nicht nur Gott, sondern auch sich selbst, seine Bestimmung im Leben, seinen Sinn und seine Berufung. Und weinend sitzt er schließlich an den Strömen Babels und sehnt sich nach dem verlorenen Paradies zurück.«

Ich schüttle verwundert den Kopf und seufze tief auf.

Unglaublich, was für eine Tiefe und Weisheit doch in diesem Schöpfungsbericht enthalten ist, denke ich.

»Und dann …« frage ich neugierig.

»Im Exil, nachdem alles verloren gegangen war, tritt ein Prophet oder Priester auf, der eine eigene Berufung, Erlösung und Neuschöpfung dort im Exil erlebt hat … und dieser verkündet dem Volk Israel die Worte, die genauso die ersten Worte der Schöpfung sind. Im Buche

Jesaja im 60. Kapitel steht geschrieben: ›Stehe auf, werde Licht.‹ Im Schöpfungsbericht stehen fast dieselben Worte: ›Und Gott sprach: Es werde Licht!‹ Ja … ›Werde Licht!‹, mit diesen Worten beginnt die Neuschöpfung im Exil, mit diesen Worten begann die Schöpfung am Anfang der Zeiten.«

Er steht nun auf und beginnt plötzlich mit lauter Stimme zu rufen: »Stehe auf! Ja, auferstehe von den Toten! Werde Licht! Es werde Licht! Denn dein Licht kommt, und die Herrlichkeit des Herrn geht auf über dir!«

Schweigend bleibt er stehen. Dann, nach einer Weile, setzt er sich wieder.

»Ja …« sagt er nun freudig, »so wurde das Volk dort an den Strömen Babels neu erschaffen. Wie die Menschheit, wie die Welt am Anfang der Zeiten. Und auf diese Weise ereignet sich jede Neu-Schöpfung, jede Neu-Geburt.«

»Das heißt, obwohl das Weltbild des Schöpfungsberichts kaum noch mit unserem Weltbild übereinstimmt, bringt dieser doch eine tiefe Wahrheit zum Ausdruck.«

Er nickt nur und hört mir zu.

»Also … könnte man nicht dieses, sagen wir ›Zeitlose‹ des Schöpfungsberichts, von seinem alten Weltbild befreien und mit unserem heutigen Weltbild verknüpfen?«, frage ich nach einer Weile vorsichtig. »Was sagt denn die Evolutionstheorie?«

»Ah, das ist ein großes Thema«, seufzt er auf. »Aber vielleicht könnte man es ganz kurz zusammenfassen, indem man sagt: Im Schöpfungsbericht werden die Arten von Beginn an als unterschiedliche Arten erschaffen, in der Evolutionstheorie entwickeln sie sich allmählich.«

»Aus sich selber heraus?«, frage ich wieder nach.

»Das ist die große Frage.« Er nimmt einige Schlucke Tee, lehnt sich wieder zurück und beginnt dann langsam zu berichten:

»Also, über die Wissenschaft haben wir ja bereits ein wenig gesprochen. Man ging während des ›mechanischen Zeitalters‹ davon aus, dass die Natur vollständig determiniert ist. Zudem glaubte man, bevor sich die Wissenschaft mit dem philosophischen Naturalismus vermählte, der alles Übernatürliche verneint, dass Gott lediglich die erste Ursache der Welt ist. Diesen Gottesglauben nennt man heute ja ›Deismus‹. Darwin, der Begründer der Evolutionstheorie, lebte in dieser Zeit der Mechanik und des Deismus und er ging demzufolge davon aus, dass die Mechanik, die vollständige Determiniertheit, nicht nur in der unbelebten Natur, sondern auch in der belebten Natur, in der Biologie gilt. Wenn die ganze Welt wie eine Maschine aufgebaut ist und wenn kein ›übernatürlicher Gott‹ in das Geschehen eingreift, dann muss sich auch das biologische Leben nach diesen Gesetzmäßigkeiten entwickelt haben. So suchte Darwin nach einem Mechanismus in der belebten Natur, der dafür verantwortlich zu machen ist, dass sich Leben in andere Formen entwickelt. Mutation und Selektion, das war seine Antwort.«

»Aber gilt die Evolutionstheorie nicht als ›einwandfrei und ohne jeden Zweifel wissenschaftlich bewiesenen‹, wie man immer wieder hört?«, frage ich etwas unsicher.

»Das sollte man etwas differenzierter betrachten«, gibt er ruhig zurück. »Zuallererst kann die Evolutionstheorie nichts zu der Frage nach dem Ursprung des Lebens sagen, sondern nur zu deren Entwicklung. ›Ursprung des Lebens‹ und ›Entwicklung des Lebens‹ sind zwei verschiedene Dinge, die Evolutionstheorie behandelt nur das zweite. Die beiden bekannten Theorien zur Entstehung des Lebens, ›Leben ist in der Ursuppe entstanden‹ und ›Leben kam durch Kometen auf die Erde‹, gelten heute als widerlegt. Es gibt gegenwärtig keine Theorie, welche die Art und Weise der Entstehung des Lebens gesichert beweisen könnte.

Darwin beobachtete Veränderungen an Tierarten, zuerst in seiner Taubenzucht, wie dann auch in Feldstudien. Wie bereits gesagt, suchte er vor dem Hintergrund des damaligen mechanischen und deistischen Weltbildes nach einem Mechanismus, der in der Natur die Aufgabe des Züchters übernimmt und womit die Entwicklung des Lebens ohne irgendwelche ›übernatürlichen Eingriffe‹ erklärt werden kann. Dabei deutete er selbst die von ihm entdeckte ›Mutation‹ im Rahmen der mechanischen Ursache-Wirkung-Kette und nicht als echten Zufall. Darwin war zudem von der damaligen Auffassung geprägt, die Natur würde keine Sprünge machen, ›Natura non facit saltus‹, sondern sich graduell und stetig weiterentwickeln, und er lebte dazu noch in einer Zeit, in der die Rede von ›Kampf‹ und ›Überleben‹ allgegenwärtig war. Marx war beispielsweise ein Zeitgenosse Darwins.

Sein entdeckter Mechanismus von Mutation und Selektion als alleinige Ursache für die Entwicklung der Arten fand unter Forschern, von den Christen mal abgesehen, von Beginn an nicht nur Zustimmung. Nach unterschiedlichen Theoriemodellen scheint heute die ›Synthetische Evolutionstheorie‹ als die gesichertste Theorie zur Entstehung der Arten zu gelten. Bei dieser Theorie wurden Darwins Forschungen mit den neusten Erkenntnissen aus Paläontologie, Ökologie und Genetik vereint, und das Paar ›Mutation und Selektion‹ auf fünf Evolutionsfaktoren erweitert: Mutation, Rekombination, Selektion, Gendrift, Isolation.

Das heißt, Darwins Mechanismus wird heute als nicht ausreichende Begründung für die Evolution der Arten betrachtet, wobei selbst mit Theorien wie der ›Synthetischen Evolutionstheorie‹ eine vollständige Erklärung der Entwicklung der Arten in all ihren Formen nicht möglich ist. In Erklärungsnot gerät man hier vor allem bei Sprüngen in der Evolution, wie beispielsweise dem Auftreten der menschlichen Sprache oder der Entwicklung des menschlichen Bewusstseins. Kritisiert wird heute jedoch nicht nur die Unvollständigkeit der darwinschen Begründung, sondern vor allem auch die Überbetonung des ›Kampfes‹, des ›Struggle for Life‹.

Tiere überlebten und entwickelten sich häufig gerade nicht indem sie ›kämpften‹, sondern indem sie sich ›feige dem Kampf entzogen‹, sich versteckten, sich tarnten. Zudem kann man selbst mit den neusten Erkenntnissen der Evolutionsbiologie in keiner Weise ›einwandfrei und ohne jeden Zweifel wissenschaftlich beweisen‹, wie sich das Leben von seinen Ursprüngen bis in die heutige Zeit hinein entwickelt hat. Anhand von Teilen wird auf das Ganze geschlossen und mithilfe von Fossilienfunden und DNA-Analysen werden Stammbäume rekonstruiert, wobei solche Rekonstruktionen nicht in jedem Fall gelingen. So wird man beispielsweise vergebens nach einem Stammbaum des Menschen von seinem Urahn bis zum heutigen ›Homo Sapiens‹ suchen. Unter Forschern herrscht weder ein Konsens darüber, wie die verschiedenen Früh- und Urmenschen miteinander in Verbindung stehen, noch ab wann man biologisch von der Gattung ›Homo‹ sprechen kann. Von einem ›einwandfrei und ohne jeden Zweifel wissenschaftlich bewiesenen‹ Stammbaum des Menschen kann keine Rede sein.«

Ich schaue den Eremiten fragend an.

»Heißt das also, dass man die Evolutionstheorie verwerfen muss?«

»Nein!« sagt er nach einer kurzen Pause. »Aber auch die Evolutionstheorie ist ein Kind ihrer Zeit! Sie ist ein mögliches Abbild der Wirklichkeit und zeigt das Leben als geworden und miteinander verbunden. Doch niemand kann sagen, ob sich das Leben aus sich selbst heraus entwickelt hat oder ob eine, sagen wir, über-natürliche Kraft darin gewirkt hat. Zu sagen, es braucht Gott nicht, ist ebenso falsch, wie zu sagen, ohne Gott geht es nicht. Die ganze Sache entzieht sich schlicht und einfach dem Zugriff des Menschen.«

»Man kann also nicht sagen, ob Gott in der Evolution ... wie soll man sagen ... mitgewirkt hat oder nicht? Aber das grobe Modell der Evolutionstheorie als ›Entwicklung des Lebens‹ gilt als gesichert?«, frage ich nach einigem Nachdenken.

»Das würde ich so sagen«, gibt er zurück. »C. S. Lewis hatte ein wunderbares Argument. Nachdem der russische Astronaut Juri Gagarin, der erste Mensch, der in den Weltraum flog, bei seiner Rückkehr anscheinend gesagt hatte: ›Ich war im Weltall und bin Gott nicht begegnet‹, meinte Lewis darauf, das sei, wie wenn Prinz Hamlet im Estrich seines Schlosses nach Shakespeare suchen würde.«

»Das heißt, wenn man Gott in dieser Welt oder in einem Mechanismus der Evolution nicht nach unseren Vorstellungen findet, bedeutet das noch lange nicht, dass er mit der Welt nichts zu tun hat? Aber in einem gewissen Sinne würde dieses Argument von C. S. Lewis ja auch den Determinismus und den Deismus bestätigen, oder etwa nicht? Shakespeare hat das Stück geschrieben, aber nachdem dieses fertiggestellt war, brauchte es den Autor nicht mehr. Der Autor ist vollständig außerhalb des Stückes.«

»Und kann doch alles durchdringen, wenn man das Buch zu lesen beginnt«, meint der Eremit.

»Gott hat der Schöpfung durch das Leben Freiheit gewährt. Gott ist nicht für jede Entwicklung in der Welt verantwortlich und verantwortlich zu machen. Doch wie diese Freiheit der Schöpfung und die Freiheit des Schöpfers zusammenspielen, das ist das große Geheimnis.«

Wir schweigen beide.

»Also ... wäre es möglich, dass, wenn man die Evolutionstheorie von der Vorstellung der Mechanik, vom Deismus und vom Naturalismus befreit ... und den Schöpfungsbericht von seinem damaligen Weltbild, dass man beides zusammendenken kann?«

»Ja, ich glaube, das ist möglich. Letztlich kann man ›Evolution‹, ›Schöpfung‹, ›Berufung‹ und ›Erlösung‹ allesamt als eine Transformation verstehen.«

»Huch ...« Ich bin verblüfft. »Das heißt, die Berufung, die Erlösung, ist eine Art Eingreifen Gottes, womit das Leben, das darauf reagiert, sich transformiert und ein Schritt in der Evolution vollzogen wird?«

Er sagt nichts darauf.

»Eine Wahrheit kann nicht eine andere Wahrheit auflösen. Seriöse Theologie und seriöse Wissenschaft sind immer miteinander kompatibel. Keiner muss sich zwischen dem einen oder dem anderen entscheiden«, sagt er nun überzeugt. »Allerdings muss man auch sagen, dass wahre Theologie immer in einem Spannungsfeld stattfindet, die einer Häresie fehlt. Weder mit der Naturwissenschaft, noch mit der Theologie kann man die gesamte Wirklichkeit erfassen. Wir wissen letztlich, alle ... sehr wenig. Im Buch ›Schöpfung, Erlösung und Berufung‹ wird ja auch von Weltbildern und Weltanschauungen gesprochen. Zudem wird der Begriff ›Komplementarität‹ erklärt, was alles sehr wichtig ist in diesem Zusammenhang.« Er erhebt sich nun.

»Ah, soweit bin ich noch nicht gekommen«, entgegne ich und erhebe mich auch. Ja, es ist Zeit. Ich will ihm ja noch beim Holzspalten helfen. Danach muss ich leider bald wieder den Nachhauseweg unter die Füße nehmen.

*

Als ich müde und erschöpft das letzte Stück Weg durch den Schnee zu meinem Häuschen hinaufstapfe, ist die Nacht bereits eingebrochen. Doch eine Nacht, wie ich sie noch nie erlebt habe. Der klare dunkle Himmel leuchtet in blau-grünen Farben, die ersten Sterne beginnen zu funkeln, und der Schnee spiegelt glitzernd die unfassbare nächtliche Herrlichkeit des Himmels wider.

Verblüfft und sprachlos bleibe ich stehen.

Dann gehe ich in mein Häuschen, feuere den Kamin an und setze mich in trockenen und warmen Kleidern und einer Tasse heißen Tee auf die Bank vor dem Häuschen.

Wenn ich nicht wüsste, dass erst Ende November ist, dann würde ich behaupten, dass dies ... die Heilige Nacht ist!

Was für ein Himmel!

Wie Smaragd und dunkler Saphir.

Ja ... bald wird Weihnachten sein.

Das Licht, das in die Welt gekommen ist.

Die Weisen aus dem Morgenlande sahen den Stern.

Das Zeichen am Himmel.

Und sie gingen, dem neugeborenen König zu huldigen.

Mit Weihrauch, Gold und Myrrhe.

Weil sie den Himmel lesen konnten. Weil sie wussten, dass das Zeichen am Himmel, die Geburt des Königs auf Erden verkündete.

Und dann machten sie sich auf.

Voller Begeisterung schaue ich in den Nachthimmel.

Wird auch das »Haus im Himmel« am Himmel erscheinen? Und wenn es am Himmel erscheint, wird dies das Zeichen sein, dass es auch auf Erden erscheinen wird?

Das himmlische Jerusalem.

Nun verblasst das Grün und Blau und die Sterne beginnen am dunkel werdenden Firmament in einer Intensität zu funkeln, wie ich dies noch nie gesehen habe.

Und das Kind wurde geboren, um die Herrschaft des Himmels auf Erden aufzurichten. Das ewige Gesetz des Universums.

Unscheinbar, leicht übersehbar, unaufdringlich.

Nein, schlafende Augen sehen den Stern nicht, der am nächtlichen Himmel zu leuchten beginnt.

Ich trinke von dem warmen Tee, stütze meinen Kopf in die Hände und blicke gebannt in die Nacht hinein.

Da sehe ich am blinkenden und funkelnden Himmel auf einmal eine Treppe, die vom Himmel bis zu der Erde reicht. Und oben an der Treppe ... die Heilige Stadt, strahlend wie reines Gold!

Ich reibe mir die Augen und schaue nochmals hin.

Da! Auf beiden Seiten der weißen Treppe brennende Lichter, die den Weg hinauf durch die Nacht leuchten!

Aber die Stadt liegt überaus hoch.

Und während ich so schaue, siehe, da steigt ein Mann, gekleidet in ein einfaches Gewand, die lange Treppe herunter, doch er ist in den brennenden Lichtern nur schwach und flüchtig zu erkennen.
Und als er unten angelangt ist, hält er Ausschau, wie ein Fischer, der auf das nächtliche Meer hinausblickt.
Und plötzlich ... ruft er meinen Namen!
Und als er meinen Namen ruft, da erstarre ich.
Und es ist in meinem Innern wie Feuer, das zu brennen beginnt. Und ich will es löschen, doch ich kann es nicht, ich will es nicht löschen. Und meinen Namen, den er ruft, den kennt niemand auf Erden als nur ich allein ... und ... ich hatte ihn vergessen!
Und wie gelähmt bleibe ich sitzen. Doch, nach langem innerem Ringen, gehe ich langsam zu der Treppe. Und als der Mann mich kommen sieht, wendet er sich und geht mir voran. Und zitternd trete ich auf die erste Stufe, und da höre ich auf einmal das Weinen und Klagen all der Menschen. Und ich will mich umwenden und zurückgehen, doch ich beiße auf meine Lippen, und ich wende mich nicht. Und dann sehe ich, wie das einfache Gewand des Mannes zu leuchten beginnt wie helles Licht.
Und zaghaft schreite ich eine Stufe höher. Und als ich auf der nächsten Stufe stehe, da senkt sich auf einmal die hohe Stadt zur Erde hernieder und die Treppe wird zu einem ebenen Weg, auf dem ich weiterschreite, dem Manne nach. Und nach einer langen Zeit gelangen wir an einen Wald, an dem der Mann mir zu verstehen gibt, dass ich nun alleine weitergehen müsse. Und zaghaft schreite ich durch den finsteren Wald. Doch der Weg windet sich immer wieder und fast beginne ich zu verzweifeln, als ich plötzlich in der Mitte des Waldes auf eine Lichtung finde. Da sehe ich, am anderen Ende der Lichtung, bei einer der großen Tannen, den Hirsch stehen! Er hat ein weißes Fell und steht mit erhobenem Haupte da. Auf einmal wendet er sich um und blickt mich an. Und als er mich anblickt, da beginne ich zu weinen. Und zitternd gehe ich auf ihn zu. Und

gemeinsam schreiten wir auf einem anderen Weg, der, zuerst kaum sichtbar, durch wirres Gestrüpp führt, das letzte Stück durch den Wald in das freie Feld hinaus, wo der Weg nach einiger Zeit bei einer hohen Mauer mit einem alten hölzernen Tor endet. Und als der Hirsch an das Tor herantritt, da öffnet sich dieses mit einem lauten Knarren …

*

Seit Stunden bereits räume ich um mein Häuschen herum Schnee weg. In den letzten zwei Tagen, von der Nacht an, in der ich von meinem letzten Besuch beim Eremiten nach Hause gekommen bin, bis heute in der Früh, hat es unaufhörlich geschneit. Und auch jetzt noch ist der Himmel bedeckt und einzelne Schneeflocken fallen nieder.

Wenn ich den Schnee nicht ständig weggeräumt hätte, dann wäre mein Häuschen bereits bis an die Fenster im weißen Pulver versunken.

Leicht erschöpft, doch erleichtert, stelle ich die Schneeschaufel neben der Türe hin, klopfe meine Schuhe aus und trete dann in die warme Stube.

Jetzt bin ich endgültig von der restlichen Welt abgeschnitten.

Es bleibt nur zu hoffen, dass nicht noch mehr Schnee fallen wird!

Nachdem ich das Frühstück zubereitet und gegessen habe, setze ich mich in meiner Gebetsecke nieder.

Der du meinen Namen kennst, dir weih' ich mein Sein.
Der du ihn mit Liebe nennst, ewiglich ich sei.
Der du schließt mich, wie ich bin, in dein göttlich Band,
Dir leg ich Zeit, Herz und Sinn in dein liebend Hand.
Niemand weiß, selbst nicht mal ich, was ruht tief in mir,
du bist's, der so wunderlich, bringet all's zu dir.
Dass du meinen Namen kennst, zeigt mir, wer du bist,
Schöpfer, Gott in Ewigkeit, mehre brauch ich nicht.

*

Nachdem ich lange Zeit einen Schwarm Fichtenkreuzschnäbel beobachtet habe, die sich an den Zapfen der großen Tanne neben meinem Häuschen gütlich getan haben, habe ich es mir wieder mit dem Buch »Schöpfung, Erlösung und Berufung« auf meinem Lehnstuhl vor dem Feuer gemütlich gemacht.

Im Kapitel »Schöpfung« folgen nun tatsächlich Abschnitte über »Komplementarität« und »Weltbilder«, wie der Eremit angedeutet hat.

Unter »Komplementarität« steht das Folgende:

In der »klassischen Physik«, dem »Zeitalter der Mechanik«, ist man nicht nur davon ausgegangen, dass die Welt als eine große Maschine gebildet ist, man war auch davon überzeugt, dass der Mensch in der Lage ist, mithilfe der Wissenschaften diese Maschine in ihrer Ganzheit erforschen und verstehen zu können.

Dabei hat man sich in eine fast schon als schizophren zu bezeichnende Lage hinein manövriert. Einerseits behauptete man, der Mensch wäre nur Natur, nur Materie, nur ein »Rädchen im Getriebe«, nur ein Primate unter anderen Primaten, andererseits gebärdete man sich jedoch so, als wäre man ohne jeden Zweifel dazu in der Lage, sich über alle anderen Primaten erheben, sich aus der Maschine, aus der Natur ausklinken und von einer über-natürlichen, außer-weltlichen Warte auf die Welt herabblicken zu können.

Man spaltete sich also von der Welt ab und machte diese zum Objekt, um sie betrachten, erforschen und erkennen zu können, obwohl dem Menschen im Zeitalter der Mechanik und des Naturalismus eine solche Fähigkeit im Grunde gerade abgesprochen wurde.

Max Planck mit seiner Quantenphysik hat nun nicht nur wissenschaftlich bewiesen, dass der Zufall echt ist, dass die Welt demzufolge nicht strikt determiniert und aufgrund dessen vom Menschen auch nicht bis ins Letzte ergründbar ist. Die Quantenphysik hat auch diese Spaltung in Subjekt und Objekt infrage gestellt. Quantenobjekte können sich nämlich, je nach gewähltem Experiment, als Teilchen oder als Welle zeigen. Das heißt, der Akt des Beobachtens entscheidet darüber, in welchem Zustand das Objekt ist. Damit treten Subjekt und Objekt in eine völlig andere Beziehung zueinander.

Niels Bohr hat dann 1927 auf einem Physikerkongress in Como, den Begriff der »Komplementarität« geprägt. »Komplementarität« bedeutet: Zwei Aussagesätze, »ich beobachte ein Teilchen« und »ich beobachte eine Welle«, die sich im Grunde widersprechen, die sich jedoch zugleich ergänzen, weil beide Aussagen zum Verstehen der Wirklichkeit notwendig sind, und die zudem gleichwertig sind, bilden »zwei komplementäre Aussagesätze«, die auf eine von der Wissenschaft und dem menschlichen Verstehen nicht mehr erforschbare tiefere Wirklichkeit hindeuten.

Die Quantenphysik hat somit durch den Beweis des Zufalls als echten Zufall und nicht als ein vorläufiges Nicht-Wissen und durch das Infragestellen der Subjekt-Objekt-Spaltung die Unmöglichkeit bewiesen, die Wirklichkeit in ihrer Vollständigkeit mit den Methoden der Wissenschaft erfassen zu können.

Niels Bohr schrieb dazu: » ... Denn wenn man nicht zunächst über die Quantentheorie entsetzt ist, kann man sie doch unmöglich verstanden haben.«

Das Prinzip der Komplementarität hat sich nun auch im Feld der Theologie, besonders in der Frage nach dem Verhältnis zwischen Evolution und Schöpfung durchgesetzt.

Die Tatsache, dass sich in dieser Frage selbst seriöse Theologie und seriöse Naturwissenschaft zu widersprechen scheinen, muss nicht notwendigerweise darauf hinweisen, dass die eine oder andere Disziplin falsch liegt. Die sich zum Teil widersprechenden Aussagen können auch »komplementäre Aussagesätze« bilden, die auf eine tiefere, beiden Disziplinen jedoch nicht mehr zugängliche Wahrheit hindeuten.

Ich lege das Buch nieder und bleibe nachdenklich sitzen.

Das heißt, Theologie und Naturwissenschaft können in dieser Frage nach der Entstehung der Welt und des Menschen unterschiedliche Aspekte beleuchten, die sich, selbst nach seriöser Forschung, unter Umständen widersprechen können, die beide jedoch für das Verständnis der Wirklichkeit nötig sind, die beide gleichwertig sind und die letztlich auf eine viel tiefere, dem Menschen jedoch nicht mehr zugängliche Wirklichkeit hindeuten.

Das heißt aber auch, dass beides nötig ist: gute Theologie und gute Naturwissenschaft. Keine der beiden Disziplinen sollte gegen die andere ausgespielt werden. Beide sollten ihren Platz haben und respektiert und wertgeschätzt werden. Einstein hat angeblich mal gesagt: »Wissenschaft ohne Religion ist lahm, Religion ohne Wissenschaft blind.« Das heißt, für Einstein war das Verhältnis von Religion und Wissenschaft eine gegenseitige Abhängigkeit und ein wechselseitiges Befruchten.

Nun folgt noch ein Abschnitt über Weltbilder und Weltanschauungen:

Unter »Weltbild« versteht man die Gesamtheit allen menschlichen Wissens über die Welt, sozusagen das »Gerüst«, das sich aus der Summe der wissenschaftlichen Forschungsergebnisse ergibt. Obwohl das Weltbild, zumindest seit dem Aufkommen der modernen Naturwissenschaften, den Anspruch auf abgesichertes, »bewiesenes« Wissen erhebt, kann dieses der Forschung hinterherhinken. Ein Wechsel des Weltbildes findet allerdings nur unter heftigen Auseinandersetzungen statt. Da man beim Weltbild auch von einem »Paradigma« spricht, bezeichnet man eine Veränderung desselben auch als »Paradigmenwechsel«. So hat sich ein solcher Paradigmenwechsel bereits in der Antike, von der Vorstellung einer flachen Erde hin zur Vorstellung einer Erdkugel vollzogen, später dann durch die Erkenntnisse von Kopernikus und Galilei vom »geozentrischen« zum »heliozentrischen Weltbild«, und zu Beginn des 20. Jahrhunderts schließlich noch einmal durch die Erkenntnisse der Quantenphysik.

Noch einen Schritt weiter geht dann die »Weltanschauung«. Zu einer Weltanschauung zählen nicht nur die Gesamtheit des wissenschaftlichen Wissens über die Welt, sondern auch nicht durch die Wissenschaft begründbare Elemente wie Werte, Vorstellungen vom Ziel der Welt usw. Da eine Weltanschauung in Bereiche vordringt, die außerhalb wissenschaftlicher Erkenntnis liegt, kann diese die Gefahr in sich bergen, zu einer Ideologie zu verkommen. Eine begründbare Theorie wird dann zu einer nicht mehr begründbaren Totalerklärung. Wenn eine solche »nicht begründbare Totalerklärung« noch dazu auf politische Macht trifft, steht der Entstehung eines totalitären Systems nichts mehr im Wege.

Die Grenzen von wissenschaftlichen Erkenntnissen zu Weltbildern und schließlich zu Weltanschauungen sind jedoch fließend, wobei auch von Seiten der Wissenschaft nicht immer darauf aufmerksam gemacht wird, wann der Bereich gesicherten Wissens verlassen wird und wann eine Deutung beginnt. Besonders Weltanschauungen neigen dazu, ihre Totalerklärungen als wissenschaftlich bewiesenes Wissen auszugeben.

Da wären wir wieder bei der Deutung der Welt, wie dies im Gebet von Gregor von Nazianz steht.

Ja ... letztlich geht es darum, wie man die Welt deutet, wie man auch Erkenntnisse der Wissenschaft deutet, anhand welchen Weltbildes man die Ergebnisse beurteilt!

Nun werde ich, bevor die Nacht einbricht, den neu gefallenen Schnee wieder wegräumen.

Und dann lese ich noch das Kapitel über »Berufung«:

Die Berufung

Abraham ist der Urtyp des Menschen, der von Gott berufen wird, der Gott glaubt und der dieser Berufung auch folgt, in diesem Sinne der Urtyp des »gläubigen Menschen«.

Im 1. Buch Mose wird im 12. Kapitel von Abraham berichtet:

»Und der HERR sprach zu Abram: Geh aus deinem Land und aus deiner Verwandtschaft und aus dem Haus deines Vaters in das Land, das ich dir zeigen werde! Und ich will dich zu einer großen Nation machen, und ich will dich segnen, und ich will deinen Namen groß machen, und du sollst ein Segen sein! Und ich will segnen, die dich segnen,

und wer dir flucht, den werde ich verfluchen; und in dir
sollen gesegnet werden alle Geschlechter der Erde!«

Im Brief an die Hebräer, im 11. Kapitel, das als das Kapitel
der »Galerie der Glaubensheldinnen und -helden Israels«
bezeichnet wird, steht dann von Abraham das Folgende:

»Durch Glauben war Abraham, als er gerufen wurde,
gehorsam, auszuziehen an den Ort, den er zum Erbteil
empfangen sollte; und er zog aus, ohne zu wissen, wohin
er komme. Durch Glauben siedelte er sich im Land der
Verheißung an wie in einem fremden und wohnte in
Zelten mit Isaak und Jakob, den Miterben derselben
Verheißung; denn er erwartete die Stadt, die Grundlagen
hat, deren Baumeister und Schöpfer Gott ist.«

Die Väter Abrahams haben »Götzen« gedient, wie im
Buche Josua erwähnt wird. Gott rief Abraham jedoch aus
seines Vaters Haus und aus seiner Heimat auszuziehen
und in das Land zu gehen, das er ihm zeigen werde. Und
Abraham zog aus, im Glauben an Gott.
Und erst als er ausgezogen war, erlangte er im Laufe sei-
ner Reise die Überzeugung, dass er in seiner einstigen
»Heimat« in Wahrheit in der Fremde, im Exil gelebt hatte.
Und er suchte und begehrte sodann dieses »Land der
Verheißung«, doch je länger er umherreiste und je län-
ger er in Zelten lebte, desto mehr erkannte er, dass die-
ses »Land der Verheißung« nicht lediglich »ein anderer
Flecken Land auf Erden« sein kann, sondern dass die-
ses »Land der Verheißung« die Stadt sein muss, »die
Grundlagen hat, deren Baumeister und Schöpfer Gott ist«

– das Ewige, das Beständige, das Unwandelbare, das, was jeden Wandel auf der Erde überdauert!

Erst als er sich aufgemacht hatte, auf den Ruf Gottes hin, und erst als er seine irdische alte Heimat zurückgelassen und eine Zeit als Fremder in einem fremden Land gelebt hatte, erst da begann er zu verstehen, dass die wahre, letzte Heimat mehr umfassen muss als die Erde, mehr als das Vergängliche.

Und wie er sich auf diesen Ruf hin zu diesem ewigen, größeren Zuhause, zu dieser »Stadt im Himmel« aufgemacht hatte, wie er diese mehr als alles auf Erden zu begehren begann, so hat sich diese Stadt auf einmal zu ihm herabgesenkt. Und derjenige, der im Glauben an Gott und seine Verheißung ausgezogen war, hat mit dieser ewigen Stadt im Himmel, nicht nur diese geerbt, sondern mit dieser zusammen auch das Stück Land, auf dem er sein Zelt errichtet hatte, und die ganze Erde.

Weil er ausgezogen war, auf den Ruf Gottes hin, weil er alles hinter sich gelassen und Gott vertraut hatte, deshalb hat er zwar dasjenige, was er zu besitzen dachte, verloren, doch er hat dasjenige gewonnen, das ihm in Wahrheit und in Ewigkeit als sein Eigentum gehört.

Da sich das Volk und vor allem die religiösen und politischen Führer Israels, allen voran König Salomon, in der späteren Geschichte, als Israel in diesem »Heiligen Land auf Erden« gelebt hat, jedoch nicht mehr nach dieser »Stadt im Himmel«, nach diesem »Reiche Gottes« ausgestreckt haben, das heißt, da sie nur noch auf das Irdische gesinnt waren, deshalb wurde Israel wieder dorthin zurückgeführt, von wo Abraham einst ausgezogen war: in das Land der Chaldäer, Babylon, das Land der

»Götzendiener«, das Land derjenigen, die das Sichtbare fürchten und anbeten.

Doch wie einst an Abraham, so erging der Ruf Gottes wiederum an das Volk in Babylon: der Ruf, aus dem Exil, in das »Land der Verheißung« zurückzukehren, aus der Fremde in die alte Heimat, aus der Gefangenschaft und Finsternis, in die Freiheit und in das Licht.

Doch obwohl das Volk unter den Persern, die Babylon besiegten, die Freiheit erlangt hatte und in die alte Heimat zurückgekehrt war, so kehrte der Großteil Israels nur äußerlich, nur in die »irdische Heimat« zurück.

Als Jesus einige Zeit später auf der Bühne Israels und der Weltgeschichte auftrat, warf er dem Volk genau dies vor: »Ihr seid äußerlich zwar in eure alte Heimat zurückgekehrt, doch innerlich sitzt ihr noch immer im Exil. Wenn ihr nicht innerlich, mit dem Herzen nach Hause findet, dann werdet ihr nirgendwo auf dieser Erde ein Zuhause finden und dann wird kein Flecken auf Erden in Wahrheit jemals euer eigen sein. Trachtet zuerst nach dem Reiche Gottes, und alles andere wird euch hinzugefügt werden! Trachtet zuerst nach dem Himmel, und die Erde wird euch hinzugefügt werden!«

Eine Berufung kann also direkt von Gott zu einem Menschen ergehen, wie im Falle Abrahams, eine Berufung kann jedoch auch durch einen anderen Menschen zu einem Menschen ergehen.

In diesem Sinne kann man auch von zwei unterschiedlichen Berufungen sprechen:

Alle Menschen, die gesamte Menschheit, ist berufen, aus dem Exil in die Heimat zurückzukehren, in die Gemeinschaft mit Gott, in das wahre eigene Selbst, in das Erbe, in den ursprünglichen Platz im Leben, in die Freiheit, in die Heiligkeit.

Einige Menschen empfangen dazu wie eine »zweite Berufung«. Dies ist die Berufung in ein geistliches Amt. Damit werden diese Menschen zu denjenigen, durch die eine göttliche Berufung an andere Menschen ergehen kann. Wie Christus viele seiner Zeitgenossen in die Gemeinschaft mit Gott gerufen hat, nur einige davon jedoch zusätzlich in das Amt des Apostels.

Die Berufung ist der Ruf, durch eine Transformation zurück in das Ursprüngliche zu finden. Der Ruf in ein geistliches Amt ist der Ruf, als Transformierter ein Instrument der Transformation für andere zu werden.

Durch die Berufung wird der Mensch in seine wahre Identität und an seinen wahren Platz im Leben gerufen.

Doch nur der, der den wahren Namen des Menschen kennt, kann den Menschen auch bei seinem Namen rufen.

Jetzt beginnt es wieder zu schneien und der Abend bricht herein.

Müde schlage ich das Buch zu, ziehe Schuhe und Jacke an und schließe um das Häuschen herum alle Fensterläden.

Der Schnee türmt sich immer höher auf.

Wie lange dieser Winter wohl dauern wird?

Tief seufze ich auf, während ich im Türrahmen stehe und in die anbrechende verschneite Nacht hinausschaue.

Wer weiß, was über diesen Erdkreis noch alles kommen wird, wer weiß, was noch erschüttert werden wird … doch wer dort, »in der Stadt, die Grundlagen hat«, seine Heimat findet, der wird auch in den Erschütterungen der Zeit, standhaft und hoffnungsvoll bleiben können.

Wenn nur Gott bei uns ist, wenn nur Gott bei mir ist …

Ja … bleibe bei mir!

Bleibe bei uns!
Damit schließe ich behutsam die Tür.

Bleibe bei uns, Herr,
denn es will Abend werden
und der Tag hat sich geneiget.
Bleibe bei uns
und bei deiner ganzen Kirche.

Bleibe bei uns
am Abend des Tages,
am Abend des Lebens,
am Abend der Welt.

Bleibe bei uns
mit deiner Gnade und Güte,
mit deinem heiligen Wort und Sakrament,
mit deinem Trost und Segen.
Bleibe bei uns,
wenn über uns kommt
die Nacht der Trübsal und Angst,
die Nacht des Zweifels und der Anfechtung,
die Nacht des bitteren Todes.

Bleibe bei uns
und bei all deinen Gläubigen
in Zeit und Ewigkeit.
Amen.

Georg Christian Dieffenbach (1822–1901)

FRÜHLING

Wenn alle untreu werden, so bleib ich dir doch treu

Der Frühling zieht langsam ins Land. Es ist nun fast schon Mitte April und der Schnee schmilzt. Die langen Eiszapfen, die von allen Seiten des Daches herunterhängen, tropfen unaufhörlich, und von Zeit zu Zeit hört man Schnee vom Dach herunterrutschen und matschig auf den Boden fallen.

Fast vier Monate lang war ich nun von der restlichen Welt abgeschnitten. Fast vier Monate lang habe ich mit keinem Menschen gesprochen.

»Das Kellion wird dich alles lehren«, hätten die ersten Mönche gesagt.

Wie recht sie doch hatten!

Wenn man nur still wird und sich verbindet – mit der Natur, mit Gott, mit sich selbst – dann wird man auf alle Fragen eine Antwort erhalten, auch wenn diese Antwort unter Umständen anders aussieht, als man dies erwartet hätte.

Obwohl ich zweimal aufmerksam und in aller Ruhe die ganze Bibel durchgelesen habe, habe ich doch die meiste Zeit nur wortlos in die Natur geblickt, ehrfurchtsvoll beobachtet, geschlafen, gebetet.

Es war bestimmt der wundersamste Winter, den ich je erlebt habe. Alleine, in der vollkommenen Stille, mitten im Schnee.

Die Seele ... sie hat ihre eigene Zeit, wie auch die Natur ... wie auch Gott. Ja, einklinken ... nicht nur in den Lauf der Natur, sondern in Gottes Zeit, das ist das Erstrebenswerte ... das ist das letztendliche Ziel!

Im Verlauf des Morgens entscheide ich mich, zum ersten Mal seit dem großen Wintereinbruch, den Versuch zu wagen, durch den Schnee hindurch in das Dorf und zum Eremiten zu gehen.

So mache ich mich kurze Zeit später mit Rucksack und Taschen bepackt auf, Richtung Dorfladen.

*

Nach einer kurzen Wegstrecke durch den matschigen Schnee habe ich bereits völlig durchnässte Schuhe und Hosen, doch der Bach ist, Gott sei Dank, an der Stelle, an der ich ihn durchquere, noch fast ganz zugefroren und mit Schnee bedeckt, sodass ich nicht mit nackten Füßen durch das kalte Wasser hindurchwaten muss.

Je näher ich dem Dorf komme, desto mehr staune ich darüber, wie sehr der Schnee hier bereits geschmolzen ist. Schneeglöckchen und Krokusse sprießen überall aus dem Boden hervor und die Vögel singen und zwitschern in den schönsten Tönen.

Doch als ich mich dem Dorfladen nähere und Stimmen höre, seufze ich tief auf und verlangsame meinen Schritt.

Nach so langer Zeit in der Einsamkeit und im Schweigen wieder mit Menschen sprechen zu müssen, unter Umständen noch über irgendwelche belanglosen Dinge, löst ein eigenartiges Gefühl in mir aus.

Unschlüssig gehe ich weiter, bis ich schließlich vor dem Laden stehe. Da sieht mich die Besitzerin durch das Schaufenster hindurch und winkt mir zu.

Verlegen winke ich zurück.

Nun spricht sie mit den Leuten im Laden und zeigt auf mich.

Oh nein, ich würde am liebsten im Boden versinken.

Sie winkt mir wild zu, dass ich doch hereinkomme solle.

»Ha! Der junge Mann!«, schreit es mir plötzlich entgegen, als ich etwas zaghaft durch die offene Ladentüre eintrete.

Ah! Der Mann mit dem Gebiss! denke ich. Er hat mich beinahe erschreckt. Weshalb schreit er denn so?

Er sitzt auf einem Stuhl vor der Kasse, isst ein Brötchen und trinkt Kaffee.

Die Frauen begrüßen mich alle sehr freundlich.

»Ha! Junger Mann! Wie geht's denn so?«, fragt mich der alte Mann nun, während er so laut lacht und den Mund so weit aufreißt, dass ich fürchte, er würde sein Gebiss gleich wieder verlieren.

»Mir geht es gut«, sage ich nur still und suche mir dann meine Sachen im Laden zusammen.

Ich solle mich doch zu ihm setzen, schreit der Mann wieder durch den ganzen Laden. Dann beginnt er zu singen: »Am Brunnen vor dem Tore, da steht ein Lindenbaum ...«

Ich muss lachen, obwohl mir eigentlich gar nicht zum Lachen zumute ist.

Die Ladenbesitzerin sagt kaum etwas zu mir, als ich die Lebensmittel bei der Theke aufstaple. Ich bin froh. Sie kann mir wahrscheinlich nachfühlen, dass ich nach einer solch langen Zeit in der Abgeschiedenheit nicht gleich wieder mit allen Leuten sprechen mag. Wir schauen uns nur gegenseitig an, ich nicke ihr zu. Sie versteht mich.

Nachdem ich die Einkäufe in meine Taschen verstaut habe, schreit der Mann mir wieder zu, ich solle mich doch zu ihm setzen. Also setze ich mich auf den Stuhl, der ihm gegenüber zwischen irgendwelchen Kindersüßigkeiten und Katzenstreu eingeklemmt steht, und schaue ihn fragend an.

»Ja! Was? So lange im Schnee gesessen?«, schreit er wieder auf, während er weiter von seinem Brötchen isst und Kaffee trinkt.

Der Mann benimmt sich ganz anders, denke ich. Was ist nur mit ihm geschehen?

»Ach ja ...«, sagt er jetzt etwas leiser, »ich habe das Buch übrigens weggeworfen.«

»Das Buch?«, frage ich erstaunt.

»Ja, das Buch über die ... ›Gottessuche‹!«, sagt er lachend.

»Ah! Ja, ich erinnere mich ... Und warum haben Sie das Buch denn weggeworfen?«

»Ha!«, lacht er wieder so laut auf, dass ich von Neuem befürchte, er könnte sein Gebiss verlieren.

»Also, ehrlich gesagt«, flüstert er mir nun zu, »ich dachte mir ja, wie ich bereits einmal angedeutet habe, dass ich mich jetzt im Alter vielleicht nochmals mit dieser Frage nach Gott beschäftigen könnte. Weil …« Er wartet einen Augenblick. »Also, als ich jung war, da war ich ja … sagen wir mal, ›gläubig‹. Doch im Laufe meines Lebens habe ich diesen Glauben dann über Bord geworfen. Doch nun wollte ich dieser Frage nochmals nachgehen, aber, also … ha!« Er lacht wieder laut auf.

Die ganze Szene ist so grotesk, dass ich selber zu lachen beginne, obwohl ich die Sache im Grunde genommen überhaupt nicht lustig finde.

Nach einer Weile schaue ihn wieder fragend an.

»Ja, gut, also, dieses Buch!« Er schüttelt nur den Kopf und setzt sich etwas nach vorne. »Also, ich dachte mir ja zuerst, dass das alles noch interessant sein könnte … aber je mehr ich darin zu lesen begonnen habe, desto mehr bin ich zum Schluss gekommen, dass dieser Autor endgültig nicht mehr ganz alle Tassen im Schrank hat!«

»Warum denn? Was hat er denn genau geschrieben?«, frage ich wieder.

»Ja! Das ist ja genau … Ha!« Er lacht wieder auf, »Was hat er genau geschrieben?›, fragt der Junge! Ja, das ist ja genau die Frage!« Er schüttelt nur lachend den Kopf und trinkt wieder von seinem Kaffee. »Also, nein! Im Ernst«, sagt er nun und schaut mich mit einem durchdringenden Blick an. »Ich erhoffte mir lediglich eine Antwort auf diese Frage nach Gott, als ich das Buch zu lesen begann, aber da kam dann ein derart kompliziertes Theologengequatsche, und auf einmal sollte man gar noch zu beten beginnen und weiß der Teufel nicht was noch alles … und ja, nein … Ha! Wirklich, die ganze Sache wurde, je länger ich darin gelesen habe, zu einem einzigen Alptraum. Und …« Jetzt holt er mit der rechten Hand so weit aus, dass er gleich den ganzen Stapel Pralinenschachteln neben sich zu Boden wirft. Während er sich entschuldigt, helfe ich der Ladenbesitzerin, die Schachteln wieder aufzuschichten. Dann setze ich mich wieder. »Ja, wie gesagt«, fährt er nun fort: »da wird über irgendwelche Fragen theologisiert und philosophiert, auf die man ohnehin niemals eine Antwort erhalten wird und die mit dem realen Leben auch überhaupt nichts zu tun haben!« Er klopft energisch mit der Hand auf sein Bein. »Nein! Die Welt ist doch voller Kriege und voller Probleme, voller Leid und voller Schmerz, und dann kommen da Fragen, wie ›wie man die Trinitätslehre verstehen soll‹ und ›weshalb Jesus am Kreuz starb‹ und lauter so Quatsch …‹« Er winkt ab. »Es hat keinen Sinn, darüber überhaupt noch zu diskutieren. Die Wissenschaft hat die Welt erklärt. Mehr braucht es nicht. Der Fall hat sich für mich ein und für allemal erledigt.«

Oh nein, denke ich nur und seufze innerlich auf.

Vor genau solchen Gesprächen graute mir, als ich noch in aller Stille und Ruhe oben im Schnee saß.

Was ist nur mit diesem Mann geschehen? Ich verstehe es gar nicht.

»Aber Herr Professor«, sagt die Ladenbesitzerin, die unser Gespräch mitgehört hat, plötzlich. »Als Sie das Buch zu lesen begonnen haben, haben sie mir doch immer wieder voller Begeisterung davon erzählt.«

Ah, der Herr ist ein Professor? denke ich mir. Auf welchem Gebiet wohl?

»Ja, zuerst war ich begeistert«, gibt er nun zurück, »doch diese Begeisterung hat sich schnell gelegt! Ha!« Er lacht wieder auf. »So ein Schwachsinn!«

»Wie sind Sie denn überhaupt zu diesem Buch gekommen, wenn ich fragen darf?«, sage ich nach einer Weile.

»Ja, also … dieser Höhlenbewohner dort oben hat es mir mal mitgegeben!«

»Der Eremit?«, frage ich ganz erstaunt.

»Ja!« Er schüttelt wieder den Kopf. »Vor langer Zeit war ich mal dort oben. Da hat er mir dieses Ding mitgegeben. Aber das ist, ha!«, er winkt erneut ab, »bestimmt etwa fünfzehn Jahre her.«

Wie kann er es nur wagen, den Eremiten als »Höhlenbewohner« zu bezeichnen, denke ich mir.

Eine Frechheit!

Wortlos schaue ich den Mann an.

Als ich ihn die letzten Male sah, war er immer gut gelaunt und sehr höflich und zuvorkommend. Doch jetzt, muss ich gestehen, beginnt er mich nur noch abzustoßen.

Tief seufze ich auf.

»Es tut mir leid«, sage ich leise und erhebe mich.

»Das muss Ihnen nicht leidtun, junger Mann«, gibt er mit einem verhohlenen Lachen zurück und fügt gleich hinzu: »*Sie* tun mir leid.« Und dann trinkt er wieder von seinem Kaffee.

Schweigend ergreife ich meinen Rucksack und die Taschen, verabschiede mich und gehe nachdenklich zum Laden hinaus.

Die Besitzerin winkt mir noch zu und hält ihre Hände wie zum Gebet gefaltet in die Luft. So, als möchte sie mir damit sagen, dass sie für mich betet.

*

Nachdem ich den noch zugefrorenen und verschneiten Bach vorsichtig überschritten habe, verstecke ich den Rucksack und eine der Taschen, gut verschnürt, hinter einem Felsblock, nehme die andere Tasche, die ich mit Lebensmitteln für den Eremiten gefüllt habe, in die Hände und schreite damit langsam in den dichten Tannenwald hinein.

Verwirrt trotte ich vor mich hin.

Mit meinen nassen Schuhen und Hosen hätte ich nach Hause gehen sollen, denke ich mir. Aber jetzt kommt es auch nicht mehr darauf an. Das Gespräch im Laden war … Ich schüttle nur den Kopf … Ich finde gar keine Worte dafür …

Ob der Mann auch an den Punkt gekommen ist, an dem es ihm bewusst geworden war, dass man als unbeteiligter Betrachter in dieser Frage nach Gott kaum weiterkommen kann?

Und dann hat er das Handtuch geworfen?

Oder war das Buch wirklich so schlecht?

Na ja, wer weiß schon, was in den Menschen vorgeht.

Aber den Eremiten einen »Höhlenbewohner« zu nennen, das ist wirklich eine Frechheit.

Wenn man eine andere Meinung zum Leben und zu Gott hat, muss man ja deswegen andere Menschen nicht gleich als dumm hinstellen.

Doch die Frage nach dem Leid in der Welt ist berechtigt.

Ich konnte nichts darauf erwidern.

Aber ob das überhaupt einen Sinn gehabt hätte?

Und die Wissenschaft hätte die Welt erklärt, mehr brauche es nicht …

Ja … was soll man dazu noch sagen?

Nach einem langen Marsch durch den Wald gelange ich endlich auf die noch immer in tiefem Schnee versunkene Wiese.

Doch die Sonne scheint und es taut, wie auch auf meiner Seite des Waldes.

Da sehe ich den Eremiten am Tisch vor dem Häuschen sitzen.

Als er mich sieht, winkt er mir freudig zu.

Wie schön, denke ich mir, ihn nach so langer Zeit endlich wiederzusehen.

Er erhebt sich, als ich mich ihm nähere, macht wieder eine Art Zeichen über mir und spricht etwas.

Ich nicke nur und stelle dann die Tasche auf dem Tisch ab. Ich hätte ihm Lebensmittel mitgebracht, sage ich, noch immer etwas aufgewühlt von meinem Dorfbesuch.

Er bedankt sich herzlich und trägt dann alles in das Häuschen.

»Wir setzen uns ans Feuer, draußen wird es nun wieder kalt«, sagt er noch, während er in der Küche verschwindet.

Vorsichtig trete ich ein, ziehe die Schuhe aus und stelle sie an das Feuer, dann setze ich mich auf die Schaffelle und Decken und halte meine nassen Füße und Socken an die Wärme.

Nach einer Weile bringt er heißen Tee und von dem frischen Brot heraus, das ich mitgebracht habe, und setzt sich.

»Ich habe die Schuhe ausgezogen und ans Feuer gestellt«, sage ich etwas verlegen. »Ich hoffe, es ist recht so.«

Er nickt.

Freudig nimmt er von dem frischen Brot, spricht einen Segen darüber und streckt mir dann ein Stück entgegen.

Wir essen beide.

Das Brot ist wunderbar.

Endlich wieder einmal frisches Brot! Seit Monaten habe ich kein Brot mehr gegessen, in den letzten zwei Wochen gingen mir sogar fast die Nahrungsmittel aus. Ich lebte noch von einer kleinen Portion Haferflocken pro Tag und einigen trockenen Äpfeln. Doch nun bin ich, Gott sei Dank, wieder mit Vorräten eingedeckt!

Er lehnt sich behaglich nach hinten und fragt mich dann, wie es mir gehe.

»Eigentlich … gut«, erwidere ich etwas stockend. »Ich hatte während der letzten Monate eine wunderbare Zeit in meinem Häuschen. Zweimal habe ich die ganze Bibel durchgelesen, und … ich habe einzigartige Dinge erfahren. Doch … heute Morgen war ich im Dorfladen und das hat mich … ziemlich durcheinandergebracht.«

»Was ist vorgefallen?«, fragt er ruhig.

»Ja … der Mann mit dem Gebiss«, ich halte verlegen inne, »also, ein alter Mann, mit dem ich bereits einige Male gesprochen habe, aber … ich kenne seinen Namen nicht, also … dieser Mann war heute im Dorfladen. Er hatte da mal ein Buch gelesen, oder …

angefangen zu lesen, ein Buch über eine ›Gottessuche‹, aus dem er mir, noch vor dem Winter, sogar einmal vorgelesen hat. Ja ... aber heute sagte er mir dann, dass er dieses Buch endgültig weggeworfen hätte. Ich war erstaunt, da er beim letzten Mal so begeistert davon erzählt hatte. Nein ... es wäre ein einziger Alptraum gewesen, sagte er heute. Da wäre über vollkommen unwichtige Dinge theologisiert und philosophiert worden, während die Welt doch voller Kriege und Leid und Schmerz sei, auf all die Fragen würde man ja ohnehin niemals eine Antwort finden ... und für das reale Leben sei das alles sowieso vollkommen irrelevant! Genau ... und dann sagte er noch, dass die Wissenschaft die Welt vollständig erklärt hätte und dass man mehr nicht brauche ... und so weiter ... und letztlich machte er sich über die ganze Sache lustig!«

Der Eremit sagt nichts darauf, trinkt nur schweigend von dem Tee und schaut vor sich hin.

»Also, es tut mir leid, es ist nicht sehr nett, dass ich so über diesen Mann spreche«, sage ich nach einer Weile. »Aber ich habe mich gefragt, ob das Buch wirklich so schlecht war oder ob der Mann nicht vielleicht doch plötzlich ... das Handtuch geworfen hat, weil ... na ja ...« Ich stocke.

»Also ja, die Frage nach dem Leid ...«, sage ich nach einer kurzen Pause, »diese Frage scheint mir berechtigt zu sein. Aber ich wusste nicht, was ich darauf erwidern sollte ...«

»Ja ...« Er seufzt auf.

Wir schweigen beide.

»Die Sache ist nicht so einfach«, sagt er auf einmal. »Der Mensch und seine Entscheidungen sind oft unergründlich.«

Er schaut nachdenklich vor sich hin.

»Es gibt in der Bibel diese Geschichte von dem sogenannten ›reichen Jüngling‹«, sagt er plötzlich. »Also ... dieser kommt zu Jesus und fragt ihn, was er tun müsse, um das ewige Leben zu erben. Jesus sagt ihm, er solle die Gebote halten, und nennt dann auch einige.

Der Jüngling erwidert, dass er dies alles befolgt hätte, von Jugend an. Was ihm noch fehle. Da spricht Jesus zu ihm: ›Geh hin, verkaufe, was du hast, und gib's den Armen, so wirst du einen Schatz im Himmel haben; und komm und folge mir nach!‹ Und was macht der Jüngling? Er geht traurig davon, weil er viele Güter hat.«

»Oh nein! Ja, ich erinnere mich an die Geschichte«, sage ich betroffen.

»Es gibt Menschen, die fragen: ›Was soll ich tun, damit ich eine Antwort auf die Frage nach Gott finden kann?‹ Und wenn man ihnen sagt, was sie tun können … dann laufen sie davon.«

»Weil der Mensch die Hingabe scheut? Oder … Aber besteht nicht die Gefahr, dass man andere Menschen dann verurteilt?«, frage ich gleich.

»Ja, aber es gibt Menschen, wie der ›reiche Jüngling‹, die sich bewusst und willentlich von Gott abwenden, weil ihnen ihre vergänglichen, irdischen Reichtümer und ihr eigener Lebensentwurf mehr bedeuten als die ewigen, himmlischen Schätze. Solche Menschen werden oft zu den erbittertsten Gegnern von Christentum und Glauben. Deshalb muss man lernen zu unterscheiden, ohne jemanden zu verurteilen. Respekt und Achtung vor dem Menschen zu bewahren, ohne allzu leichtgläubig zu werden.«

Ich greife nach meiner Teetasse und nehme noch ein Stück von dem frischen Brot.

»Es gibt ja dieses Gleichnis vom Sämann«, sagt er nun und klopft mit den Fingern auf die Bibel.

Ich nicke.

»Gut … das Gleichnis vom Sämann sagt, wenn der Sämann sät, dann kann der Same auf vier verschiedene Böden fallen. Auf den Weg, auf das Steinige, unter die Dornen und auf die gute Erde. Jeder Sämann weiß natürlich, dass im Grunde nur der Same, der auf guten Boden fällt, auch aufgehen und Frucht bringen kann. Jesus legt dieses Gleichnis dann folgendermaßen aus: Der Same steht für das Wort Gottes, die vier Böden für vier verschiedene menschliche Herzen.«

»Das heißt, nur wer ein gutes Herz hat, der wird das Wort Gottes auch aufnehmen und gute Furcht bringen können? Aber wer hat denn schon ein solch gutes Herz?«, frage ich erstaunt.

»Man kann das Gleichnis auch so verstehen: Der Mensch soll sein Herz bewahren, damit es ein ›guter Boden‹ ist und für Gott offen bleibt. Wenn das Herz verhärtet oder wenn durch Sorgen und Ablenkungen des Lebens Dornen darüber wachsen, dann wird der Mensch auf einmal nicht mehr empfänglich sein für Gott.«

»Wie soll ich dich empfangen und wie begegn ich dir?«, sage ich leise vor mich hin. »Wie Adam den Garten des Paradieses hätte bewahren sollen?«

»Ja, man kann es so verstehen. Adam war verantwortlich für seinen Paradiesgarten. Er hätte ihn beschützen und das Tor vor der Schlange verschließen sollen. So sind auch wir verantwortlich dafür, dass wir unser Herz bewahren und vor negativen Einflüssen das Tor verschließen, dass wir die guten Mächte jedoch einlassen.«

»Das heißt«, sage ich nachdenklich, »wenn man die Botschaft über Gott und die ganze Sache mit dem Glauben und so weiter nicht aufnehmen kann, dann hat es unter Umständen nichts mit der Botschaft selbst zu tun, sondern mit dem eigenen Herzen? Man hat das Herz verhärtet, weil … wie beim ›reichen Jüngling‹ … man nicht bereit ist, das ganze Leben für Gott hinzugeben. Aber so besteht doch einfach die Gefahr, dass man andere Menschen als ›Ungläubige‹ abstempelt und sich über sie erhebt … und der Mann im Dorfladen hatte zum Teil ja durchaus auch recht. Vor allem auch mit der Frage nach dem Leid in der Welt.«

Ich drehe meine Schuhe vor dem Feuer auf die jeweils andere Seite und trinke wieder etwas von dem Tee.

»Ja, was soll man auf den Einwand antworten, dass das ganze Leid der Welt jeden Glauben an Gott Lügen straft?«, frage ich wieder.

»Ja, die Frage nach dem Leid in der Welt ist eines der größten Argumente des Atheismus gegen den Glauben. In der Theologie wird diese Frage unter dem Begriff ›Theodizee‹ behandelt. Wie kann man überhaupt an Gott glauben, im Angesicht all des Leids in der Welt?«

»Ja, genau«, sage ich.

»Also, man sagt, die Theodizeefrage sei letztlich unbeantwortbar. Die Frage kommt ja auch nur auf, wenn man an einen liebenden und gleichzeitig allmächtigen Gott glaubt. Wenn also Gott die Liebe und noch dazu allmächtig wäre, dann würde er das Leid in der Welt nicht zulassen.«

»Im Deismus hat man diese Frage nicht, weil Gott im Deismus ohnehin nicht in den Lauf der Welt eingreift. Und im Atheismus hat man die Frage natürlich auch nicht, weil es da keinen Gott gib«, sage ich halblaut vor mich her.

»Richtig, aber das Leid hat man trotzdem«, gibt der Eremit prompt zurück.

»Ja, aber man interpretiert dieses Leid dann als Teil des Lebens, mit dem man sich nun mal abzufinden hat, oder irgend auf eine solche Art«, sage ich darauf.

Wir schweigen beide.

»Was sagt denn die Theologie zu dieser Frage?«, frage ich wieder.

»Wie gesagt, die Theologie sagt, dass die Frage nicht beantwortbar sei. Lange Zeit wurde gelehrt, dass das Leid in der Welt durch die geschöpfliche Freiheit entsteht. Das heißt, Gott hätte nicht die Wirklichkeit des Bösen, des Leids und all des Schmerzes in der Welt geschaffen, sondern durch die Freiheit, die er seiner Schöpfung gewährt, lediglich die Möglichkeit.«

»Das heißt, die Schöpfung, der Mensch, kann seine Freiheit für das Schlechte verwenden, und dadurch entsteht das Leid? Aber das stimmt doch zum Teil auch ... viel Leid in der Welt ist doch in der Tat durch Menschen verursacht«, sage ich fragend.

»Ja … aber nicht alles Leid. Die Frage nach dem Leid ist letztlich auch die Frage nach der Verantwortung. Wer ist verantwortlich für das Leid in der Welt? Gott, die Welt, wie sie nun mal ist, der Mensch? Die Antwort, alles Leid in der Welt sei Resultat einer falschen Verwendung der geschöpflichen Freiheit, kann man beispielsweise bei einer Naturkatastrophe oder im Falle einer jungen Familie, deren Mutter mit vierzig an Krebs stirbt, nicht bringen.«

»Das stimmt«, sage ich betroffen. »Es wäre im Falle dieser Familie pietätlos, vollkommen unsensibel und … es würde doch nicht einmal zutreffen, oder … wer wüsste denn schon, was für eine Ursache diese Krebserkrankung gehabt hat?«

Ich denke nach.

»Aber müsste Gott, wenn er dem Leid und dem Bösen in der Welt Einhalt gebieten sollte, nicht allem Leid ein Ende setzen? Und wer sagte mir denn, dass nicht auch ich meine Freiheit für das Böse verwendet habe, dass nicht auch ich irgendeinmal zum Täter geworden bin, dass nicht auch ich andere Menschen schlecht behandelt habe. Wenn Gott eingreifen würde, dann müsste er doch gleich die halbe Menschheit ausradieren.« Ich halte kurz inne. »Aber könnte man nicht auch sagen, dass Gott eingreift durch die Berufung? Dadurch, dass Gott den Menschen zur Umkehr, zur Heimkehr ruft?«

»Ich muss sagen«, beginnt der Eremit nach einer Zeit des Schweigens, »ich habe mich vom Lager der ›Gottesankläger‹ vor langer Zeit bereits verabschiedet. Eine Antwort auf die Ursache und auf das ›weshalb‹ des Leids mag man nicht finden, aber ich habe zumindest meine Antwort darauf gefunden, wie ich mich im Angesicht des Leids verhalten will.«

»Welche?«, frage ich neugierig.

»Die Antwort Hiobs. ›Der HERR hat's gegeben, der HERR hat's genommen; der Name des HERRN sei gelobt!‹«

»Das heißt, als Gott gegeben hat, hat man sich auch nicht beklagt, und gedankt hat man wahrscheinlich auch nicht dafür, doch als es genommen wurde, da hat man Gott dafür angeklagt? Aber ob man eine solche Antwort einem Menschen geben kann, der von einem massiven Schicksalsschlag getroffen worden ist? Und gibt es nicht auch Menschen, die Gott nicht direkt ›anklagen‹ für das Leid, sondern die ganz einfach nach dem ›Weshalb‹ fragen, unter Umständen gar, tatsächlich, verbunden mit der Frage, ob man selber einen Anteil an diesem Leid gehabt hat, ob man ›mit-verantwortlich‹ ist? Eine Antwort auf das ›Weshalb‹ gibt es also in der Tat nicht? Hat man nur die beiden Optionen: Gott anklagen und verbittern oder fraglos akzeptieren, dass Gott wieder genommen hat? Oder … zum Deismus, Agnostizismus oder Atheismus wechseln?«

Er bleibt still sitzen.

Dann sagt er: »Viktor Frankel, ein österreichischer Neurologe und Psychiater, der das Konzentrationslager Theresienstadt überlebt hat, hat viel über die Frage nach dem Sinn des Leids nachgedacht. Er schrieb Folgendes: ›Wenn das Leben überhaupt einen Sinn hat, muss auch das Leiden einen Sinn haben.‹ Und in der Tat finden viele Menschen nach einer Zeit der Trauer einen Sinn in dem, was sie erlitten haben, und etwas Gutes kann selbst aus dem Schwierigsten noch entstehen. Doch wenn man nach dem Sinn des Leids sucht, dann besteht die Gefahr, dass man keinen Sinn darin findet und verzweifelt oder dass man Leiden rechtfertigt oder gar bagatellisiert. Viktor Frankel schrieb auch: ›Das Schicksal kann einem vieles rauben, aber eines kann es uns nicht rauben: die Freiheit, darauf zu reagieren.‹ Ich habe mich darum bemüht, mir diese Freiheit zu bewahren, unabhängig von dem, was geschieht, unabhängig von den Lebensumständen Gott zu danken und ihm zu vertrauen. Letztlich ist kein Leid so groß wie das Leid, das Vertrauen in Gott, Gott selbst, verloren zu haben! Nach jedem Schicksalsschlag kann man bitter, aggressiv und hoffnungslos werden, aber man kann mit der Haltung Hiobs, mit einer Haltung der Ehrfurcht und der Dankbarkeit Gott und dem Leben gegenüber, auch bekunden, dass man nicht an Gottes Stelle steht, dass man nicht alle Zusammenhänge durchschaut und dass man den ›Job Gott‹ nicht besser machen würde, wenn man auf dem Thron Gottes sitzen würde.«

»Ja, es kann in einem gewissen Sinne tatsächlich auch Ausdruck von Arroganz sein, wenn man Gott anzuklagen beginnt«, sage ich nachdenklich. »Man sagt damit ja auch, dass man davon überzeugt ist, ein Recht auf eine perfekte Welt nach den eigenen Vorstellungen zu haben … und dass Gott einem dazu zu verhelfen hat. Gott wird dann zu unserem Diener, wir zu den Herren.«

Ob das vielleicht tatsächlich auch ein Sinn des Leids in der Welt sein könnte, frage ich mich plötzlich: die Frage, die sich im Leiden stellen kann, ob man Gott nur liebt, wenn sich das Leben so verhält, wie man es erwartet?

Wir schweigen.

Nach einer Weile räuspere ich mich und sage dann: »Es gibt ja sicher Menschen, die Gott im Angesicht des Leids anklagen, aber es gibt doch auch Menschen, die den Menschen anklagen, wie vielleicht zu früheren Zeiten auch die Theologie, wenn sie davon gesprochen hat, dass das Leid durch eine falsche Verwendung der menschlichen Freiheit entsteht. Scheut sich die Theologie heute vielleicht deshalb, eine ›Antwort‹ auf die Frage nach dem Leid zu geben, weil sie weder Gott noch den Menschen anklagen will?«

»Ja … vielleicht, und weil die ganze Sache mit dem Leid letztlich in der Tat oft undurchschaubar ist. Wie bereits einmal gesagt: Wie die Freiheit der Schöpfung und die Freiheit des Schöpfers zusammenspielen, das ist das große Geheimnis. Gott ist nicht für jede Entwicklung in der Welt verantwortlich zu machen, aber auch der Mensch nicht …« Er schweigt plötzlich und schaut nachdenklich vor sich hin.

»Und ja … die Tränen …« sagt er dann.

»Die Tränen?«, frage ich erstaunt.

»Ja, die Mönche lehrten immer, dass die Antwort auf das Leid …
die Tränen sind. Ja … das Leid beweinen! Wer das Leid nicht mehr
beweinen kann, der wird es höchstwahrscheinlich weitergeben.«
»Der wird vom Opfer zum Täter …« sage ich nachdenklich.
»Ja, der Teufelskreis des Leids kann durch die Tränen durchbrochen
werden. Dostojewski, ließ den Starezen Sossima in ›Die Brüder
Karamasov‹ ja sagen, dass die Sünden der Welt durch die Tränen
des Mönches, die Tränen jedes einzelnen Menschen, abgewaschen
werden.«
»Wer das Leid nicht mehr beweinen kann, der wird es höchstwahrscheinlich weitergeben? Das ist … glaube ich … in der Tat so!« Sage
ich nachdenklich.
»Die letztendliche christliche Antwort auf das Leid ist jedoch …«,
er zögert. »… aber, das ist schwer in Worte zu fassen … Das Kreuz.
Karfreitag und Ostern. Gott nimmt das Leid auf sich und überwin-
det, transformiert es, in ein neues Leben, in eine neue Welt!«
»Aber … ich weiß nicht. Ich habe das Gefühl, dass ich langsam in
eine Sackgasse gerate …«, sage ich plötzlich verzweifelt.
Er gibt mir zu verstehen, dass ich weitersprechen soll.
»Also Wissenschaft und Glaube seien miteinander vereinbar, auch
die Evolutionstheorie und das biblische Konzept der Schöpfung,
wenn man beide sozusagen von ihrem ›Ballast‹ befreit … Aber …«
Ich denke einen Augenblick nach, dann sage ich: »Letztendlich soll
das Kreuz die Antwort auf das Leid sein? Aber ich habe über die
ganze Sache in den letzten Tagen nochmals intensiv nachgedacht
und jetzt kann ich es vielleicht langsam irgendwie in Worte fassen …
Ist es nicht so, dass sich vielleicht gerade in dieser Frage nach dem
Leid in der Welt zeigt, dass sich die Bibel und die Evolutionstheorie
doch fundamental widersprechen?«
Er sieht mich aufmerksam an.
Nach einigem Nachdenken fahre ich fort.

»Also … in der Evolutionslehre ist der Tod doch Teil der ganzen Geschichte, nichts Schlechtes in dem Sinne, etwas ganz Natürliches. Aber im biblischen Konzept der Welt ist der Tod, das ganze Leid könnte man ja auch sagen, Folge der Sünde Adams. Adam hat mit seinem Fauxpas die ganze Welt in den Abgrund gerissen. Und Christus ist gekommen, um uns von diesem Elend zu erlösen. ›Das Kreuz ist die Antwort auf das Leid … ‹, doch nur wenn man von diesem biblischen Konzept ausgeht, aber doch nicht vor dem Hintergrund der Evolutionstheorie …« Ich breche verzweifelt ab, da ich nicht weiß, wie ich die ganze Sache in Worte fassen soll.

Der Eremit sagt nichts.

Dann steht er auf und legt etwas Holz ins Feuer.

Nachdem er sich wieder gesetzt hat, blickt er wieder still vor sich hin.

Ich hoffe, dass ich ihn mit meinem ganzen Wortschwall nicht vor den Kopf gestoßen habe …

»Man muss sich nie vor der Wahrheit fürchten …«, sagt er plötzlich mit Überzeugung. »Nur die Liebe zur Wahrheit, zur Wahrhaftigkeit, kann uns weiterbringen.«

Ich schaue ihn fragend an.

»Ob man die Evolutionstheorie und den christlichen Glauben miteinander vereinen kann«, sagt er nun, »gerade in Bezug auf die Frage nach dem Tod und dem Leiden in der Welt, ist eine sehr bekannte und auch berechtigte Frage.«

»Ah ja?« Gebe ich ganz erstaunt zurück. »Aber wie soll man denn diese beiden widersprüchlichen, wie soll man sagen, ›Weltanschauungen‹, zusammenbringen können? Muss man sich nicht in der Tat für die eine oder andere entscheiden?«

»Nein, das muss man nicht«, sagt er ganz ruhig. »Von beiden Seiten her, von der Seite der Wissenschaft wie auch von der Seite des Glaubens, gibt es immer wieder Menschen, welche die Vereinbarkeit beider Disziplinen verneinen. Wenn man sich der Wissenschaft verschrieben hat, dann soll man sich von diesem lächerlichen Glauben lossprechen, und wenn man sich als ›gläubig‹ bezeichnet, dann soll man nichts mit der Wissenschaft zu tun haben. Aber wie bereits einmal gesagt: Eine Wahrheit kann nicht eine andere Wahrheit auflösen. Seriöse Theologie und seriöse Wissenschaft sind immer miteinander kompatibel. Gott braucht letztlich auch nicht unsere Vertuschungsmethoden!«

Gott braucht nicht unsere Vertuschungsmethoden? Das ist ja zumindest mal tröstlich, denke ich mir.

»Aber … kann man denn bei dieser Frage nach dem Leid und dem Tod tatsächlich eine ›Übereinstimmung‹ finden?«

»Es ist möglich, dass man es hier mit komplementären Aussagen zu tun hat. Komplementäre Aussagen widersprechen sich ja, beide Aussagen sind jedoch für das Verständnis notwendig, beide sind gleichwertig und sie deuten letztlich auf eine viel tiefere, dem Menschen jedoch nicht mehr zugängliche Wirklichkeit hin.«

»Dann wäre der Tod und das Leid einerseits ein normaler, natürlicher Teil unseres Lebens und gleichzeitig … Folge der Sünde?«

»Der Mensch war im Garten des Paradieses nicht unsterblich. ›Du wirst sterben‹, sagte Gott zu Adam. Er sagte nicht: ›Du wirst sterblich‹. Man könnte die Botschaft Gottes an Adam vielleicht so zu umschreiben versuchen: ›Israel, wenn du den Bund mit Gott brichst, dann wirst du als Volk sterben … untergehen. Mensch, wenn du deinen Schöpfer vergisst und wenn du dich selbst zu Gott machst, dann wird dich dein ganzes Wissen letztlich in den Untergang stürzen.‹»

Ich schaue den Eremiten fragend an.

»Das heißt, Adam war im Schöpfungsbericht ›sterblich‹, wie ja auch die Evolutionstheorie vom Menschen … logischerweise sagt. Der angedrohte ›Tod‹ hätte nicht bedeutet, der ›unsterbliche Adam‹ wird ›sterblich‹, sondern, Israel als Volk wird ›sterben‹, wird ›untergehen‹, wenn es den Bund mit Gott bricht … Und so auch der Mensch, die Menschheit? Auch sie wird, wenn sie Gott verwirft, wenn sie

Gott sozusagen aus dem Universum kicken und sich selber zu Gott machen will, dem Untergang anheimfallen? Ihr ganzes Wissen und ihre ganze Arroganz wird sie dann letztlich in den Ruin führen? Und von diesem Untergang hätte Christus zuerst Israel und dann auch die Menschheit ›erlöst‹?«

Ich denke nach.

»Das heißt … man könnte die Evolutionstheorie und die ganze Sache mit dem Christentum doch auf eine Weise miteinander vereinen ohne vom einen oder anderen Abstriche machen zu müssen? Beide Disziplinen bringen eine Wahrheit zum Ausdruck … und beide sind für das Verständnis der Welt notwendig …?«

»Wir können beim nächsten Mal noch darüber sprechen«, sagt er und gähnt.

Ja … es ist Zeit, dass ich mich aufmache.

Wortlos nehme ich meine mittlerweile fast schon trockenen Schuhe und ziehe mich an.

»Es tut mir leid ….«, stottere ich plötzlich mit zittriger Stimme hervor. »Aber … ich möchte nur die Wahrheit herausfinden …«

Er nickt. »Verzweiflung ist die beste Voraussetzung«, sagt er und erhebt sich. »Die beste Voraussetzung, dass wir uns weiter auf den Weg machen. Letztlich müssen wir aber nicht alles wissen! Der Mensch muss, Gott sei Dank, nicht alles wissen. Es reicht, dass Gott weiß. Der Mensch kann vertrauen! ›Glaube, und du wirst die Herrlichkeit Gottes sehen!‹ hat Christus zu Marta gesagt. Glaube«, sagt er noch einmal mit Nachdruck und schaut mich dabei an, »und du wirst du Herrlichkeit Gottes sehen!«

»Danke!«, sage ich erleichtert.

Er macht ein Kreuzzeichen auf meine Stirn und murmelt etwas von Frieden, das ich aber nicht genau verstehen kann. Es ist ein berührender Moment. Ich bleibe einen Augenblick stehen.

»Bald ist Karfreitag und Ostern« sagt er noch, als er die Tür öffnet. Ich weiß nicht, was ich darauf erwidern soll. Ich nicke nur, verabschiede ich mich dann und gehe durch den Schnee hindurch zurück in den Wald hinunter.

*

Kurz nachdem ich zwischen den Bäumen des Waldes verschwunden bin, beginnt es zu regnen. Durch den matschigen, nassen Schnee komme ich bereits völlig durchnässt an der Stelle an, an der ich normalerweise den Bach durchquere. Hinter einem Felsblock habe ich hier meinen Rucksack und die zweite Tasche versteckt. Alles ist nass und der Regen wird immer stärker. Das letzte Stück bis zu meinem Häuschen wird zu einer wahren Tortur. Neben den tropfnassen Kleidern spüre ich nun auch noch den kalten Wind bis auf die Knochen.

Erst nach einer unendlich scheinenden Zeit erreiche ich, mit Müh und Not, meine Bleibe.

Nachdem ich meine Kleider gewechselt, den Kamin angefeuert und die Esswaren verstaut habe, setze ich mich in eine Decke gehüllt vor das Feuer.

Die wohlige Wärme lässt mir die Augen zufallen.

Ich wollte doch etwas kochen und danach beten, denke ich noch, aber … da bin ich bereits eingeschlafen.

*

Schweigend sitze ich in meiner Gebetsecke und blicke auf das Kreuz.

Bald ist Karfreitag.

Christus wurde noch bejubelt … an Palmsonntag, »Hosanna dem Sohne Davids!«, doch kurz darauf schrie dieselbe Menge »Kreuzige ihn!«

Ja, ein Messias, ein Gott, den ich verstehen kann, der vorhersehbar ist, der tut, was ich von ihm erwarte, der mir Vorteile verschafft, Wissen, Macht und Ehre vor den Menschen verleiht … ja, ein solcher Gott ist mir willkommen. Mit Palmwedeln wird er empfangen.

Ja, ein Gott, der meine Profitgier segnet, ein Auge zudrückt, wenn ich meinen Nächsten übervorteile, der jedoch augenblicklich eingreift, wenn mir eine Ungerechtigkeit widerfährt, ja, ein solcher Gott ist mir willkommen. Mit Palmwedeln wird er empfangen.

Doch ein Messias, ein Gott, der mit seinem Leben und Wirken die Scheinheiligkeit, Unverfrorenheit und Untreue des Menschen offenbart, der ohne Ansehen der Person nach, jeden Menschen gleich behandelt, der sich nicht bis ins Letzte offenbart und der das Zepter des Universums partout nicht aus den Händen geben will ... nein! Ein solcher Gott muss weg! Weg aus meinem Leben, weg aus der Welt, weg aus dem Universum!

Kreuzige ihn, Pilatus!

Ja, kreuzige ihn.

Doch ... er blieb treu!

»Vergib ihnen, denn sie wissen nicht, was sie tun!«

Treu, bis ans Kreuz, Gott, sich selbst!

»Ich war auf dem Berg, ich habe das verheißene Land gesehen. Wie alle, so möchte auch ich ein langes Leben leben, aber um das sorge ich mich jetzt nicht. Ich möchte nur den Willen Gottes tun. Ich fürchte keinen Menschen. Meine Augen haben die Herrlichkeit des Herrn gesehen.« So sprach Martin Luther King in seiner letzten Rede im Kampf für die Gerechtigkeit, und kurze Zeit später wurde er erschossen.

Wie auch Dietrich Bonhoeffer. Mit aufrechtem Haupte schritt er zum Hinrichtungsplatz. »Jetzt kommt dein Ende«, sagte man ihm höhnisch. Doch er antwortete: »Oh nein, jetzt kommt erst der Anfang!«

»Das Schicksal kann einem vieles rauben«, hätte Viktor Frankel, ein Überlebender des Holocausts, gesagt, »aber eines kann es uns nicht rauben: die Freiheit, darauf zu reagieren.«

Ja, alles kann mir geraubt werden, aber ich möchte nicht mehr zulassen, dass mir meine Liebe und mein Vertrauen in Gott geraubt wird. Und ich möchte nicht mehr zulassen, dass mein Herz verhärtet, oder mit Dornen der Sorgen und der Angst überwachsen wird. Treu! Treu sein und bleiben! Treu sein und bleiben, Gott, dem Leben, sich selbst gegenüber! Auch wenn man nicht alles versteht … auch wenn das Leben anders verläuft, als man sich dies vielleicht gewünscht hätte!

Das scheint die Haltung des Eremiten zu sein.

Das war die Haltung Jesu, die Haltung Martin Luther Kings, die Haltung Bonhoeffers und die Haltung vieler anderer Männer und Frauen durch die ganze Geschichte hindurch.

Treu sein, sich nicht verbiegen aus Angst oder Gefälligkeit!

Das sind die wahren Heldinnen und Helden der Geschichte!

»Gott! Hilf mir, dass diese Haltung auch zu meiner Haltung wird!«

Wenn alle untreu werden,
So bleib ich dir doch treu;
Dass Dankbarkeit auf Erden
Nicht ausgestorben sei.

Für mich umfing dich Leiden,
Vergingst für mich in Schmerz;
Drum geb ich dir mit Freuden
Auf ewig dieses Herz.

Oft muss ich bitter weinen,
Dass du gestorben bist,
Und mancher von den Deinen
Dich lebenslang vergisst.

Von Liebe nur durchdrungen
Hast du so viel getan,
Und doch bist du verklungen,
Und keiner denkt daran.

Du stehst voll treuer Liebe
Noch immer jedem bei;
Und wenn dir keiner bliebe,
So bleibst du dennoch treu.

Die treuste Liebe sieget,
Am Ende fühlt man sie,
Weint bitterlich und schmieget
Sich kindlich an dein Knie.

Ich habe dich empfunden,
O! lasse nicht von mir;
Lass innig mich verbunden
Auf ewig sein mit dir.

Einst schauen meine Brüder
Auch wieder himmelwärts,
Und sinken liebend nieder,
Und fallen dir ans Herz.

aus: Novalis, »Geistliche Lieder«, (1802)

Freiheit auszurufen den Gefangenen

Die Wiese ist übersät von Schneeglöckchen und Krokussen. Nur unter den Bäumen und am schattigen Hang liegt noch immer ein wenig Schnee, doch die Weiden am Bach tragen bereits ihre samtenen Kätzchen und die Vögel singen überall. Die Winterzeit scheint endgültig vergangen zu sein.

Ich sitze vor meinem Häuschen und gehe seit Stunden bereits meine Notizen durch. So viele Dinge habe ich niedergeschrieben, seit ich hier in der Einsamkeit sitze. Gedanken über meine Familie, über mein Leben, über Gott, theologische Fragen und Erkenntnisse, Naturbeobachtungen und vieles mehr. Meine große Frage nach Gott klärt sich immer mehr, wie viele andere Dinge auch. Doch die ganze Sache mit Erlösung und all dem habe ich, wie mir beim Durchgehen all des Geschriebenen gerade bewusst geworden ist, noch kaum verstanden. Wenn Israel den Bund bricht, dann wird es sterben, dann wird es untergehen? Und wenn die Menschheit seinen Ursprung vergisst, dann wird ihr dasselbe Geschick widerfahren? Und ... gilt dasselbe für die Kirche, das Christentum? Auch wenn dieses seinen Ursprung und seinen Gott vergisst, wird es letztlich untergehen?

Aber ... selbst wenn dem tatsächlich so sein sollte, wie wäre es denn möglich, dass Jesus Christus der Erlöser von all diesen »Untergängen« ist? Christus als der große »Bote«, als die »Verbindung«, als das »Tor« zwischen Schöpfer und Schöpfung, all das kann man ja noch so einigermaßen nachvollziehen ... aber das Kreuz? Das Blut? Der Schädel Adams?

Da kommt mir in den Sinn, dass ich in dem Buch »Schöpfung, Erlösung und Berufung« das Kapitel über »Erlösung« noch gar nicht gelesen habe. Ich hole das Buch heraus und beginne in dem

Abschnitt zu lesen, komme nach kurzer Zeit jedoch zum Schluss, dass ich der ganzen Sache überhaupt nicht folgen kann.
Gelangweilt klopfe ich mit den Fingern auf dem Tisch herum.
Ich werde zum Eremiten gehen und ihn fragen, was er dazu zu sagen hat. Anschließend kann ich auch noch im Dorfladen vorbeischauen und einige Lebensmittel kaufen.
Kurz entschlossen erhebe ich mich, ziehe Jacke und Schuhe an, schließe alle Fenster und die Türe und mache mich dann auf den Weg.

*

Gedankenversunken schlendere ich an dem von Buschwindröschen umsäumten Bach entlang, bis ich schließlich an den Wald gelange. Hier liegt noch immer, zumindest an einigen Stellen, ziemlich viel Schnee am Boden. Als ich, nachdem ich den schmalen Weg durch den Wald heruntergestiegen bin, schließlich an der Stelle ankomme, an der ich normalerweise den Bach durchquere, traue ich meinen Augen kaum. Durch die Schneeschmelze führt der Bach so viel Wasser, dass ich mindestens bis zu den Knien, in der Mitte des Baches wahrscheinlich noch tiefer, im Wasser versinken würde.
Verwundert setze mich auf einen Baumstamm am Wegrand und blicke auf das sprudelnde Wasser herunter.
Hier komme ich vorerst nicht mehr durch!
Unmöglich!
Zudem treibt viel Holz in der Strömung.
Aber die Hoffnung besteht zumindest, dass der Wasserspiegel wieder sinken wird, wenn das ganze Schneewasser runtergespült ist.
Doch wie lange das dauern wird?
Gott sei Dank habe ich noch genügend Vorräte zu Hause.
Nachdenklich erhebe ich mich wieder und schreite dann in den dunklen Tannenwald hinein.

Als ich endlich bei dem Häuschen des Eremiten angekommen bin, finde ich niemanden vor.

Alles ist still.

Die Türe ist verschlossen und auch hinter dem Häuschen ist alles ruhig.

Da ich nicht wage, mich alleine auf die Bank vor das Häuschen zu setzen, lasse ich mich auf einen Baumstrunk in der Nähe der Eingangstüre nieder und warte.

Nichts regt sich.

Bloß zwei Meisen, die wild umherfliegen und einander zuzwitschern, unterbrechen die Stille. Wahrscheinlich sind sie auf Nestsuche.

Die ganze Wiese ist mit violetten und weißen Krokussen übersät, wie auch auf meiner Seite des Waldes.

Wie schnell das doch geht? Kaum ist der Schnee geschmolzen, sprießt alles wieder hervor. Da gibt es auch so kleine gelbe Blumen, wie Sterne.

Wo der Eremit bloß steckt?

Da höre ich plötzlich ein Knacken und Schritte.

Blitzschnell schieße ich hoch und gehe um das Häuschen herum.

Da kommt er tatsächlich den schmalen Pfad vom Wald herunter.

Als er mich sieht, freut er sich und nickt mir zu, doch er sagt kein Wort. Er trägt wieder seinen Mantel über die Kutte.

Schweigend gehen wir in das Häuschen. Er gibt mir zu verstehen, dass ich vor dem Kamin Platz nehmen soll.

Kurze Zeit später kommt er mit einer Kanne Tee und Nüssen zurück und feuert den Kamin an. Dann setzt er sich hin und schaut nachdenklich vor sich zu Boden.

Wo er gewesen ist? frage ich mich. Und warum er heute wohl nicht spricht?

Ob es dort oben einen Gebetsort gibt? Oder gar eine Kirche? Vielleicht war er ja für eine lange Zeit im Gebet versunken …

Jetzt räuspert er sich und schaut mich fragend an.

»Erlösung«, sage ich unbeholfen, »ja, ›Erlösung‹ habe ich … noch überhaupt nicht verstanden.«

»Ah, ja.« Er seufzt tief auf, »da sind wir ja steckengeblieben beim letzten Mal …«

Er sagt nichts weiter.

Ich trinke von dem Tee und warte.

Ob ich ihn nochmals fragen soll?

»Ja … das ist leider, einmal mehr, überhaupt nicht einfach zu verstehen«, sagt er plötzlich, »wenn man ›Erlösung‹ erklären möchte, dann muss man es auch immer wieder ganz neu durchdenken und zusammensetzen.«

Er schweigt wieder.

»Es entfaltet sich, wenn man darüber nachdenkt und spricht. Aber nicht immer. Es ist letztlich nicht ›erklärbar‹, es ist unverfügbar.«, sagt er nach einer Weile und nimmt seine Teetasse in die Hand.

Ob ich ihn mit meiner Fragerei belästige?

Wenn man längere Zeit in der Stille und im Gebet verbracht hat, ist es nicht einfach, plötzlich wieder mit jemandem sprechen zu müssen. Das habe ich ja selber auch erfahren.

Und jetzt reiße auch ich ihn aus seiner Stille.

Aber … andererseits wünsche ich mir ja, dass er mir an seinen Erkenntnissen Anteil gibt.

Still werden, nachdenken und beten … ist wunderbar … aber sollte man das Erkannte nicht auch an andere weitergeben?

Obwohl es in einem gewissen Sinne ja auch egoistisch ist von mir.

Ich komme immer nur zu ihm, wenn ich etwas wissen will.

Weil ich seine Erkenntnisse begehre!

Wie der Mensch das Wissen von Gott begehrt?

Da reißt man ja, wenn man so sagen will, auch Gott aus seiner Stille, aus seinem Frieden heraus.

Aber das ist uns Menschen ja egal.

Ja ... wir gehen respektlos um mit Gott! Wir wollen ihn in unsere Welt, in unser Denken, auch in unsere Probleme und Vorstellungen runterziehen, statt dass wir uns von ihm in seinen Frieden, in seine Stille hochziehen lassen.

Letztlich aber ginge es doch nur um das Zusammensein. Um diese Tischgemeinschaft, in die man mithineingenommen wird.

»Was Erlösung ist und wie sich Erlösung ereignet, entfaltet sich nur, wenn man in diese Erlösung hineingenommen wird«, sagt der Eremit auf einmal, »ja, es gibt keinen Weg, Erlösung verstehen zu können, außer, dass man erlöst wird.«

»Andernfalls wäre man wieder beim ›Baum der Erkenntnis des Guten und Bösen‹ angelangt, nicht wahr? Man würde ein Wissen begehren wollen, das Macht, Freiheit und Ansehen verheißt, das letztlich jedoch ins Verderben stürzt. Weil der Mensch getrennt von Gott diese Erkenntnis gar nicht tragen kann?«, frage ich nachdenklich.

»Richtig!« sagt er, räuspert sich und richtet sich etwas auf. »Wie man Gott nur in Gott erkennen kann, nur durch Teilhabe, so kann man auch Christus und Erlösung nur verstehen, wenn man in diese Geheimnisse mithineingenommen wird ... Wir wissen es erst, wenn wir es erfahren haben!«

»Und dann, wenn wir es erfahren haben, dann werden wir verändert sein, und dieses ›erfahrene Wissen‹ nicht mehr für unsere eigenen Zwecke missbrauchen?«

»Ja.« Sein Gesicht hellt sich auf.

Ich habe es anscheinend geschafft, ihn aus seiner Versenkung herauszureißen. Das ist mir zwar nicht ganz recht, freut mich aber trotzdem.

»Ja ... also ... Erlösung«, er räuspert sich wieder, nimmt einen Schluck Tee und fährt dann fort: »Also ... wo beginnen wir? Gut, das Kreuz. Also … zuallererst ist es wichtig, sich klar zu machen, dass Jesu Tod im Nachhinein *gedeutet* wurde.«

Ich nicke, nehme einige von den Nüssen in die Hand und lehne mich zurück.

»Auch wenn man über Erlösung und Opfer und so weiter spricht, darf man nicht vergessen, dass Jesus nicht vor die Tore Jerusalems gezerrt und in einer religiösen Zeremonie als Mensch geopfert worden ist. Jesus wurde hingerichtet! Als er vor dem Synedrium bei seinem Anspruch blieb, der Messias Israels zu sein, wurde er an die Römer ausgeliefert. Das Todesurteil wurde von dem römischen Präfekten Pilatus im Namen des Imperium Romanum gesprochen. Nach einem römischen Gesetz muss der Anspruch, König zu sein, als todeswürdiges Verbrechen verurteilt werden, sofern dieser Anspruch einen Aufstand verursacht. Nach der Chronologie des Johannesevangeliums wurde Jesus gekreuzigt, als im Tempel die Pessachlämmer geschlachtet wurden. Pessach, das Fest, an dem das jüdische Volk der Befreiung aus der Knechtschaft in Ägypten gedenkt, stand vor der Tür.

Dieser Tod Jesu wurde also im Nachhinein gedeutet, und man kann diesen Tod, vereinfacht gesagt, auf drei verschiedene Weisen deuten.« Er schaut mich auffordernd an.

»Eh … ja, das mit dem Opfer … Aber man könnte ja auch sagen, also … Leute, die nicht an ihn geglaubt haben, die sagten wohl einfach, dass er zu Recht gekreuzigt worden ist, weil er … ein falscher Messias war.« Ich breche verunsichert ab.

»Ja, ganz richtig!«, sagt er und nickt. »Die erste Deutung des Todes Jesu ist genau diese: Dieser Jesus von Nazareth war ein falscher Messias. Er hat das Volk aufgewiegelt, ist dem Größenwahn verfallen, hat sich mit der Elite angelegt und wurde zu Recht hingerichtet. Auch wenn dieser Tod grausam war … er hat sich das gewissermaßen selbst eingebrockt. Die Geschichte ist damit zu Ende. Und die zweite Deutung?«

»Ehm …« Ich denke einige Zeit nach. »Also, ja, das mit dem Opfer … Aber …« Ich schaue den Eremiten fragend an.

Er wiegt den Kopf hin und her. »Noch nicht. Das wäre dann die dritte Deutung. Die zweite Deutung ist herausfordernd, fast beängstigend. Sie geht folgendermaßen: Dieser Jesus war unschuldig. Er hat nichts getan oder gesagt, was diesen Tod rechtfertigen würde. Er hat die Wahrheit gesagt, hat jede Scheinheiligkeit offengelegt. Er war mutig und hatte recht mit dem, was er sagte und tat. Er wurde beseitigt aus Eifersucht und weil die religiösen Leiter ihre Führung gefährdet sahen. Vielleicht war er gar in der Tat der verheißene Messias. Das glaubten seine Jünger und viele andere Menschen im Volk. Als Unschuldiger oder gar noch als Messias, als Gesandter Gottes, wäre aber sein Tod nicht nur für ihn eine Tragödie gewesen, sondern auch für alle, die ihn diesem Tod ausgeliefert oder die sich zumindest nicht dagegen zur Wehr gesetzt haben. Wenn dieser Mann nämlich in der Tat unschuldig oder sogar von Gott gesandt war, dann wird sein Tod die Rache Gottes provozieren. Wie das Blut des unschuldig durch seinen Bruder Kain ermordeten Abel von der Erde zu Gott nach Rache schrie, so wird auch das Blut Jesu zu Gott nach Rache schreien. Gott sagte damals zu Kain: ›Was hast du getan? Die Stimme des Blutes deines Bruders schreit zu mir von der Erde.‹«

»Ach … das ist schrecklich«, sage ich betroffen.

»Ja. ›Was hast du getan?‹ ›Was habt ihr getan?‹ Dies ist den Jüngern Jesu, und gewiss vielen anderen Menschen, am Abend von Karfreitag ohne Zweifel durch den Kopf gegangen. ›Was haben wir getan? Wir haben unseren Bruder dem Tode ausgeliefert, der … unschuldig war! Der uns doch nur den Weg zu Gott weisen wollte.‹ Wenn man den Tod Jesu so deutet, dann wird man entweder verrückt werden oder man wird sich im schlimmsten Falle gar das Leben nehmen, wie Judas, der sich noch während des Prozesses Jesu erhängte.

Oder ... man beginnt zu beten. Wie die Jünger. Und damit entstand die dritte Deutung.«

Er blickt mich wieder auffordernd an.

»Also, die dritte Deutung wäre dann ... die mit dem Opfer ...«

»So ist es. Die dritte Deutung entstand dadurch, dass Jesus den Jüngern als Auferstandener erschien und ihnen ›Frieden‹ wünschte. Durch diese Erscheinungen, durch das leere Grab und durch die Befragung der alten Schriften entstand die dritte Deutung: Wenn Jesus tatsächlich der von Gott gesandte Messias war und wenn er, nachdem man ihn unschuldig einem solche Tode ausgeliefert hat, trotzdem nicht die Rache und Vergeltung Gottes provoziert hat, dann muss sein Tod wie ein Opfer gewirkt haben.«

»Und die Befragung der alten Schriften bedeutet, dass man das Alte Testament heranzog, um den Tod Jesu damit besser verstehen und deuten zu können?«, frage ich bewegt.

»Genau. Anhand der alten Schriften versuchte man das Geheimnis des Todes Jesu noch besser erfassen zu können.«

»Und welche Schriften zog man denn da heran?«, frage ich wieder.

»Vor allem das Exodusgeschehen, das heißt die Erlösung Israels aus Ägypten, die Befreiung aus dem Exil in Babylon und das Jubeljahr, das 50. Jahr, das Jahr der Heiligkeit, das Jahr der Befreiung.«

»Ich habe die ganze Bibel nun zweimal durchgelesen«, sage ich ein bisschen verlegen, »doch ich kann mich beim besten Willen nicht an dieses ›Jubeljahr‹ erinnern.«

Er klopft mit der Hand auf die Bibel und beginnt dann:

»Gut, wir fangen beim Jubeljahr an: Nach 7 x 7 Jahren, das heißt im 49. Jahr, wurde am großen Versöhnungstag das ›Jubeljahr‹ ausgerufen und das 50. Jahr geheiligt. Das Alte Israel war eine Agrargesellschaft. Bei Missernten konnte es schnell geschehen, dass sich kleine Bauern verschuldeten, weil sie Nahrung und Saatgut von reichen Nachbarn entlehnen mussten. Wenn die Missernten anhielten, musste man sein Land verpfänden, wenn sich die

Situation weiter verschlechterte, den Hof, bis man, im schlimmsten Falle, seine Kinder oder gar sich selbst, in die Fronarbeit an den Großbauern verdingen musste, dem man Geld schuldig war. Wenn jemand einen solventen Blutsverwandten hatte, konnte und musste dieser den verarmten Bruder und seinen Besitz zurückkaufen. Das nannte man ›lösen‹. Doch wenn kein Löser gefunden werden konnte, das heißt, wenn sich eine ganze Familie oder unter Umständen ein ganzer Stamm verschuldet hatte, dann wurde spätestens im Jubeljahr jeder wieder frei. Hof, Land und Erbe wurden zurückerstattet, alles kehrte an seinen ursprünglichen Besitzer, in die ursprüngliche Ordnung zurück, jeder konnte von Neuem beginnen. Das Jubeljahr war somit eine Vorkehrung, die verhindern sollte, dass Besitz von einigen wenigen grenzenlos aufgehäuft und ganze Familien, Sippen oder ganze Stämme von finanzstarken Nachbarn verschlungen werden konnten. Grundgedanke dabei war, dass das Land und der Mensch, ja die ganze Schöpfung Gott alleine gehört! Dass man auf Grund dessen weder Land, noch Mensch auf Dauer seinem eigenen Besitz einverleiben kann!«

»Das heißt, wenn kein solventer Löser gefunden werden konnte, dann wurde die Schuld an diesem ›Versöhnungstag‹ beglichen und alle wurden wieder frei? Und das würde dann bedeuten, dass Jesus dieser große Löser seines Volkes und der Menschheit ist und durch ihn die Menschheit in das große Jahr der Freiheit, des Jubels geführt wird?«, frage ich ungeduldig.

»Ja, also …«, er macht eine Pause, »das ist für uns heute nicht mehr einfach zu verstehen. Man muss zunächst wissen, dass in dieser Zeit und Kultur davon ausgegangen worden ist, dass durch Schuld der Mensch in letzter Konsequenz sein Leben und seine Daseinsberechtigung auf Erden verwirkt. Wenn sich eine ganze Sippe oder ein ganzes Volk schuldig macht, dann kann ein ganzes Volk schließlich seine Daseinsberechtigung verlieren. Der Mensch, das Volk, ist dann unumkehrbar verdorben, wie auch das Land, das in Mitleidenschaft gezogen worden ist. Das Land wird seine Bewohner früher oder später ›ausspeien‹, wie dies in den biblischen Schriften an einigen Stellen ausgedrückt wird. Wenn dies geschieht, dann gibt es keinen Weg mehr zurück. Das Tor ins Paradies, in die Heilige Stadt, ist verschlossen. Der Mensch hat eine Grenze überschritten, nach der er unumkehrbar verdorben ist oder sich, auf das praktische Leben bezogen, nicht mehr aus eigener Kraft aus seiner finanziellen Schuld herausbringen kann. Ein solventer Löser muss ihn freikaufen, damit dieser frei werden kann. Am ›Versöhnungstag‹ wurde dies nun im Kult vollzogen. Man ließ anstelle des einzelnen Menschen, oder des ganzen Volkes, stellvertretend zwei Ziegenböcke ›untergehen‹, wobei ›stellvertretend‹ nicht ganz das richtige Wort ist, denn in diesen beiden Böcken ging das Volk symbolisch tatsächlich ›unter‹, um dann, neu geschaffen, als neue Schöpfung, wieder in das ebenfalls erneuerte und wiederhergestellte verheißene Land einziehen zu können. Es wird also eine Art Totalpleite, eine ›Total-Ausradierung‹ von Schuld und Schuldner eingeleitet, damit ein Neuanfang, eine Neu-Schöpfung, ermöglicht werden kann. Dabei legt der Hohepriester, der das gesamte Volk repräsentiert, die Schuld des Volkes auf den ›Sündenbock‹, der sodann symbolisch für das ganze Volk aus dem verheißenen Land hinaus, zurück in die Wüste, in den sicheren Tod getrieben wird. Bei dem anderen Bock, der geopfert wird, legt der Hohepriester seine Hand auf, identifiziert sich mit diesem Bock und geht als ganzes Volk in und mit diesem Bock, der getötet wird, durch das Todesgericht hindurch, um, befreit von der Schuld, wieder in ein neues Leben eintreten zu können. Anschließend, nachdem das Blut dieses Bockes in das Allerheiligste des Tempels gebracht worden ist, wird durch die Priester die Erlösung, die Befreiung, das Ende eines alten Zyklus und der Beginn einer neuen Zeit durch Posaunen, in jener Zeit durch Schofarhörner, im ganzen Land ausgerufen. Die Schuld ist, zusammen mit den Schuldnern, weggeschafft und die alten Identitäten von Opfern und Tätern sind begraben und aufgelöst. Als eine neue Schöpfung kann das Volk wieder zurückkehren aus der Fronarbeit, aus der Gefangenschaft, in das alte Erbe. Der verloren gegangene Besitz wird zurückerstattet, und die Einheit, zuallererst mit Gott, aber auch mit der restlichen Schöpfung, allem voran mit dem Land, ist wiederhergestellt. Das große 50. Jahr bricht damit an. Das Jahr der Freiheit und der Heiligkeit, das Jahr des Jubels!«

»Das ist … nicht einfach zu verstehen«, sage ich seufzend. »Es scheint manchmal wie aufzuscheinen und dann denkt man, dass man es verstanden hat, doch wenn man es ergreifen will, dann ist es gleich wieder weg.«

Ich bleibe schweigend sitzen. Dann frage ich: »Hat man noch andere Schriften herangezogen, um den Tod Jesu zu deuten?«

»Ja, die Erlösung aus dem Exil in Babylon. Das Volk Israel wurde aus dem Garten des Paradieses, aus der ummauerten Tempelstadt nach Babylon deportiert. Es wurde … ›ausgespien‹ aus der heiligen Stadt, aus dem Heiligen Land. Weggeführt unter König Nebukadnezar. Im Buch Jesaja wird von dieser Zeit berichtet und es wird an mehreren Stellen ein geheimnisvoller ›Knecht des Herrn‹ erwähnt. Wie beispielsweise … im 42. Kapitel.«

Er blättert in der Bibel herum, dann beginnt er zu lesen.

Siehe, das ist mein Knecht, den ich halte, und mein Auserwählter, an dem meine Seele Wohlgefallen hat. Ich habe ihm meinen Geist gegeben; er wird das Recht unter die Heiden bringen. Er wird nicht schreien noch rufen, und seine Stimme wird man nicht hören auf den Gassen. Das geknickte Rohr wird er nicht zerbrechen, und den glimmenden Docht wird er nicht auslöschen. In Treue trägt er das Recht hinaus. Er selbst wird nicht verlöschen und nicht zerbrechen, bis er auf Erden das Recht aufrichte; und die Inseln warten auf seine Weisung <…>

Ich, der HERR, habe dich gerufen in Gerechtigkeit und halte dich bei der Hand. Ich habe dich geschaffen und bestimmt zum Bund für das Volk, zum Licht der Heiden, dass du die Augen der Blinden öffnen sollst und die Gefangenen aus dem Gefängnis führen und, die da sitzen in der Finsternis, aus dem Kerker.

»Ah, da wird wieder von diesem ›glimmenden Docht‹ gesprochen«, sage ich verblüfft.

»Ja, nun, es handelt sich hierbei also zuallererst um die zerbrochene Stadt Jerusalem, das zerbrochene Volk im Exil und die … beinahe … verlorene Herrlichkeit Gottes. Der ›Knecht‹ soll dieses ›geknickte Rohr‹ wieder aufrichten, den ›glimmenden Docht‹ wieder entfachen und die Gefangenen aus Kerker und Finsternis herausführen. All dies scheint jedoch nicht durch die Kraft oder die Einsicht des Knechtes selbst zu geschehen, sondern durch die Kraft des Geistes Gottes, der ihm gegeben worden ist. Durch diese Kraft, durch diesen Geist, mit dem Gott ihn gesalbt hat, wird der Knecht auch den ›Armen gute Botschaft verkündigen‹, ›Gefangenen Freiheit ausrufen‹, ›Blinden das Augenlicht wieder schenken‹, ›Zerschlagenen die Türen zur Freiheit öffnen‹ und ein ›Gnadenjahr des Herrn ausrufen‹, oder eben ein ›Jubeljahr des Herrn‹, wie im selben Buch Jesaja im 61. Kapitel dann berichtet wird. Diese Verse hat Jesus viele Jahre später in seiner Heimatsynagoge in Nazareth vorgelesen und auf sich bezogen. Doch zuerst noch zu einer anderen Stelle, in der über diesen ›Knecht des Herrn‹ berichtet wird, im Kapitel 53.«

Während er wieder in der Bibel herumblättert spricht er weiter: »Im Judentum wurde dieses Kapitel 53 aus den Lesungen in den Synagogen gestrichen, weil das Christentum diese Verse von Beginn an auf Jesus Christus bezogen hat. Obwohl man den Abschnitt im rabbinischen Judentum vorerst in der Tat mit dem Messias in Verbindung gebracht hatte, kam im Mittelalter mit ›Rashi‹, mit vollem Namen Rabbi Shlomo Itzchaki, die Interpretation auf, dass sich die Textstelle auf Israel als Kollektiv bezieht und nicht auf eine Einzelperson. Diese Interpretation wird bis heute, wenn der Abschnitt überhaupt gelesen wird, nicht nur im Judentum, sondern auch von vielen christlichen Bibelauslegern vertreten. Dabei scheint die Sache schnell erledigt zu sein. In Vers 8 steht geschrieben, dass den ›Knecht‹ wegen des Vergehens ›seines Volkes‹ die Strafe getroffen hat! Obwohl im Buch Jesaja der ›Knecht des Herrn‹ in einigen Abschnitten in der Tat für das Volk als Kollektiv stehen kann, so wird in diesem Text hier klar ausgesagt, dass eine Einzelperson für das Volk sterben wird, dass diese Einzelperson wie ein Spross aus dürrem Erdreich aufschießen, verachtet, durchbohrt und eines gewaltsamen Todes sterben, dass sie dadurch jedoch den Vielen Gerechtigkeit schaffen und ihre Sünden selbst tragen wird.«

»Ja … ich erinnere mich … ich habe diese Verse gelesen und sie haben mich sehr erstaunt, weil sie so direkt von Jesu Schicksal zu sprechen scheinen.«

Er nickt.

»Ja, der Prophet hat in diesem 53. Kapitel vorausgesagt, dass jemand für das Volk sterben wird, dass dieser Tod jedoch die Erlösung des Volkes aus dem Exil bedeuten wird.«

Er beginnt zu lesen.

Er schoss auf vor ihm wie ein Reis und wie eine Wurzel aus dürrem Erdreich. Er hatte keine Gestalt und Hoheit. Wir sahen ihn, aber da war keine Gestalt, die uns gefallen hätte. Er war der Allerverachtetste und Unwerteste, voller Schmerzen und Krankheit. Er war so verachtet, dass man das Angesicht vor ihm verbarg; darum haben wir ihn für nichts geachtet.

Fürwahr, er trug unsre Krankheit und lud auf sich unsre Schmerzen. Wir aber hielten ihn für den, der geplagt und von Gott geschlagen und gemartert wäre. Aber er ist um unsrer Missetat willen verwundet und um unsrer Sünde willen zerschlagen. Die Strafe liegt auf ihm, auf dass wir Frieden hätten, und durch seine Wunden sind wir geheilt.

Wir gingen alle in die Irre wie Schafe, ein jeder sah auf seinen Weg. Aber der Herr warf unser aller Sünde auf ihn. Als er gemartert ward, litt er doch willig und tat seinen Mund nicht auf wie ein Lamm, das zur Schlachtbank geführt wird; und wie ein Schaf, das verstummt vor seinem Scherer, tat er seinen Mund nicht auf.

Er ist aus Angst und Gericht hinweggenommen. Wen aber kümmert sein Geschick? Denn er ist aus dem Lande der Lebendigen weggerissen, da er für die Missetat seines Volks geplagt war. Und man gab ihm sein Grab bei Gottlosen und bei Übeltätern, als er gestorben war, wiewohl er niemand Unrecht getan hat und kein Betrug in seinem Munde gewesen ist. Aber der Herr wollte ihn also zerschlagen mit Krankheit. Wenn er sein Leben zum Schuldopfer gegeben hat, wird er Nachkommen haben und lange leben, und des Herrn Plan wird durch ihn gelingen. Weil seine Seele sich abgemüht hat, wird er das Licht schauen und die Fülle haben.

Durch seine Erkenntnis wird er, mein Knecht, der Gerechte, den Vielen Gerechtigkeit schaffen; denn er trägt ihre Sünden. Darum will ich ihm die Vielen zur Beute geben und er soll die Starken zum Raube haben dafür, dass er sein Leben in den Tod gegeben hat und den Übeltätern gleichgerechnet ist und er die Sünde der Vielen getragen hat und für die Übeltäter gebeten.

»Das ist wirklich eine erstaunliche Stelle! Man verachtete ihn, er war ... ›der Allerverachtetste‹? Das trifft bei Jesus doch bis auf den heutigen Tag zu!«, sage ich erstaunt. »Aber wie kann Jesus überhaupt dieser ›Knecht des Herrn‹ sein, wenn er viele Jahre später erst gelebt hat, als Israel längst wieder aus dem Exil in das Land ihrer Väter zurückgekehrt ist?«, frage ich nach einer Weile.

Der Eremit seufzt tief auf.

»Dass Jesus dieser ›Knecht des Herrn‹ sein kann, ist möglich, wenn man das Exil als nicht mit der Gefangenschaft in Babylon beendet ansieht. Dies war ja die Kritik Jesu am Volk seiner Zeit. ›Ihr seid aus dem Exil nur äußerlich zurückgekehrt, innerlich sitzt ihr jedoch noch immer in der Gefangenschaft. Ihr seid noch nicht zu Gott und zu eurem wahren Erbe als Söhne und Töchter Gottes zurückgekehrt.‹ So könnte man Jesu Botschaft zusammenfassen. Und zudem stand Israel tatsächlich auch äußerlich noch immer unter Fremdherrschaft. Damals unter den Römern. Doch Jesu Botschaft begann nicht mit einem ›Aufstand gegen die Römer‹, sondern sie begann beim Herzen des Menschen. Der Mensch muss im Herzen heimkehren, oder er wird nirgendwo auf Erden wirklich zu Hause sein. Die Freiheit muss im Herzen beginnen, oder man wird nirgendwo auf Erden wirklich frei sein!«

»Dann hätte ein Prophet im Exil eine Vision dieses ›Knechtes des Herrn‹ empfangen«, sage ich plötzlich, »in der Art, wie der Schreiber des Schöpfungsberichtes die Schöpfung am Anfang der Zeiten durch eine eigene Erfahrung der ›Berufung‹, ›Erlösung‹ und ›Schöpfung‹ empfangen hat? Auf eine ähnliche Weise hätte während der Zeit des Exils ein Prophet die Vision dieses ›Knechts‹ durch ein, sagen wir, eigenes Prophetenschicksal empfangen und niedergeschrieben? Das hieße: Ein Prophet wäre während des Exils aufgetreten, der dem Volk die Befreiung aus dem Exil prophezeite, der jedoch auch dazu aufrief, im Herzen zu Gott, zur Gerechtigkeit, zur ursprünglichen Berufung umzukehren. Dieser Prophet wäre dann um seiner Botschaft willen verfolgt worden … oder … er wäre, dadurch dass seine Augen den wahren Zustand seines Volkes und der Welt erblicken konnten, in eine solche Trauer über sein Volk, über die Menschheit und über die Welt gestürzt, dass er dabei diese Vision empfangen hatte: Eines Tages würde einer kommen, der um der gleichen Botschaft willen unschuldig dem Tode übergeben und um desselben Schmerzes willen sterben würde. Doch dieses Leben und Sterben, dieses ›Untergehen‹, würde auf geheimnisvolle Weise ganz Israel, die ganze Menschheit, ja die ganze Welt, wie stellvertretend vom Untergang erlösen.«

Wir schweigen beide.

Nach einer Weile blättert der Eremit wieder in der Bibel.

»Wir müssen noch den letzten Text anschauen. Die bereits erwähnten Verse aus dem 61. Kapitel desselben Buches Jesaja. Auch diese Verse handeln wieder von diesem ›Knecht des Herrn‹. Da steht nun Folgendes:

Der Geist Gottes des Herrn ist auf mir, weil der Herr mich gesalbt hat. Er hat mich gesandt, den Elenden gute Botschaft zu bringen, die zerbrochenen Herzen zu verbinden, zu verkündigen den Gefangenen die Freiheit, den Gebundenen, dass sie frei und ledig sein sollen; zu verkündigen ein gnädiges Jahr des Herrn.«

»Tatsächlich, durch den Geist, der auf ihm ruht, wird er das Volk befreien …!«, sage ich begeistert.

»Ja …« Er setzt sich etwas nach vorne und spricht dann weiter.

»Gehen wir nun in das Neue Testament, in das Evangelium nach Lukas. Nach diesem Evangelium waren die ersten Worte, die Jesus Christus öffentlich gepredigt hat, als Beginn seines Auftretens vor Israel, diese Verse aus dem 61. Kapitel des Buches Jesaja. Nachdem Jesus von Johannes dem Täufer getauft worden, der Geist Gottes wie eine Taube auf ihn herniedergekommen war und er 40 Tage in der Wüste gefastet hatte und vom Bösen versucht worden war, kam er, wie es heißt, ›in der Kraft des Geistes Gottes‹ aus der Wüste zurück. Und dann steht dort ...

Und er kam nach Nazareth, wo er aufgewachsen war, und ging nach seiner Gewohnheit am Sabbat in die Synagoge und stand auf, um zu lesen. Da wurde ihm das Buch des Propheten Jesaja gereicht. Und als er das Buch auftat, fand er die Stelle, wo geschrieben steht: ›Der Geist des Herrn ist auf mir, weil er mich gesalbt hat und gesandt, zu verkündigen das Evangelium den Armen, zu predigen den Gefangenen, dass sie frei sein sollen, und den Blinden, dass sie sehen sollen, und die Zerschlagenen zu entlassen in die Freiheit und zu verkündigen das Gnadenjahr des Herrn.

Und als er das Buch zutat, gab er's dem Diener und setzte sich. Und aller Augen in der Synagoge sahen auf ihn. Und er fing an, zu ihnen zu reden: ›Heute ist dieses Wort der Schrift erfüllt vor euren Ohren‹.«

»Heute ist dieses Wort der Schrift erfüllt vor euren Ohren?‹ Aber, wenn dem in der Tat so sein sollte, weshalb ist die Menschheit und die Welt nach Jesus Christus denn nicht erlöster als vorher?« Ich breche abrupt ab und beginne mich fast zu schämen, dass ich es überhaupt gewagt habe, eine solche Frage zu stellen.

Er blickt lange wortlos vor sich hin.

»Wie gesagt, der Tod Jesu wurde gedeutet«, sagt er nun. »Auch mit dem Exodusgeschehen, dem Pessachlamm und anderen Stellen. Vor den Augen der Welt war dieser Jesus von Nazareth ein Wanderprediger. Einige dachten, er sei ein Spinner oder gar ein Gotteslästerer. Er wurde hingerichtet und die Geschichte ist damit zu Ende. Dies ist, wie gesagt, die erste Deutung. Nur denjenigen

Menschen aber, die an seine Sendung geglaubt haben, eröffnete sich mit der Zeit das Geheimnis des Lebens und Sterbens Jesu.«

»Das heißt, wer von Jesus glaubte, dass dieser ein falscher Messias war und gerechterweise beseitigt worden war, der konnte weder Jesus Leben noch seinen Tod, sagen wir … richtig deuten.«

»Ja … es gibt da diese Geschichte vom Propheten Elia …«, sagt er plötzlich mit Begeisterung.

Ich nicke. Ich kann mich daran erinnern.

»Elia war der größte Prophet im alten Israel. Er hatte viele Jünger, sogenannte ›Prophetenschüler‹. Zu den Propheten sagte man zu jener Zeit auch ›Seher‹. Sie waren diejenigen, die über das hinaussehen konnten, was mit den natürlichen Augen gesehen werden kann. Der Unterschied zwischen Sichtbarem und Unsichtbarem löste sich für sie am Ende gar auf. Wie auch die Grenze zwischen Vergangenheit, Gegenwart und Zukunft. Sie standen vor Gott, dem Ewigen, wie es von Elia heißt, vor demjenigen, der über allen Wirklichkeiten, den Sichtbaren, wie den Unsichtbaren, und über allen Zeiten steht.«

Er nimmt einige Schlucke von dem Tee und fährt dann weiter:

»Dieser Elia hatte also Jünger. Einer davon hieß Elischa. Er war der engste der Nachfolger Elias. Es kam dann der Tag, an dem Elia in den Himmel entrückt werden sollte. Er sagte zu Elischa, dass er in eine andere Stadt ziehen werde, weil der Herr ihn dorthin gerufen hätte. Elischa sagte jedoch zu ihm: ›So wahr der Herr lebt und du lebst: Ich verlasse dich nicht.‹ Und Elischa zog mit. Und in jede Stadt, in die Elia mit Elischa kam, kamen die Prophetenschüler heraus und sagten zu Elischa: ›Weißt du auch, dass der Herr heute deinen Herrn hinwegnehmen wird, hoch über dein Haupt hinweg?‹ Und Elischa sagte: ›Auch ich weiß es wohl; schweigt nur still.‹ Die anderen Prophetenschüler waren in ihrem ›geistlichen Sehen‹ also fortgeschritten. Sie erkannten, dass Elia entrückt werden wird. Sie erkannten dies und sprachen darüber. Doch Elischa sagte ihnen sinngemäß: ›Was ihr erkannt habt, das habe ich schon lange erkannt. Doch es geht nicht um das Erkennen und das Reden darüber allein, sondern es geht um die Nachfolge!‹ Und Elischa folgte Elia weiter nach, bis an das Ende. Und sie kamen an den Jordan. Und Elia nahm seinen Mantel und spaltete den Jordan und die beiden gingen trockenen Fußes hinüber. Und Elia fragte den Elischa, was seine Bitte sei, bevor er von ihm hinweggenommen werde. Und Elischa sagte: ›Dass mir zwei Anteile von deinem Geist zufallen.‹ Das war in dieser Zeit und Kultur das Erbe des Erstgeborenen. Elischa sagte also mit anderen Worten: Ich möchte deinen ›Hof‹, dein Amt übernehmen. Ich möchte nicht bloß mehr sehen als das, was man mit den natürlichen Augen sehen kann, ich möchte selber wandeln, wie du gewandelt bist, ich möchte selber zu einem Vater der Prophetensöhne werden. ›Du hast Schweres erbeten‹, antwortete Elia. ›Doch wenn du mich sehen wirst, wie ich von dir genommen werde, so wird's geschehen; wenn nicht, so wird's nicht sein.‹ Und Elischa hat gesehen!«

Der Eremit steht nun auf und hält seine Hände in die Höhe ... »Ein Wind kam auf, vielleicht noch mit Nebel, und Elia war weg, nur sein Mantel blieb auf der Erde liegen. Das war das, was alle sahen, auch die Prophetenschüler, die weit weg, auf der anderen Seite des Jordan stehengeblieben waren. Doch Elischa sah einen feurigen Wagen und feurige Pferde, die vom Himmel herniederkamen und die Elia im Sturmwind in den Himmel entrückten.«

Nun hält der Eremit inne.

Gespannt schaue ich ihn an.

»Als er Elia im Sturmwind in den Himmel auffahren sah«, fährt er nun fort, »da wusste er, dass er sein Amt, das Amt des großen Propheten, des großen Sehers, geerbt hatte, ja ... dass er bereits darin steht!«

»Und als die Jünger den Auferstandenen sahen, da wussten sie ...«, beginne ich zögerlich.

»Ja …« Er nickt und setzt sich wieder. »Als die Jünger den Auferstandenen sahen, da wussten sie, dass sie bereits in dieses Geheimnis der Auferstehung, in das Erbe Jesu, in die Erlösung und Befreiung mit hineingenommen worden sind.«
Ich bleibe ergriffen sitzen.

»Das heißt, nur wer Jesus nachgefolgt ist, nur wer seiner Sendung geglaubt hat, der hat ihn auch, wie Elischa den Elia, ›in den Himmel auffahren‹ sehen? Nur der hat auch erkennen können, wer dieser Mann aus Nazareth in Wahrheit war und was sein Tod in Wahrheit bedeutet, und nur der konnte auch, sagen wir, die erlösende Kraft, die von diesem Leben und Sterben ausging, empfangen und erfahren?«, frage ich erstaunt. »Doch was ist mit diesem Mantel Elias?«

»Darüber sprechen wir … beim nächsten Mal, wenn wir über Pfingsten reden«, sagt er und steht auf.

Ja, das war wieder einmal sehr viel auf einmal, denke ich.

Ich trinke den restlichen Tee aus und mache mich bereit.

Schade! Ich wäre gerne noch länger geblieben.

»Übermorgen ist Karfreitag, am Sonntag ist Ostern«, sagt er zum Abschied.

Ich nicke gedankenversunken, verabschiede mich dann und gehe über die blühende Wiese zurück, den Weg in den Wald hinunter.

*

Als ich zu der Stelle gelange, an der ich normalerweise den Bach durchquere, setze ich mich erschöpft auf den Boden, lehne mich an einen Baumstamm und schaue nachdenklich in das Wasser hinunter. Der Wasserstand ist noch höher als am Morgen. Ja … weiter oben ist der Schnee ja noch gar nicht geschmolzen, denke ich plötzlich. Wie lange das dauern wird, bis der Wasserspiegel sich wieder senkt?

Die Frühlingssonne glitzert mit ihren Strahlen wunderbar durch die zu neuem Leben erwachenden Bäume.

Die Knospen treiben bereits.

Still bleibe ich sitzen.

Nicht nur die Welt … auch das Leben und Sterben Jesu kann man also unterschiedlich deuten, denke ich plötzlich.

Er war der »Allerverachtetste«?

Weil er den wahren Zustand seines Volkes, des Menschen, der Welt sah … und darüber in Trauer war?

Ja, er ist den ganzen Weg der Menschheitsgeschichte zurückgegangen, bis zum Ursprung … und er war gewiss der Einzige, der diesen Weg gehen konnte.

Und dann wurde er zu Boden gerissen.

Und das Blut tropfte auf den Weg.

Ein solcher Tod.

Für einen Unschuldigen.

Und alle haben es gewusst.

Doch keiner hat gewehrt.

Rausgezerrt wurde er, vor die Tore der Heiligen Stadt, wie der Sündenbock aus dem verheißenen Land in die Wüste getrieben wurde.

Und Jesus schwieg, er verteidigte sich nicht, er sann nicht auf Rache, er verfluchte seine Peiniger und die Menschheit nicht, in seinem ganzen Todeskampf nicht, sondern er bat gar noch: »Vater vergib ihnen, denn sie wissen nicht, was sie tun.«

Ja, sie wissen nicht, was sie tun!

Wir wissen nicht, was wir tun!

Das Licht, das in die Welt gekommen ist, der Bote Gottes, der gesandt worden war, um in die himmlische Stadt zu führen … wurde verworfen.

Doch ohne Boten wird kein Mensch den Weg dorthin finden.

Und so brach die Finsternis herein, als Jesus am Kreuze starb.

Und sein Blut tropfte auf die Erde ... und damit war Adam, der Mensch, die Menschheit ... aus dem Grabe, aus dem Tode befreit, und mit ihm, mit Christus, erstand der Mensch zu neuem Leben. »Oh, mein Gott! Lieber mit Christus sterben, als mit der Finsternis leben! Lieber mit der Wahrheit fallen, als mit der Lüge siegen!«

O Haupt voll Blut und Wunden,
voll Schmerz und voller Hohn,
o Haupt, zum Spott gebunden
mit einer Dornenkron.
O Haupt, sonst schön gekrönet
mit höchster Ehr und Zier,
jetzt aber frech verhöhnet:
Gegrüßet seist du mir!

Es dient zu meinen Freuden
und tut mir herzlich wohl,
wenn ich in deinem Leiden,
mein Heil, mich finden soll.
Ach möcht ich, o mein Leben,
an deinem Kreuze hier
mein Leben von mir geben,
wie wohl geschähe mir!

Das Haus im Himmel

Die ganze Wiese leuchtet gelb, und in blühendem Weiß gekleidet, zeigt der Birnbaum von Neuem seine ganze Schönheit. Bienen summen von Blüte zu Blüte, die Stare sind aus ihrem Exil zurückgekehrt und hüpfen, nach Insekten suchend, über das frische Gras, und auch die Schwalben fliegen wieder den tanzenden Mücken nach. Der Frühling ist eine einzigartig schöne Jahreszeit! Und jedes Jahr neu ist es erstaunlich, wie aus diesen toten Bäumen wieder Leben ersprießt.

Bald wird mein Jahr hier oben zu Ende sein!

Tief seufze ich auf …

Wie werde ich diesen Ort vermissen … Die Stille, die Natur … den Eremiten!

Und ich habe noch keine Ahnung, was ich danach tun soll …

Ich werde den Eremiten besuchen gehen, denke ich plötzlich. Vielleicht kann er mir einen Rat geben. Ich möchte ihn auch noch fragen, was er zu diesem »Mantel des Elia« zu sagen hat.

Und dann, wenn möglich, werde ich auch noch einen Abstecher in den Dorfladen machen. Ich sollte unbedingt wieder Lebensmittel einkaufen gehen.

*

Der Eremit sitzt draußen am Tisch und isst. Er sieht mich erst kommen, als ich bereits einige Meter von ihm entfernt auf der Wiese stehe.

Freudig steht er auf und verschwindet im Häuschen. Ich nähere mich langsam dem Tisch und warte.

Dann kommt er mit einem Teller und Besteck heraus und bittet mich mitzuessen.

Dankend nehme ich an.

274

Der Wasserstand des Baches ist, auch wenn es scheint, dass er gesunken ist, noch immer hoch. Ich werde also auch in den nächsten Tagen noch nicht in den Dorfladen gehen können. So bin ich dankbar für eine zusätzliche Mahlzeit.

Es gibt, wie anscheinend immer beim Eremiten, eine Art Eintopf, heute mit Getreide und Pilzen.

Das Essen hier oben ist einfach. Aber man ist froh, wenn man überhaupt etwas auf dem Teller hat.

Wir schweigen beide lange Zeit und essen still unser Essen.

Nachdem wir fertig gegessen haben, räumt er die Teller in das Häuschen und kommt mit Tee und einer Schale getrockneter Birnenstücke zurück.

Dann schaut er mich fragend an.

»Ich würde gerne noch mehr über diesen Mantel des Elia erfahren«, sage ich nachdenklich. »Aber, auf dem Weg hierhin ist mir auch noch etwas anderes durch den Kopf gegangen, etwas, das ich eigentlich schon lange einmal hätte fragen wollen.«

Er nickt mir zu.

»In diesem Buch über Eschatologie, das ich vor einiger Zeit gelesen habe, wird über Christus gesagt, dass er durch alles – durch die Natur, die Menschen und alles Mögliche und auch durch andere Religionen – die Menschen berühren und in diese himmlische Stadt hineinführen kann, oder so ungefähr habe ich das dort gelesen. Bedeutet das nun, dass alle Religionen zum selben Ziel führen, wie man das ja häufig hört?«

Er lehnt sich gegen die Wand des Häuschens und atmet tief durch. Ich bin mir nicht ganz sicher, ob ihm meine ständige Fragerei nicht doch langsam zu viel wird.

Ich warte.

»Ich hoffe es!«, sagt er nach einer Zeit des Schweigens.

»Aber wahrscheinlich wollte der Autor dieses Buches nicht sagen, dass alle Religionen zum selben Ziel führen. Er wollte wohl einfach klarstellen, dass nichts auf dieser Welt den Weg zu Gott versperren kann. Keine noch so hochentwickelte oder noch so einfache Religion, keine noch so weltoffene oder noch so engstirnige Gruppierung oder Konfession, selbst im Christentum. Dass der Mensch, der still wird und in Aufrichtigkeit nach Gott fragt, überall auf dieser Welt den Zugang zu Gott finden kann.«

»Aber damit sagt man nicht notwendigerweise, dass alle Religionen und auch alle Lehren in den verschiedenen Gruppierungen und Konfessionen im Christentum ›gut‹ sind?«, frage ich etwas unsicher.

»Also, zu sagen, dass alle Religionen ›gut‹ sind und zum selben Ziel führen, ist eine Aussage, die meines Erachtens gar nicht gemacht werden kann. Man müsste ja alle Religionen von innen kennengelernt und praktiziert haben, um am Ende zu einer solchen Schlussfolgerung finden zu können. Leute, die solche Aussagen machen, gebärden sich als vermeintlich objektive Betrachter aller Religionen und geben ihren Standpunkt als die absolute Wahrheit aus, obwohl sie eine absolute Wahrheit in den einzelnen Religionen häufig gerade bestreiten. Auch die bekannte Geschichte mit dem Elefanten hört man in diesem Zusammenhang ja oft: Blinde hätten einen Elefanten betastet. Jeder hätte dabei jedoch bloß einen Teil des Tieres abgetastet, was diesen jedoch nicht bewusst gewesen war, da sie ja eben … blind waren. Anschließend hätten sie berichtet, was sie wahrgenommen hätten. Der eine erzählte von einer dicken Säule, der andere von einer Schlange, während wieder ein anderer von einer Pflugschar sprach und so weiter. Der König aber, der die Blinden beobachtete und der den ganzen Elefanten sah, wusste, dass alle bloß einen Aspekt der Wahrheit erkannt hatten. Aber auch mit dieser Geschichte stellt man sich über alle Religionen und nimmt die Position eines vollständig erkennenden Betrachters ein. Was man mit dieser Aussage ›alle Religionen führen zum selben Ziel‹ in Wahrheit oftmals sagen will, ist, dass man davon überzeugt ist, dass das Christentum falsch liegt, oder zumindest, dass es mit

Aspekten anderer Religionen ›angereichert‹ werden muss. Doch wenn man behauptet, dass alle Religionen zum selben Ziel führen, dann müsste dies ja auch auf das Christentum zutreffen. Das hieße: Das Christentum führt zum Ziel, und infolge dessen kann man dem christlichen Glauben treu sein und bleiben.«

»Ja!« Ich bin überrascht. »Das stimmt! Mir kommt es in der Tat auch oft so vor, dass man mit einer solchen Aussage im Grunde gar nicht sagen will, dass alle Religionen ›gut‹ sind, sondern dass man das Christentum als hinterwäldlerisch und engstirnig diffamieren will.«

»Ein Stück weit bin ich mit dem Autor dieses Buches über Eschatologie auch einverstanden«, sagt er nach einer Weile, »wenn man positiv formuliert eingesteht, dass die Wahrheit auch an anderen Orten gefunden werden kann. Selbst Paulus schreibt in seinen Briefen, dass die Heiden nach ihrem Gewissen gerichtet werden. Er schreibt nicht, dass sie alle verloren sind …«

»Das heißt … man kann auch in anderen Religionen, wenn man aufrichtig nach der Wahrheit sucht, Gott finden …? Aber … sollte man demzufolge Menschen aus anderen Religionen auch gar nicht missionieren?«, frage ich plötzlich.

»Die Frage ist, was man unter ›Mission‹ versteht«, gibt er gleich zurück und fügt dann hinzu: »Missionieren bedeutet meiner Meinung nach, den Menschen nach Hause führen, ihn mit seinem eigenen Ursprung verbinden, was ja die Grundbedeutung von ›Religion‹ ist: ›Wieder-vereinen‹. Mission darf jedoch nicht der Export eines westlich geprägten Christentums sein, darf nicht das Überstülpen einer bloßen kulturell geprägten Lehre sein. Gott zu erkennen ist, wie bereits einmal gesagt, ein Wieder-Erkennen, ein Nach-Hause-Finden. In Afrika gibt es dieses wunderbare Sprichwort: ›Niemand kann ein Kind über Gott belehren.‹ Ja!«, sagt er, nach einer kurzen Pause überzeugt, »Gott ist uns zutiefst vertraut. Und selbst, wenn wir unser ganzes Leben im Nebel gesessen hätten, und selbst, wenn die ganze Menschheit seit Ewigkeiten im Nebel sitzen würde, so wissen wir doch, zutiefst im Herzen, dass hinter dem Nebel die Sonne scheint … und wir sehnen uns danach …« Er hält inne. »Ja … es ist ein Wieder-Erkennen, ein sich Erinnern. Und wir müssen uns in Acht nehmen vor Leuten, die uns weismachen wollen, sie alleine hätten das vollkommene Wissen über Gott, und sie alleine könnten uns deshalb dieses Wissen vermitteln. Wir alle tragen diesen glimmenden Docht in uns … Mission heißt: dem Menschen dies bewusst zu machen, ihn zu ermutigen, diesen Weg nach Hause, diesen Weg in die Wahrheit unter die Füße zu nehmen. Wenn Religion den Menschen jedoch noch mehr von sich selbst entfremdet, dann ist mit der ›Mission‹ etwas falsch gelaufen.«

Ich bleibe nachdenklich sitzen.

»Das Kriterium wäre also …«

»Das Kriterium wäre die Ganzheit. Gott spricht den Menschen in seiner Ganzheit an und verbindet. Reden, Denken, Fühlen und Handeln bilden schlussendlich eine Einheit, weil Gott mit dem menschlichen Verstand, mit den Gefühlen, mit der Intuition, mit dem Leben als Ganzes, mit guter Theologie und mit guter, seriöser Wissenschaft kompatibel ist. Wenn jedoch ein Teil des Menschseins und des Lebens ausgeblendet werden muss, um einer bestimmten religiösen oder ideologischen Lehre zustimmen zu können, dann sollte man die Notbremse ziehen.«

»Ah, ja!« Ich nicke. Genau dasselbe habe ich ja auch schon gedacht! »Das kann wahrscheinlich in allen Religionen und, leider, auch im Christentum geschehen, oder nicht? Ich meine, dass man Teile des Menschseins und des Lebens ausblenden muss, um einer gewissen Lehre zustimmen zu können?«

»Ja … letztlich geht es immer um dieselbe alte Frage nach der Macht. Wenn man den Menschen beherrschen will, dann muss man ihn spalten. ›Divide et impera‹, ›trenne und herrsche‹, das wussten bereits die alten Römer. Man muss eine Gruppe spalten, wenn man sie beherrschen will … aber auch den einzelnen Menschen muss man spalten.«

»Und wie macht man das?«, frage ich neugierig.

»Man trennt den Menschen von der Gemeinschaft und von der Natur, trichtert ihm ein, dass nur sein Verstand wichtig, seine Gefühle jedoch unbedeutend sind, oder gerade umgekehrt, dass nur seine Gefühle zählen, das, ›wie man sich gerade so fühlt‹, der Verstand jedoch ausgeblendet werden kann. Man reduziert ihn auf seine Triebe, lässt ihn glauben, dass nur die Wissenschaft von Wichtigkeit ist, oder … oder … oder … Ein Mensch aber, der in sich eins ist, der auf seinen Verstand, seine Gefühle, seine Intuition, sein Herz, seine Erfahrungen wie auch auf die Erfahrungen anderer Menschen, die Wissenschaft und so weiter hört, ist kaum für unlautere Machenschaften zu missbrauchen«, sagt er mit Überzeugung.

»Und damit wären wir ja fast schon bei Pfingsten angelangt«, fügt er gleich hinzu.

»Ja, aber … ich wollte eigentlich auch die Frage nochmals stellen, weshalb die Welt nach Christus nicht unbedingt erlöster aussieht als zuvor …«, sage ich gleich darauf.

»Advent, Weihnachten, Karfreitag, Ostern, Pfingsten. Das ist der Festkreis, den die Kirche im Kirchenjahr durchläuft«, sagt er nun, nimmt von den Birnenstücken und lehnt sich wieder zurück.

Ich verstehe nicht ganz, was das mit meiner eben gestellten Frage zu tun haben soll, aber ich wage nicht, ihn zu unterbrechen.

»Die Kirche ist leider meist – Ausnahmen hat es Gott sei Dank immer wieder gegeben – bei Karfreitag steckengeblieben. Ostern hat man zwar noch gefeiert, als das größte Fest der Christenheit, aber faktisch gesehen kam die Christenheit oft nicht über Karfreitag hinaus. Kraftlos, hoffnungslos, orientierungslos, unsicher, ob dieser Glaube denn überhaupt wahr ist und trägt. Genauso wie die Jünger am Abend von Karfreitag. Pfingsten, dieses Fest kam da zwar noch

mal vor, an einem Sonntag nach Ostern, aber da wussten die meisten Menschen schon gar nicht mehr, was es damit auf sich hat.«
Ich nicke leicht verwirrt, trinke von dem Tee und blicke nachdenklich in den Wald hinauf.
»Wenn man bei Karfreitag steckenbleibt, dann kann man zwar zustimmen, dass Jesus gekreuzigt worden, gar dass er auferstanden ist, man kann im Kopf die Botschaft bejahen, dass er in diesem ›verheißenen Land‹ angekommen ist, dass Gott ihn also durch die Auferstehung sozusagen ›rehabilitiert‹ hat, selber bleibt man jedoch im Land des Exils sitzen.«
»Das heißt also«, sage ich plötzlich, »dieser ›Festkreis‹ gibt eine Art Weg vor, den man durchlaufen muss … und, wenn die Christenheit diesen Weg nicht bis zum Ende durchläuft, dann kann sie die Erlösung gar nicht wirklich empfangen und auch gar nicht weitertragen? Wie der Elischa dem Elia nachfolgen musste bis am Schluss?«, frage ich etwas unsicher.
»Ja … wenn die Geschichte aufgehört hätte, als Elischa den Elia in den Himmel auffahren gesehen hat, dann wäre die Mission des Elia zu einem Ende gekommen.«
»Ah ja, er erbte den Mantel! Genau, ich wollte ja noch mehr über diesen Mantel erfahren …«, sage ich begeistert. »Aber worin bestand denn eigentlich die Mission des Elia? Und was bedeutet dieser Mantel?«
»Die Mission des Elia war, das Volk zu Gott zurückzuführen, zu der Erkenntnis des einen, wahren Gottes. Die Wiederherstellung … ja, die Wiederherstellung war die Mission. Die Wiederherstellung der Bestimmung des Menschen, der Einheit des Menschen mit Gott, die Wiederherstellung alles Verlorengegangenen, ja … und der Mantel ist ein Bild, ein Zeichen für das Zepter, für den Schlüssel, für die Vollmacht, die Elia von Gott für diesen Auftrag empfangen hatte.«
Erstaunt blicke ich den Eremiten an.

»Das heißt«, sage ich dann, »mit dem geerbten Mantel konnte Elischa nicht nur in diese ›Wirklichkeit Gottes‹ sehen, eintreten, er konnte nicht nur in dieser Gegenwart Gottes leben, sondern er konnte auch anderen Menschen dorthin führen?«

Der Eremit antwortet nichts.

»Und deshalb Pfingsten? Der ›Mantel Christi‹ fiel an Pfingsten vom Himmel?«, sage ich auf einmal. »Das würde bedeuten, als die Jünger den Auferstandenen sahen, da waren sie damit in eine andere Wirklichkeit hineingenommen. Doch erst dadurch, dass sie an Pfingsten den Mantel Christi empfingen, wurden sie befähigt, im Geist und in der Kraft Christi seine Mission auf Erden weiterzuführen?«

»An ›Pfingsten wurde der Heilige Geist ausgegossen‹, heißt es ja immer. Doch die ganze Sache ist viel komplexer, als oft gedacht«, sagt er nun vorsichtig, »der Geist Gottes war ja gewiss vor Pfingsten bereits gegenwärtig. Seit der ersten Schöpfung ist er in der Welt, wie am Anfang der Bibel berichtet wird. Auch im Leben der Jünger Jesu war der Geist Gottes lange vor Pfingsten schon am Werk. Doch an Pfingsten wurden sie in eine neue Dimension dieses Geistes hineingeführt. Dabei sieht man diesen ›Heiligen Geist‹ häufig viel zu eindimensional, wie auch die ganze Gottheit.« Er schweigt und blickt still über die Wiese.

»Der Heilige Geist selbst ist in sich bereits unendlich vielfältig, unendlich vieldimensional, unendlich vielschichtig«, fährt er nun mit leiser Stimme fort, »so teilt er auch unterschiedliche Gaben und Berufungen aus … wie dies ja auch in den Briefen des Apostels Paulus beschrieben wird.«

Der Heilige Geist ist in sich bereits vieldimensional? Obwohl er ein Geist ist? Diese Worte hallen noch in mir nach. Ob man sich das vorstellen könnte, wie einen Regenbogen, bei dem das eine Licht der Sonne in verschiedenen Farben gebrochen ist?

»Das Jubeljahr …«, sagt er auf einmal und klopft dabei mit der Hand auf den Tisch. »Ja, ›Freiheit auszurufen den Gefangenen‹, Pfingsten ist der 50. Tag. Nach 7x7 Wochen tritt man nach Ostern in den großen 50. Tag ein. Wie in das 50. Jahr, das Jubeljahr, das Jahr der Erlösung, der Befreiung, der Rückführung, der Wiederherstellung.«
»Das heißt, das Evangelium, das die Kirche verkündigen soll, ist im Grunde genommen … das Jubeljahr? Erlösung aus dem Exil, Erlass aller Schulden, Rückführung der ganzen Schöpfung nach Hause, zu Gott … in das Ursprüngliche …«
»Ganz richtig! Das Evangelium ist die Botschaft, dass die Erlösung aus dem Exil und der Weg nach Hause vollbracht ist. Dass sich der Mensch aufmachen kann … dass Gott ihn erwartet … als Freund. Ja, das große, universale Jubeljahr ist die Botschaft, welche die Kirche in Worten und in der Kraft des Geistes Gottes verkündigen soll … bringen soll … sein soll! Das ist das Evangelium, und das ist die Mission der Kirche und eines jeden Einzelnen, der sich zu diesen Nachfolgerinnen und Nachfolgern Christi zählt. Aber es gibt kein Jubeljahr, kein Pfingsten ohne Karfreitag und Ostern. Man kann nicht eigenmächtig leben, andere Menschen unterdrücken und bevormunden wollen und gleichzeitig in der Macht und Freiheit des Himmels zu leben begehren. Macht ausüben und in den großen 50. Tag, den Tag der Befreiung eintreten, schließt sich gegenseitig aus. Im 50. Tag werden alle frei, und Gott allein ist alles in allem! Nur wer das Kreuz von Karfreitag auf sich nimmt, der wird auch die Auferstehung von Ostern und die Kraft von Pfingsten erfahren und weitergeben können.«
Er gähnt und gießt den letzten Tee ein.
Auch ich bin müde.
»Aber was soll man denn jetzt tun? Was soll ich jetzt tun?«, frage ich fast schon verzweifelt. »Das heißt doch: Ohne Pfingsten gibt es keine wahre Kirche, keine Kirche, die in Wahrheit den Auftrag Christi weiterführen kann! Ohne Pfingsten … rutscht die Kirche

zurück ins Exil. Und die ›Gemeinschaft der Befreiten‹ wird zur Gemeinschaft derjenigen, die Befreiung verkünden, in Wahrheit jedoch selber in der Gefangenschaft sitzen. Nur durch Pfingsten, nur dadurch, dass dieser ›Mantel Christi‹, dieser ›Schlüssel‹ den Jüngern übergeben wird, werden diese auch befähigt, andere Menschen in diese Wirklichkeit Gottes hineinführen zu können.«

»Jesus sagte seinen Jüngern, sie sollen warten. Warten in Jerusalem, bis der Geist aus der Höhe kommt. Man kann nur warten, beten, sich öffnen und sich vertrauensvoll Gott hingeben«, sagt er gelassen.

»Nicht in eigener Kraft und nicht in eigener Intelligenz ans Werk gehen, sondern warten, bis das Feuer vom Himmel fällt. Denn: Die Kirche, wenn sie denn in Wahrheit ›Kirche‹ sein soll, kann nur in der Kraft des Geistes Gottes auf der Erde gebaut werden. ›Es soll nicht durch Heer oder Kraft, sondern durch meinen Geist geschehen, spricht der Herr Zebaoth‹, so heißt es im Buch Sacharja.«

»Und dann wird die Kirche in dieser Welt sein«, sage ich leise vor mich hin, »wie Gott in dieser Welt: unscheinbar, unaufdringlich, leicht übersehbar, doch wenn man mit dem Herzen zu sehen gelernt hat, wenn man ›zu deuten vermag‹, dann wird man eine überwältigende Macht, einen unbeschreiblichen Glanz und eine unübertreffliche Schönheit erkennen!«

Ich trinke meinen letzten Tee aus.

»Ich würde am liebsten bleiben«, sage ich auf einmal und beginne fast zu weinen.

Er schaut mich fragend an.

»Mein Jahr geht bald zu Ende, und ich weiß noch gar nicht, was ich danach tun soll. Aber … ich möchte am liebsten bleiben. Ja, ich möchte Eremit werden, für immer.«

Er räuspert sich nach einer Weile.

»Es wird sich zeigen, wo der Platz ist. An Pfingsten wird es sich zeigen«, sagt er ruhig. »Eremit sein, bedeutet nicht zuallererst, sich aus der Welt zurückzuziehen, sondern, es bedeutet, dem Ruf Gottes zu folgen, in die Gemeinschaft mit IHM. Johannes Klimakos schrieb einmal: ›Wer sich zum Einsiedler berufen fühlt und sich nicht jeden Augenblick dieser hohen Aufgabe bewusst ist, der ist kein wahrer Einsiedler, sondern ein Opfer seines eigenen Dünkels.‹ »

Wir schweigen.

»Mose floh aus Ägypten«, sagt er plötzlich, »und er lebte vierzig Jahre in der Wüste. Dann berief ihn Gott im brennenden Dornbusch und sandte ihn zurück nach Ägypten, um den Pharao zu konfrontieren und sein Volk zu befreien. Doch …«, er klopft nachdenklich auf den Tisch und schaut vor sich hin, »Mose musste vielleicht nicht nur um seines Volkes willen zurückkehren und vor den Pharao treten, sondern … vielleicht auch um seiner selbst willen.«

»Um seiner selbst willen?«, frage ich verwundert.

»Ja …«, sagt er mit Überzeugung und klopft dabei wieder auf den Tisch. »Erst durch die Konfrontation mit dem Pharao konnte auch Mose selber ganz frei werden …«

»Das heißt«, sage ich leise, »Eremit werden kann auch eine Flucht sein. Unter Umständen muss man in das alte Leben zurückkehren und die Pharaonen, die alten Monster konfrontieren, um dann, wenn man wirklich von Gott zu einem solchen eremitischen Leben berufen wird, als wahrhaft Befreiter zurückkehren zu können, oder an einem anderen Platz im Leben seine Erfüllung zu finden?«

Er antwortet nichts.

Ich warte.

Jetzt räuspert er sich und beginnt dann mit stockender Stimme:

»Jesus Christus sagt im Johannesevangelium: ›Wie mich mein Vater liebt, so liebe ich euch auch. Bleibt in meiner Liebe.‹«

Er bricht ab.

Dann, nach einer Weile, fährt er fort: »So wie Gott, der Vater, Christus liebt, mit derselben Liebe, liebt Christus uns, in dieser Liebe sollen wir bleiben, und diese Liebe soll unser Denken unser Handeln, unser ganzes Sein bestimmen … Alles andere ist im

Grunde genommen unwichtig! Ja … wir möchten so oft den Plan für unser Leben haben. Doch der einzige Plan ist … in dieser Liebe Christi bleiben! Was aus dieser Liebe heraus entsteht, ist letztlich vielleicht auch das Einzige … was es wert ist, ›Leben‹ genannt zu werden. ›Nur Lieben heißt von nun an die Aufgabe, denn am Abend werden wir in der Liebe geprüft‹, so fasste es Johannes vom Kreuz in Worte.«

Ich senke meinen Kopf und bemühe mich, nicht zu weinen zu beginnen.

Jetzt klopft er auf den Tisch und steht auf.

Ja … es wird Zeit.

Nachdenklich stehe auch ich auf. Dann halte ich einen Augenblick inne.

Wie kann ich diesem Mann nur jemals danken?

Und ich weiß noch nicht einmal seinen Namen!

Er kommt nun auf mich zu, hält seine Hand über meinen Kopf und spricht ein Gebet.

Es ist so unfassbar schön, dass ich niemals einem Menschen werde mitteilen können, was er für mich gebetet hat.

Dann macht er ein Kreuzeichen auf meine Stirn und sagt mit zittriger Stimme: »Bleibe in der Liebe … und glaube! Ja … glaube! Dann wirst die Herrlichkeit Gottes sehen!«

Während ich noch sprachlos dastehe, wendet er sich ab und geht in sein Häuschen.

Nach kurzer Zeit kommt er jedoch wieder heraus – mit seinem Mantel auf dem Arm.

Verwundert schaue ich ihn an.

Dann legt er mir seinen Mantel um.

Ich kann kein Wort hervorbringen.

Er nickt mir zu und gibt mir zu verstehen, dass dieser Mantel nun mir gehört.

Dann geht er wortlos wieder in sein Häuschen zurück.

Ich halte meine Hände vor den Kopf.

Ich muss weinen.

Ehrfurchtsvoll wende ich mich ab und schreite den Weg über die blühende Wiese zurück in den Wald.

*

Nach einer Weile setze ich mich nachdenklich auf einen Baumstumpf am Wegrand nieder.

Ich kann nicht fassen, dass der Eremit mir seinen Mantel geschenkt hat.

Nein, ich kann es einfach nicht fassen.

Ich schüttle nur ungläubig den Kopf.

Was für eine Ehre!

Vorsichtig streiche ich mit den Händen über den Stoff.

Dann stehe ich auf, stolziere einige Schritte wie ein König um den Baumstumpf herum und setzte mich schließlich wieder hin.

Tausend Gedanken gehen mir durch den Kopf, was dieser Mantel wohl zu bedeuten hat.

Dann werde ich wieder ganz still und schaue vor mich auf den Boden.

Was hätte ich bloß ohne diesen Eremiten gemacht?

Ich wäre im Nebel sitzen geblieben!

Jesus hätte keine Schriften hinterlassen, sondern Jünger! sagte er einmal.

Ja, dieser Mann ist in der Tat eine Schrift, ein Buch Gottes.

Es ist nicht einmal so sehr, was er mich alles gelehrt hat … es ist sein ganzes Wesen! Als wenn er ein Fenster in den Himmel wäre.

»O Gott! Ich danke dir für diesen Mann! Er ist mir der größte Beweis deiner Existenz!«

Lange sitze ich still auf dem Baumstumpf und blicke in den zum neuen Leben erwachten Wald.

Doch der noch größere Beweis ist …, denke ich plötzlich, dass ich in meinem Herzen endlich Frieden gefunden habe!

Ja! Ich könnte vor Freude gerade laut herausschreien!

Ich habe tatsächlich eine Antwort auf meine Frage nach Gott gefunden!

Glaube nur, und du wirst die Herrlichkeit Gottes sehen?

Ja … glaube nur! Und alles wird sich klären …!

Aber … wenn mich jemand fragen würde, wer oder wie denn Gott nun sei … Ich könnte kaum eine Auskunft erteilen.

Ich könnte nur sagen … dass sich jeder selber auf den Weg machen muss.

Ja … jeder muss sich selber auf den Weg machen!

Christentum ist ein Weg … den man gehen muss.

Überlieferte Weisheiten, Lehren, Geschichten anderer Menschen über ihre Gotteserfahrungen, mögen hilfreich sein und mögen den Weg weisen … doch letztlich muss jeder den Weg selber gehen … es gibt keinen Ersatz dafür.

Voller Freude betaste ich wieder den Mantel des Eremiten und schaue dann den Saum an.

Wie der Mantel des Elia?

Oh, wie sehr wünschte ich mir diesen Mantel des Elia!

Dann könnte ich anderen Menschen diesen Weg in die Wirklichkeit Gottes hinein weisen, in das gelobte Land!

Aber letztlich geht es ja nicht um diesen Mantel, sondern um diese Liebe Christi. In dieser Liebe bleiben, das ist alles was zählt, das ist der einzige Plan. Und was aus dieser Liebe heraus entsteht, das ist es letztlich auch wert … »Leben« genannt zu werden. Wie recht der Eremit doch wieder hat.

Die große Frage des Menschen ist wahrscheinlich auch gar nicht, ob es Gott gibt, sondern, ob Gott mir als Mensch wohlgesinnt ist … ob er mich liebt, ob er auf meiner Seite steht.

Ich seufze tief auf.

Es gibt keinen Zweifel mehr … Gott gibt es nicht nur, Gott ist dem Menschen, Gott ist mir … in Christus … wohlgesinnt!

Ich wünschte, ich könnte dies den Menschen sagen, doch … man kann es wahrscheinlich nur erfahren …

Ja, Worte allein können es nicht ausdrücken … es ist zu groß, zu unfassbar …

Innerlich bewegt stehe ich auf und gehe dann den Weg weiter durch den Wald.

Nach einer langen Zeit komme ich an der Stelle an, wo ich normalerweise den Bach durchquere.

Ich staune!

Der Wasserstand ist während der paar Stunden, die ich beim Eremiten verbracht habe, noch viel tiefer gesunken.

Jetzt wage ich es einfach!

Sorgfältig lege ich den Mantel zusammen und verstaue ihn im Rucksack, ziehe Schuhe und Socken aus, kremple die Hosen herauf und wate dann durch das eiskalte Wasser auf die andere Seite des Baches. An einer Stelle reicht mir das Wasser bis zu den Knien, doch ich komme zumindest durch!

Beim alten, verrosteten Kreuz ziehe ich Socken und Schuhe wieder an und folge dann dem Bachlauf über die Felder Richtung Dorfplatz.

Als ich die Ladentüre öffne, zucke ich innerlich zusammen.

Der Mann mit dem Gebiss steht an der Theke und spricht mit der Ladenbesitzerin.

Er ist jedoch so in das Gespräch vertieft, dass er nur kurz salutiert, als er mich sieht, und dann gleich wieder mit Feuereifer weiterspricht. Die Frau winkt mir freudig zu.

Während ich meine Sachen im Laden zusammensuche, höre ich, wie er von irgendeiner Sprache spricht, die er nun eifrig am Lernen sei und von einer Reise, die er offenbar plant.

Als ich meine Einkäufe an der Theke aufstaple, hält er mir auf einmal wortlos zwei Bücher unter die Nase. Das erste Buch trägt den Titel »Liebesnächte in der Taiga« und das zweite »Jukagirisch für Anfänger«.

Ich weiß kaum, was ich sagen soll. Die Ladenbesitzerin schüttelt nur lachend den Kopf, während sie meine Einkäufe eintippt und in die Taschen verstaut.

»Also, von einem dieser Bücher habe ich schon mal gehört«, sage ich dann, »aber was soll dieses ›Juka …‹?«

»Jukagirisch!«, sagt er mit erhobenem Zeigefinger. »Jukagirisch!«

»Ah, gut. Und um was handelt es sich bei diesem Juka…, wie auch immer, genau?«, frage ich.

»Das ist eine Sprache, junger Mann!«, erklärt er mir nun in schulmeisterlichem Ton. »Eine Sprache, die im hintersten Teil Sibiriens noch gesprochen wird. – Wenn auch nicht mehr von sehr vielen Leuten«, fügt er gleich hinzu.

»Und …?« Ich habe keine Ahnung, was ich überhaupt sagen soll.

»Ja, übermorgen werde ich abreisen!«, sagt er freudestrahlend.

»Ah! Und was machen Sie denn dort, wenn ich fragen darf?«

»Ich werde dort von einem jukagirischen Schamanen in die Geheimnisse des Universums eingeweiht«, sagt er mit hochgezogenen Augenbrauen und einem tiefen Ernst im Gesicht.

Ich bin sprachlos und überlege mir, was ich sagen soll.

»Wie haben Sie denn diesen juckischen …«

»Jukagirischen!«, unterbricht er mich.

»Ja, genau, diesen … Schamanen. Also, wie haben Sie denn diesen gefunden?«, frage ich wieder.

»Er hat eine Website«, sagt er beiläufig.

»Was?«, frage ich ganz erstaunt. »Dieser Schamane hat eine eigene Website? Aber spricht er denn Deutsch oder Englisch?«

»Nein!«, sagt er nun mit lauter Stimme.

»Was? Wie haben Sie denn diese Website gefunden? Und wie konnten Sie denn überhaupt verstehen, was auf dieser Website geschrieben steht?«, wundere ich mich.

»Über Kontakte. Und …«, er schaut mich, wie es mir scheint, nun etwas genervt an, »deshalb lerne ich doch jetzt jukagirisch!«

»Ah, ja«, sage ich nur, »jetzt verstehe ich!«

»Aber was hat denn dieses Buch ›Liebesnächte in der Taiga‹ damit zu tun«, frage ich wieder.

»Ja, junger Mann!«, sagt er nun hinter vorgehaltener Hand, so dass es die Ladenbesitzerin nicht hören kann. »Wer weiß, vielleicht werde ich dort oben meinen zweiten Frühling erleben!«

»Ah! Und ihre Frau?«, rutscht es mir heraus.

»Die weiß noch von nichts!« Er winkt ab.

»Wir werden uns nicht mehr sehen«, sage ich nach einer Weile.

»Warum?«, fragt er ganz erstaunt.

»Ich werde in den nächsten Tagen nicht mehr hier vorbeikommen, und wenn Sie vielleicht irgendeinmal wieder zurückkommen werden, werde ich nicht mehr da sein.«

Mit offenem Mund schaut er mich nun an, sodass ich gleich wieder zu fürchten beginne, er könnte sein Gebiss verlieren.

Dann sagt er mit verhaltener Stimme: »Adieu.«

»Adieu«, sage ich auch.

Etwas zögernd ergreife ich meine Taschen, winke der Ladenbesitzerin noch zu und verlasse dann den Laden.

*

Im Mantel des Eremiten sitze ich seit dem frühen Morgen auf meinem Lehnstuhl am Bach und mache mir meine Gedanken.

Klar, wie Kristall fließt das Wasser ruhig an mir vorbei.

Alles ist still.

Ja, sich in den bedächtigen Rhythmus, in den stillen Fluss der Natur einklinken … aber vor allem, sich in den stillen Fluss Gottes … in Gottes Zeit einklinken … das ist das letztendliche Ziel!

In der Bibel habe ich doch von einem Strom von Wasser gelesen, kommt mir gerade in den Sinn.

Ein Strom, der unter dem Tempel Gottes herausfloss, der größer und größer wurde und der Leben hervorbrachte, wo immer er hinfloss. Und auf beiden Seiten dieses Stromes schossen Bäume des Lebens auf, die Früchte des Lebens und Blätter zur Heilung der Völker trugen.

So sollte die Kirche sein!

Ja, wo immer sie »hinfließt«, da sollte Leben und Heilung, Nahrung für den ganzen Menschen, für die ganze Schöpfung hinfließen.

O Gott, was immer dieser Mantel des Eremiten zu bedeuten hat … ich wünsche mir den Mantel des Elia! Diese Kraft, die den Menschen den Weg zu Dir, nach Hause, weisen kann.

Die Jünger mussten in Jerusalem warten … auf Pfingsten. Sie mussten sich öffnen, beten und warten … bis die Kraft von oben kam …

Die strahlende Sonne glitzert und funkelt über die Wasseroberfläche, die Blätter der Weiden rauschen sanft im Wind …

Müde schließe ich meine Augen.

Dann erhebe ich mich und gehe gedankenversunken am Ufer des Baches entlang nach oben, bis ich zu der Mauer gelange, die von der hinteren Seite des Häuschens bis an das Ufer des Baches reicht.

Obwohl ich noch nie auf den Gedanken gekommen bin, suche ich durch das dichte Gestrüpp hindurch, ob die Mauer nicht doch einen Durchgang haben könnte. Und tatsächlich finde ich nach kurzer Zeit ein altes, verrostetes Eisentor in der Mauer, das sich mit etwas Mühe auch aufstoßen lässt. Durch das Tor und das Dickicht hindurch folge ich weiter dem Bachlauf.

Da komme ich auf eine Anhöhe mit hohen, alten Bäumen, von wo der Weg in einen dichten Tannenwald führt.

Vorsichtig schreite ich in den Wald hinein, doch der Weg windet und biegt sich immer wieder, bis ich in der Mitte des Waldes auf eine Lichtung finde.

Da erinnere ich mich an den Hirsch.

Ich halte inne.

Nach einer Weile suche ich den Weg, der aus der Lichtung wieder herausführt.

Durch wirres Gehölz und Gesträuch hindurch wird der schmale Pfad allmählich wieder breiter.

Die Nacht bricht nun herein.

Eine Eule höre ich rufen.

Dann ist alles still.

Ich werde gewahr, dass ich mich auf dem Weg befinde, auf dem der Hirsch angefallen worden ist.

Mit stockendem Atem schreite ich weiter.

Dann bleibe ich stehen.

Hier! denke ich bewegt.

Hier, an dieser Stelle, wurde er zu Boden gerissen!

Mit Tränen in den Augen falle ich auf meine Knie.

Ja ... hier kam alles zu einem Ende!

Voller Verzweiflung lege ich mich auf den Weg nieder.

Hier starb er ... der König des Waldes, das Licht der Welt.

Und sein Blut tropfte auf den Weg ...

Da beginnt ein Wind zu wehen.

Erschrocken hebe ich meinen Kopf und sehe, wie in der Ferne der Weg in das freie Feld hinausführt.

Die Eule höre ich wieder rufen.

Als ob mich der Wind emporheben würde, werde ich auf meine Füße gestellt und beginne, wie vom Wind getragen, das letzte Stück Weg zum Wald heraus zu rennen.

Erschöpft gelange ich auf das freie Feld, wo ich erst nach einer langen Zeit meinen Schritt etwas verlangsame und dann stehen bleibe.

Der Himmel glänzt im Morgenrot, die Sonne geht auf.
Ein neuer Tag beginnt.
Ich möchte mich umwenden und mich nach dem dunklen Wald umsehen, doch ... ich wende mich nicht.
Ich danke.
Gott.
Für den neuen Tag.
Für die Freiheit.
Für die Schöpfung.
Für den Neuanfang.
Als die Sonne am höchsten steht, gelange ich an eine alte, hohe Mauer mit einem großen, hölzernen Tor. Der eine Flügel des Tores ist nur angelehnt ... doch ich gehe daran vorbei, an der Mauer entlang. Sie ist sehr hoch und mit mächtigen Quadern gebaut. Moos und Efeu wachsen daran hoch. Ich möchte hinaufklettern und von der Mauer hinunterblicken. Doch es ist unmöglich hinaufzuklettern. Wenn ich nur jemanden finden könnte, der mir Auskunft darüber geben könnte, was sich hinter dieser Mauer befindet, denke ich verzweifelt. Dann setze ich mich auf den Boden und blicke über das weite Land. Nach einiger Zeit frage ich mich, warum ich denn nicht einfach durch das Tor hindurchgehe. Weil ich nicht weiß, was sich hinter dieser Mauer befindet! Wenn ich durch das Tor hindurchgehe, dann komme ich unter Umständen nie mehr heraus! Aber ... wenn ich nicht hindurchgehe, dann komme ich unter Umständen nie mehr herein!
Zögerlich stehe ich auf, gehe zum Tor zurück und stoße den Flügel etwas auf.
Alles ist still.
Nur einige Vögel höre ich singen.
Verwundert schreite ich hindurch.
Ein Garten, mit hohen Bäumen, farnartigen Pflanzen und großen, uralten Nadelbäumen liegt vor mir.

Ehrfurchtsvoll gehe ich dem Weg entlang, bis ich wieder an den Bach gelange, der einem steilen Pfad folgend von der Höhe herunterfließt. Da komme ich an Häusern und Gebäuden vorbei, die jedoch alle zerfallen und mit Gebüsch und Dornen überwachsen sind. Nach einiger Zeit finde ich auf einen Platz, von dem eine breite, unendlich hohe Treppe steil den Berg hinaufführt.

Die Stufen sind zum Teil stark beschädigt und mit Moos und Dickicht überwuchert. Der Aufstieg ist beschwerlich. Die Treppe überaus hoch. Doch je höher ich gelange, desto frischer und kühler wird die Luft. Kurz bevor ich ganz oben angelangt bin, setze ich mich auf einen der Tritte nieder. Der Ausblick verschlägt mir fast die Sprache.

Als sähe ich bis an die Enden der Erde!

Dann erhebe ich mich wieder und erreiche über die noch letzten Stufen der Treppe die Anhöhe des Berges.

Der Abend beginnt nun einzukehren. Ein kühler Wind weht über die Gräser und Büsche. Der Bach ist nur noch ein Rinnsal, das über helle, glänzende Steine neben dem Weg dahinfließt, der nun gerade über die Anhöhe führt.

Da erblicke ich, als ich meinen Kopf hebe, weit in der Ferne, ein riesiges, erhabenes Haus.

Ehrfurchtsvoll bleibe ich stehen.

Das Anwesen sieht überwältigend aus, so majestätisch, wie eine Stadt.

Langsam gehe ich darauf zu, doch der Weg ist viel weiter, als es zuerst geschienen hat.

Nach einer gefühlten Ewigkeit gelange ich an ein großes, offenes Tor, das einige hundert Meter vor dem Haus steht.

Alles scheint auseinanderzubrechen, doch eine Schönheit und ein Glanz geht von dem Ort aus, der mich überwältigt.

Als ich zum Haus gelange, steige ich zaghaft die Stufen vor dem großen Eingangstor hoch. Die beiden Torflügel stehen offen.

Nach einigem Zögern gehe ich hindurch.

Da gelange ich in einen Innenhof.

Auf beiden Seiten stehen Häuser und Gebäude aneinandergereiht, die jedoch alle zerfallen sind. Der Weg führt nun geradewegs zum größten Haus, das sich in der Mitte des Innenhofs befindet.

Als ich die hohe Türe aufstoße, sehe ich Dornen, die von der Decke herunterhängen.

Eine imposante Treppe wird sichtbar, die halbrund von beiden Seiten vom ersten Stock herunterführt.

Nachdem ich mich durch das Dickicht hindurch gekämpft habe, stehe ich in der Eingangshalle.

Da hängt ein riesiger, goldumrandeter Spiegel, unterhalb der geschwungenen Treppe, zerbrochen an der Wand.

Erschrocken sehe ich mein eigenes Spiegelbild und senke beschämt meinen Kopf.

Was ist nur mit mir geschehen?

Ich sehe erschöpft aus und der Mantel, den ich trage, ist schmutzig und zerrissen.

Dann schaue ich wieder auf.

Wo bin ich nur?

Es ist, als erinnerte ich mich … an längst vergangene Tage.

Durch eine Türe, die rechts vom Spiegel unter der Treppe hindurchführt, gelange ich in einen riesigen Saal.

Da hängen gewaltige Gemälde an den Wänden. Einige davon liegen zerbrochen am Boden. Menschen sind darauf zu sehen, Portraits, Schlachten, Feiern, Familien … die Menschheitsgeschichte! Auf dem letzten Gemälde ist der Garten des Paradieses abgebildet. Zwei Engel bewachen den Eingang des Gartens, mit feurigen Schwertern. Hinter dem Tor strahlt ein großes Licht durch die Bäume hindurch, doch, das Bild ist stark beschädigt. Dort wo das Licht aufleuchtet, ist die Leinwand zerrissen und der Weg, der zum Garten führt, ist so verblasst, dass man ihn kaum erkennen kann. Lange Zeit bleibe ich erschüttert vor dem Bild stehen. Dann gehe durch die Türe am Ende des Saales hindurch und finde in einen weiteren, noch viel erhabeneren Saal.

Da steht eine überaus lange Tafel mit unendlich vielen Stühlen, die zum Teil jedoch auseinandergefallen am Boden liegen. Fetzen von einst himmelblauem Vorhang hängen noch immer an den hohen, großen Fenstern.

Am Ende dieses Saales gehe ich durch eine weitere Türe hindurch. Da gelange ich in einen offenen, weiten Innenhof. In der Mitte dieses Innenhofs führt eine breite, aus dunklem Marmorstein gehauene Treppe weit in die Höhe. Das Wasser, das unter dem Haus hindurchgeflossen sein muss, sehe ich nun unter der Marmortreppe hervorfließen. Dort finde ich eine Türe, die in eine düstere Säulenhalle führt. Vorsichtig trete ich ein und gehe zwischen den Säulen hindurch dem Rinnsal nach, bis ich ganz am Ende der Halle entdecke, wie das Wasser aus einem Felsen hervorquillt.

Sprachlos bleibe ich davor stehen.

Dann halte ich meine Hand unter das Wasser.

Es ist kühl, und glänzend, wie Kristall.

Nach einigem Zögern trinke ich davon.

In meinem Mund schmeckt es wie Wasser, doch in meiner Brust wird es zu einem Wind, der mein ganzes Sein zu durchströmen beginnt, und in meinem Bauch zu einem Feuer, das mein Innerstes entflammt.

Seufzend falle ich nieder …

Das ist … nichts anderes, als das Wasser des Lebens!

Ja, das Wasser … des Lebens!

Dann erhebe ich mich wieder, halte meine Hand von Neuem unter das Wasser und trinke.

Und dann trinke ich und trinke, bis ich nicht mehr trinken kann.

Und nach einer langen Zeit gehe ich wieder zurück, zwischen den Säulen hindurch und steige draußen die dunkle, große Marmortreppe hoch.

Als ich durch die Pforte hindurchgegangen bin, werde ich gewahr, dass ich mich in einer riesigen Kirche befinde.

Zitternd schreite ich durch den Mittelgang hindurch nach vorne. Die Bänke liegen zerbrochen am Boden, das Dach des Kirchenschiffes ist zum Teil eingestürzt, Gestrüpp wuchert überall hervor.

Im Chor setze ich mich auf einen der Chorstühle an der Seite nieder und betrachte schweigend das zerfallene Gebäude.

Ein großes Kreuz liegt auseinandergefallen am Boden.

Ein goldener Kelch … zerbrochen daneben.

Was ist hier bloß geschehen?

Was war das für eine Kirche?

Weshalb ist dieser ganze Ort verlassen und menschenleer?

Die Nacht bricht nun herein.

Der Wind wird stärker.

Plötzlich beginne ich zu weinen und falle verzweifelt auf meine Knie.

»Ja, es gab eine Zeit, da spielte ich Harfe im Hause des Himmels. Da wurden meine Klänge gleich Weihrauch, im Scheine des ewigen Lichts. Doch … o Gott! Wir haben dich verlassen. Die Christenheit hat dich verlassen. Ich habe dich verlassen. Wir sind gefallen, wie eine Zeder auf dem Libanon. Und nun … ist alles zerbrochen! Vergib uns … denn wir wussten nicht, was wir getan haben! Vergib mir, denn ich wusste nicht, was ich getan habe … Kehre zurück, ja, kehre zurück mit deiner Herrlichkeit …«

Da höre ich plötzlich ein Geräusch.

Mit einem Schrecken schieße ich hoch und sehe, wie sich eine Türe auf der Seite des Chorraumes öffnet.

Voller Furcht gehe ich durch den Mittelgang hindurch zum Ausgang der Kirche.

Da ruft eine Stimme!

Und als ich die Stimme rufen höre, da erkenne ich sie wieder. Es ist die Stimme des Mannes, der damals, in der Winternacht, von der himmlischen Stadt heruntergestiegen kam.

Erstarrt bleibe ich stehen und wende mich dann.

Der Mann steht in einem leuchtenden Gewand gekleidet im Chorraum der Kirche und beginnt nun mit ruhiger und sanfter Stimme zu sprechen: »Gebaut auf einem unerschütterlichen Fundament, doch die Menschen haben die Finsternis mehr geliebt als das Licht! Sie haben die Worte der Schlange mehr geliebt als die Worte Gottes. Sie haben die Lüge mehr geliebt als die Wahrheit. Weil sie die Wahrheit nicht ertragen konnten.«

Mit Tränen in den Augen gehe ich auf den Mann zu.

»Und die Führer der Christenheit …«, fährt er nun fort, »sie haben das Licht als Erste verworfen. Sie haben den Heiligen verachtet, haben Christus verleugnet, haben sich selbst dargestellt, ihr eigenes Reich gebaut und den Weg zum Wasser des Lebens versperrt. Weil sie Macht über ein Volk von Bedürftigen wollten, über ein Volk, das im Finstern sitzt. Weil nur ein Volk, das bedürftig ist und das im Finstern sitzt, beherrscht werden kann. Und so haben sie die wahre Kraft des Himmels verloren. Das Licht ist erloschen, die glänzende Stadt, die Herrlichkeit Gottes entschwunden … so sehr man sie auch immer an sich zu reißen begehrte.«

Der Wind bläst nun immer stärker durch die Kirche hindurch und pfeift um alle Ecken. Es ist auch beinahe dunkel geworden, nur der Mond schimmert noch schwach durch die zerschlagenen Fenster im Chor hindurch.

»Was soll denn jetzt geschehen?«, frage ich mit zitternder Stimme.

»Komm!«, ruft der Mann und tritt etwas hervor.

Mit stockendem Atem gehe ich auf ihn zu.

Da führt er mich hinter den großen steinernen Tisch, der in der Mitte des Chorraumes steht.

Als ich dort stehe, fällt mein Blick auf eine Leuchte, die am vorderen Rande des Tisches steht. Und als ich die Leuchte genau betrachte, da bemerke ich, dass der Docht darin noch immer glimmt.

»Ich ... Ich dachte ... ich würde zu der ›Stadt im Himmel‹ kommen«, stottere ich verwirrt hervor.

»Die Stadt im Himmel ist hier!«, sagt der Mann mit fester Stimme.

»Hier?«, entgegne ich verzweifelt.

»Ja! Sie ist hier, in deinem Herzen!«, sagt er entschlossen und zeigt mit seiner Hand auf meine Brust.

Ich beginne zu zittern.

»Wie soll das geschehen sein?«, frage ich fassungslos.

»Es ist geschehen, als du den Weg zurückgekehrt bist.«

»Aber ...« Ich beginne zu weinen. »Ich war doch voller Zweifel, immer wieder hin- und hergerissen, mein Glaube war so schwach ...«

»Du bist den ganzen Weg zurückgekehrt, das ist alles, was zählt! Die Stadt im Himmel wird auf Erden kommen, wenn du sie auf der Erde aufrichtest!«, sagt er wieder mit immer lauter werdender Stimme, während der Wind stärker und stärker an dem Gemäuer zu rütteln beginnt.

»Aber nein, das kann ich doch nicht!«, schreie ich verzweifelt auf.

»Doch!«, ruft er entschlossen.

»Aber wie sollte ich die Stadt im Himmel auf Erden aufrichten können?«, schreie ich mit angsterfüllter Stimme.

»Sprich zu diesem Haus! Sprich zu dieser Trümmerstätte«, sagt er mit lauter Stimme.

»Nein, das ... kann ich nicht«, sage ich weinend.

Der Wind legt sich auf einmal.

Es wird still.

Dunkel ist nun alles ...

»Deshalb ist das Haus zerfallen«, sagt der Mann mit schwerer Stimme und wendet sich von mir ab. »Weil alle feige davongelaufen sind. Weil sie, wie Adam, der Schlange den Garten überlassen haben.«

Er geht auf die Türe zu.

Ich möchte ihn zurückhalten.

»Weil sie nicht bereit waren, in ihrer Berufung als Menschen, als Abbilder Gottes auf Erden zu stehen. Weil sie dachten, Religion sei bloß ein Mittel zur eigenen Glückseligkeit.«

Nun öffnet er die Türe und geht hindurch.

»Nein!«, schreie ich auf und wische mir die Tränen von den Wangen.

Der Wind beginnt wieder durch die Kirche zu sausen.

»Nein! Ich will … nicht dasselbe tun!« Dann ergreife ich den Mann voller Verzweiflung bei seinem Gewand und versuche ihn zurückzuhalten.

Da bleibt er stehen und wendet sich um.

»Nein!«, sage ich noch einmal bestimmt. »Ich will nicht dasselbe tun!«

»Dann sprich zu diesem Haus! Sprich zu dieser Trümmerstätte!«, wiederholt er entschieden.

»Aber was soll ich denn sprechen?«, frage ich verzweifelt.

»Das Irdische muss erschüttert werden, damit das Unerschütterliche bleibt. O Mensch, vergängliches Geschöpf bist du und nicht Gott! Und selbst wenn du dich kleidest wie ein König, so wirst du ohne Gott noch immer ein Bettler sein. Finde deinen Platz im Ewigen, in deiner ewigen Bestimmung. Baue in deinem Herzen den Tempel, die Kirche Gottes, dann wirst du unerschütterlich sein und unerschütterlich bleiben. Kehre zurück zu Gott, zu dir selbst, zu deiner Bestimmung, und Gott wird zurückkehren zu dir. Die Herrlichkeit des Höchsten wird dich erfüllen, und dieses Haus wird wieder leuchten. So sprich denn, Menschensohn: ›Stehe auf! Werde Licht! Denn dein Licht kommt, und die Herrlichkeit des Herrn geht auf über dir!‹«

Entschlossen, doch mit zittrigen Knien stelle mich an den großen steinernen Tisch und beginne mit stockender Stimme gegen den immer stärker werdenden Wind zu schreien:

Stehe auf!
Werde Licht!
Denn dein Licht kommt,
und die Herrlichkeit des Herrn geht auf über dir!

Und siehe, während ich die Worte herausschreie, da wird der glimmende Docht in der Lampe vor mir entfacht, und ein Lichtschein beginnt die dunkle Kirche zu erhellen.

Als ich mich erschrocken umdrehe, ist der Mann verschwunden. »Nein!«, schreie ich weinend auf und halte mir die Hände vor das Gesicht. »Nein! Komm zurück!«

Doch da höre ich auf einmal die Klänge meiner Harfe, die an der Weide beim Bach durch das Sausen des Windes erklingt.

Ja, es gab eine Zeit, da spielte ich Harfe im Hause des Himmels! Während der Wind nun die zerfallenen Wände und das morsche Gebälk wegzuheben scheint, sehe ich, wie goldene Gemäuer sich zu erheben beginnen, wie sich neue Bänke in die Reihen bewegen und wie das Dach bedeckt wird. Und dann vernehme ich, erst aus unendlich weiter Ferne, Trompetenstöße und … eine unfassbar schöne Musik, die, immer lauter werdend, wie ein riesiges Orchester, in vollendeter Schönheit und Harmonie dieselbe ewige Melodie meiner Harfe spielt. Und als ich an mir heruntersehe, stelle ich plötzlich voller Verwunderung fest, dass der alte Mantel des Eremiten glänzt, wie pures Gold.

Da erhebe ich meine Augen in die Höhe, breite meine Arme aus und schreie voller Freude: »Ich bin wieder zu Haus! Ja, ich bin wieder zu Haus!«

Und dann danke ich dem Ewigen, dem, der immer war, der ist und der immer sein wird: »Oh Gott! Ja, ich … ich danke dir! Ich erhebe dich! Du bist der Anfang und die Vollendung jeden Glaubens, die Sehnsucht und das Heimweh der ganzen Welt. Du leitest in Treue und Liebe, die dir vertrauen, und führst zu deinem heiligen Berg und zu deinen Wohnungen. Über alles zu verehren bist du, denn niemand ist dir gleich in Barmherzigkeit und Heiligkeit, in Güte und Wundertaten. Du bist Gott der ganzen Welt. Wer dich gefunden, der hat alles gefunden. Danke! Danke! Danke!«

Da beginnt ein Glanz, heller als die strahlendste Sonne, das Haus zu erleuchten, bis die goldenen Wände wie durchsichtiges Glas erscheinen. Und da sehe ich, wie, über die Kirche und das Haus hinweg, weit in das Land hinaus, der große Lichtschein, wie Wellen des Meeres, die ganze Welt zu erleuchten beginnt, bis an ihre Enden …!

Nach diesem Licht … nach diesem Ort … habe ich mich gesehnt, mein Leben lang, denke ich, während ich die Strahlen in mich aufsauge und voller Dankbarkeit meinen Kopf senke.

Da höre ich durch die große Musik hindurch plötzlich Stimmen und Lachen.

Verwundert gehe ich durch den Mittelgang der Kirche hinaus, die Treppe hinunter.

Als ich vorsichtig die Türe in den riesigen Saal einen Spalt weit öffne, sehe ich unzählig viele Menschen an der überaus langen Tafel sitzen. Und als sie mich erblicken, erheben sich alle und beginnen zu applaudieren. Erschrocken will ich die Türe wieder schließen und zurückgehen, doch da kommt ein Mann auf mich zu, nimmt mich bei der Hand und führt mich an den langen Tisch, an einen noch freien Platz. Und als ich den Namen auf dem Namensschild lese, bleibe ich erschrocken stehen.

Es steht da mein Name geschrieben!

Mein Name, den niemand kennt als nur ich … und Gott!

Als der HERR die Gefangen Zions zurückführte, da waren wir wie Träumende. Da wurde unser Mund voll Lachen und unsere Zunge voll Jubel. Da sagte man unter den Nationen: »Der HERR hat Großes an ihnen getan!« Der HERR hat Großes an uns getan: Wir waren fröhlich! Bringe zurück, HERR, unsere Gefangenen, gleich den Bächen im Südland. Die mit Tränen säen, werden mit Jubel ernten. Er geht weinend hin und trägt den Samen zum Säen. Er kommt heim mit Jubel und trägt seine Garben.

Psalm 126

Verwendete Literatur

Asher, Robert J.: *Evolution and Belief. Confessions of a Religious Paleontologist.* Cambridge ²012.

Hattrup, Dieter: *Sesquiismus und Trinität. Einführung in die Dreifaltigkeitslehre.* Paderborn 2009.

Kleine Philokalie. Betrachtungen der Mönchsväter über das Herzensgebet. Ostfildern ²2013.

Lennox, John: *Hat die Wissenschaft Gott begraben? Eine kritische Analyse moderner Denkvoraussetzungen.* Holzgerlingen ¹⁵2019.

Lewis, Clive S.: *Die große Scheidung. Oder zwischen Himmel und Hölle.* Trier ⁶1989.

Lütz, Manfred: *Gott. Eine kleine Geschichte des Grössten.* München 2007.

Miller, Bonifaz: *Weisung der Väter. Apophthegmata Patrum.* Sophia, Quellen östlicher Theologie, Band 6. Trier ⁹2012.

Planck, Max: *Das Wesen der Materie*, Archiv zur Geschichte der Max-Planck- Gesellschaft, Abt. Va, Rep. 11, Nr. 1797

Störig, Hans, Joachim: *Kleine Weltgeschichte der Philosophie.* Band 1. Frankfurt am Main ¹²1985

Veit-Jakobus, Dieterich: *Glaube und Naturwissenschaft.* In: Das wissenschaftlich-religionspädagogische Lexikon im Internet. 2018, online verfügbar unter: Glaube_und_ Naturwissenschaft__2018-09-20_06_20.pdf (bibelwissenschaft.de) (10.07.2023)

Weinreb, Friedrich: *Schöpfung im Wort. Die Struktur der Bibel in jüdischer Überlieferung.* Zürich ³2012.